U0583856

广视角 · 全方位 · 多品种

权威 · 前沿 · 原创

皮书系列为
"十二五"国家重点图书出版规划项目

创意城市蓝皮书

BLUE BOOK OF
CREATIVE CITIES

总　编／张京成

重庆创意产业发展报告
（2014）

CHONGQING REPORT ON CREATIVE INDUSTRIES
(2014)

主　编／程宇宁
副主编／强海涛　李湘蓉　杨德慧

社会科学文献出版社
SOCIAL SCIENCES ACADEMIC PRESS (CHINA)

图书在版编目（CIP）数据

重庆创意产业发展报告. 2014/程宇宁主编. —北京：社会科学
文献出版社，2014.4
（创意城市蓝皮书）
ISBN 978 - 7 - 5097 - 5688 - 1

Ⅰ.①重…　Ⅱ.①程…　Ⅲ.①文化产业 - 产业发展 - 研究报告 -
重庆市 - 2014　Ⅳ.①G127.719

中国版本图书馆 CIP 数据核字（2014）第 035815 号

创意城市蓝皮书
重庆创意产业发展报告（2014）

主　　编／程宇宁
副 主 编／强海涛　李湘蓉　杨德慧

出 版 人／谢寿光
出 版 者／社会科学文献出版社
地　　址／北京市西城区北三环中路甲 29 号院 3 号楼华龙大厦
邮政编码／100029

责任部门／经济与管理出版中心（010）59367226　　　责任编辑／陈凤玲
电子信箱／caijingbu@ ssap. cn　　　　　　　　　　　责任校对／岳宗华
项目统筹／恽　薇　陈凤玲　　　　　　　　　　　　　责任印制／岳　阳
经　　销／社会科学文献出版社市场营销中心（010）59367081　59367089
读者服务／读者服务中心（010）59367028

印　　装／北京季蜂印刷有限公司
开　　本／787mm×1092mm　1/16　　　　　　　　印　　张／23
版　　次／2014 年 4 月第 1 版　　　　　　　　　　字　　数／374 千字
印　　次／2014 年 4 月第 1 次印刷
书　　号／ISBN 978 - 7 - 5097 - 5688 - 1
定　　价／89.00 元

《创意城市蓝皮书》 总序

张京成

城市是生产力发展到一定阶段的产物，并随着生产力的发展而不断升级。时至今日，伴着工业文明的推进和文化提升，以及服务业的大力发展，经济增长方式的转变和产业结构的调整正在推动一部分城市向着一个前所未有的高度迈进，这就是创意城市。

创意城市已经为众多有识之士所关注、认同、思考。在全球性竞争日趋激烈、资源环境束缚日渐紧迫的形势下，城市对可持续发展的追求，必然要大力发展附加值高、渗透性强、成效显著的创意经济。创意经济实质上就是要发展文化创意产业，而城市是创意产业发展的根据地和目的地，创意产业也正是从城市发端、在城市中集聚发展的。创意产业的发展又激发了城市活力，集聚了创意人才，提升了城市的文化品位和整体形象。

纵观伦敦、纽约、东京、巴黎、米兰等众所周知的创意城市，其共同特征大都离不开创意经济：首先，这些城市都在历史上积累了一定的经济、文化和科技基础，足以支持创意经济的兴起和长久发展；其次，这些城市都已形成了发达的创意产业，而且能以创意产业支持和推进更为广泛的经济领域创新；最后，这些城市都具备了和谐包容的创意生态，既能涵养相当数量和水平的创意产业消费者，又能集聚和培养众多不同背景和个性的创意产业生产者，使创意经济行为得以顺利开展。

对照上述特征不难发现，我国的一些城市已经或者正在迈向创意城市，从北京、上海等一线城市，到青岛、西安等二线城市，再到义乌、丽江等中小城市，我们自 2006 年起编撰出版的《中国创意产业发展报告》一直忠实记录着它们的创意轨迹。今天，随着创意产业的蔚然成风，其中的部分城市已经积累了相当丰富的实践经验以及大量可供研究的数据与文字资料，对其进行专门研究的时机已经成熟。

因此，我们决定在《中国创意产业发展报告》的基础上，逐步对中国各主要创意城市的发展状况展开更加深化、细化和个性化的研究与发布，由此即产生了《创意城市蓝皮书》，这也是中国创意产业研究中心"创意书系"的重要组成部分。希望这部蓝皮书能够成为中国每一座创意城市的忠实记录者、宣传推介者和研究探索者。

是为序。

Preface to the
Blue Book of Creative Cities

Zhang Jingcheng

City came into being while social productivity has developed into a certain stage and upgrades with the progress of the productivity. Along with the marching of industrial civilization, cultural development, the growth of the service industry, the transformation of economic growth and the adjustment of industrial structure, cities worldwide have by now entered an unprecedented stage as of the era of creative cities.

Creative cities have caught the attention from various fields these years. While the global competition for limited resources gets heated, sustainable development has become the only solution for cities, which brings creative economy of high added value and high efficiency into this historic stage. Creative industries is the parallel phrase to creative economy, which regards cities as the bases and the core of the development, and cities is also the place where creative industries started and clustered. On the other hand, creative industries helped to keep the city vigorous, attract more talents and strengthen the public image of the city.

From the experiences of world cities such as London, New York, Tokyo, Paris, and Milan, creative economy has been their common characteristic. First, histories of these cities have provided them with certain amount of economic, cultural and technological resources, which is the engine to start and maintain creative economy; second, all these cities have had sound creative industries which can function as a driving force for the innovation and economic growth of the city; finally, these cities have fostered harmonious and tolerant creative ecology through time, which conserves consumers of creative industries, while attracting more creative industries practitioners.

It can be seen that some Chinese cities have been showing their tendency on the way to become creative cities, such as large cities of Beijing and Shanghai, medium – size cities of Qingdao, Xi'an and even small cities of Yiwu and Lijiang, whose development paths have been closely followed up in our Chinese Creative Industries Report started in 2006. By now, some cities have had rich experiences, comprehensive data and materials worthy to be studied, thus the time to carry out a special research has arrived.

Therefore, based on Chinese Creative Industries Report, we decided to conduct a deeper, more detailed and more characteristic research on some active creative cities of China, leading to the birth of Blue Book of Creative Cities, which is also an important part of Creative Series published by China Creative Industries Research Center. We hope this blue book can function as a faithful recorder, promoter and explorer for every creative city of China.

编委会成员简介

主要编撰者简介

程宇宁 重庆工商大学教授，重庆创意产业发展研究所所长，重庆长江工商管理研究院研究员，重庆市社会科学专家库专家，重庆文化创意产业协会理事，中国广告协会学术委员会委员，中国高校广告教育研究会理事，中国当代杰出广告人，湖南省杰出广告人，中国优秀广告作品"IAI 年鉴奖"评委，全国大学生广告艺术大赛评委，2011、2012 年度中国艾菲数字营销奖评审委员会委员。

1993 年开始从事广告策划的教学与实践活动，在业界参与和主持过多项知名品牌的整合营销传播策划与创意执行项目。出版的著作有《广告策划教程》（中南大学出版社 1997 年第 1 版，湖南省高等教育 21 世纪课程教材）、《广告文案创意》（中南大学出版社 1999 年第 1 版）、《广告创意》（普通高等教育"十一五"国家级规划教材，中南大学出版社 2003 年第 1 版；中国传媒大学出版社 2009 年第 2 版）、《品牌策划与管理》（中国人民大学出版社 2011 年第 1 版）、《整合营销传播——品牌传播的策划、创意与管理》（中国人民大学出版社 2014 年 3 月第 1 版）等。在《装饰》等权威、核心期刊发表专业学术论文 20 余篇。创作的广告作品多次获得国家级或省级优秀奖。指导学生创作的广告作品分别获得中国广告学院奖全场大奖、第一届全国大学生广告艺术大赛铜奖、《中国时报》金犊奖银奖、美国金铅笔中国赛区青年大赛铜奖等。

摘　要

本报告以重庆市 2006～2013 年创意产业的总体运行、行业发展、区域创新和基地建设为基本内容，回顾并总结了 8 年来重庆市创意产业发展的整体态势，对全市重点区县的创意产业的发展状况与产业特征予以了梳理和介绍，对创意产业的部分重点行业进行了深入的分析和研究。全书共分为五大部分：第一部分为总报告，第二部分为行业发展篇，第三部分为区域创新篇，第四部分为园区（基地）建设篇，第五部分为附录。

本书的总报告，全面介绍了重庆市创意产业自 2006 年以来的发展脉络，包括组织建设、政策制定、措施出台等基础建设的各项举措；重点回顾和总结了重庆市近年以来在创意产业发展方面所做出的成绩；系统分析了重庆市创意产业所赖以生存和发展的文化环境和产业优势资源；同时，也对重庆市创意产业发展所面对的主要挑战和与文化和经济发达城市和地区相比所存在的劣势和不足之处进行了探讨；最后，对重庆市创意产业的发展趋势予以了展望。

"行业发展篇"以重庆市工业设计产业、文化传媒产业、动漫产业、旅游创意产业、建筑设计产业、时尚消费创意产业和咨询策划行业为重点研究对象，在总结行业现状、介绍行业发展所取得的成绩基础之上，深入分析了各行业在创意产业发展过程中所呈现的特征及其所存在的问题，并对行业在未来创意产业的发展过程中提出了诸多具体对策和发展设想。

"区域创新篇"选取了重庆市在创意产业发展领域取得较好成绩的部分区县，包括主城江北区、渝中区、九龙坡区、沙坪坝区、北部新区、涪陵区、大足区、黔江区、璧山县九个区县予以较为全面的展示，详细介绍了区县各级政府在推动创意产业发展方面所做的努力，以及各区县如何利用和整合当地优势资源在创意产业发展方面所做出的突出业绩，并对在创意产业发展过程中所发现的问题予以了较为深入的总结和分析。

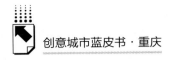

  "园区（基地）建设篇"选取 14 个重庆市 2007 年以来被陆续认定的国家级和市级创意产业园区/基地进行了较为全面而详细的介绍。从这些园区/基地的发展现状和发展规划可以看出，创意产业在重庆市的文化和经济的发展过程中将发挥越来越重要的作用。

  附录收录了《重庆市创意产业"十一五"发展规划》《重庆市创意产业发展工作计划（2008～2012）》《重庆市创意产业调查公报》《重庆市第五次创意产业调查统计公报》和重庆市创意产业基地（49 个），这些资料反映了重庆市政府在推动创意产业发展方面所做出的努力。

Abstract

This Report presents an overview on the development of the creative industry in Chongqing from 2006 to 2013, including the general operation, the development condition, regional innovation and base construction. We retrospected and summarized the general situation of the creative industry in these eight years, and introduced the development and characteristics of the creative industry from those emphasized districts and counties, and also analyzed this topic by highlighting those outstanding industries. This report is composed by five parts. The first part is the General Report, the second part is the Industries Development, Regional Creativity is the third, Industrial Garden (Base) Development is the fourth and Appendix is presented as the last part.

The General Report introduces development of the creative industry of Chongqing from the year 2006, including organizational construction, policy formulation, relevant measurements, etc. Focusing on retrospecting and summarizing the performance of Chongqing in developing the creative industry in recent years, we analyze systematically the cultural context and industrial advantages in and on which the creative industry can exist and grow, meanwhile, we also discuss the challenges in developing the creative industry, the weaknesses and shortcomings compared with those advanced cities and areas. Finally, we share our perspectives in prospect the future tendency of the creative industry of Chongqing.

In the part of the Industries Development, we research those industries such as industrial design, culture and media, animation, tourist, architectural design, fashion and consulting. Based on the summarizing of present situation and performance, we analyze in depth characteristics and problems of each industry in development, and provide our specific strategies and measurements.

In the part of Regional Creativity, we select some districts and counties which perform outstandingly in developing creative industry, including Jiangbei, Yuzhong, Jiulongpo, Shapingba, Northern New District and Fuling, Dazu, Qianjiang District and Bishan County, etc. We give an overall display of efforts in developing the creative industry from their local governments, and how they have done in achieving these results by exploiting and integrating the advantageous resources.

In the part of Industrial Garden (Base) Development, we choose 14 of those national and municipal creative industry gardens and bases, and show in much detail their developing situation and expanding plans. Based on that, we are pleased to see that the creative industry plays a much more important role in culture and economy development of Chongqing.

The Appendix is a collection of documents, containing the 11th Five-Year Plan on the Creative Industry of Chongqing, Work Plan on Development of the Creative Industry of Chongqing (2008 – 2012), Annual Statistical Report on the Creative Industry of Chongqing, the 5th Annual Statistical Report on the Creative Industry of Chongqing and 49 Creative Industry Bases in Chongqing. They reflect the efforts in promoting development of the creative industry from the Government of Chongqing.

目 录

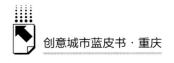
B Ⅲ 区域创新篇

B Ⅳ 园区（基地）建设篇

ℬ V　附录

皮书数据库阅读使用指南

CONTENTS

B I General Report

B II Industries Development

B Ⅲ   Regional Creativity

BⅣ Industrial Garden（Base）Development

B V   Appendix

总 报 告

General Report

B.1

重庆市创意产业发展现状与展望

程宇宁　孙志军*

作为21世纪的朝阳产业，创意产业以其融合性、创新性、高成长性正成为一个国家和地区经济社会创新发展的重要驱动力之一，得到我国各级政府的高度重视。2006年，"创意产业"这一全新的概念和产业形态首次写入《国家"十一五"时期文化发展规划纲要》；同年，重庆市委、市政府制定了"发展创意产业，打造时尚之都"的战略部署，出台了《重庆市人民政府关于加快创意产业发展的意见》（渝府发〔2006〕128号），并确定研发设计创意、软件设计创意、建筑设计创意、文化传媒创意、咨询策划创意、时尚消费创意六大门类作为发展重点。从此，重庆创意产业进入了快速发展时期，并在推动全市产业结构转型升级、激发城市活力、增强城市魅力方面发挥了突出的作用。

---

* 程宇宁，重庆创意产业发展研究所；孙志军，重庆市经济和信息化委员会生产性服务处。

一 重庆创意产业整体发展情况

（一）产业结构

1. 产业规模发展迅速

一是产业规模迅速扩大。2012 年年底，重庆市创意产业实现增加值 520 亿元，占重庆市生产总值的 4.5%，即将成为重庆市重要产业之一。

二是企业数量和从业人员迅速增长。2012 年，重庆市具体从事创意产业的实体已经达到 2.6 万多家，是 2006 年的 4.1 倍；创意产业从业人员达到 36 万人，是 2006 年的 3.2 倍。

三是基地建设成效显著。培育市级创意产业基地 49 个，其中 6 个获得国家级基地称号。市级基地营业收入达 500 亿元，占全市创意产业营业收入的 50% 以上，其中 100 亿级基地 1 个，10 亿级基地 2 个，5 亿级基地 3 个，集聚效应明显。

四是重点产业发展欣欣向荣。工业设计加快发展，时尚消费繁荣活跃，文化创意迈入"百亿"行业，动漫产业发展连续 6 年西部排名第一。重视传媒有限责任公司、重庆金算盘软件有限公司、重庆视美动画艺术有限责任公司、重庆天健卡通动画文化有限责任公司、重庆中冶赛迪工程技术股份有限公司等一批工业设计、文化创意、软件设计（含动漫设计）、建筑设计龙头企业的实力不断增强。

2. 产业结构不断优化

自 2011 年以来，重庆市在推动创意产业发展的过程中，有意识地将人、财、物等有限的资源重点投向工业设计、研发设计、动漫设计、建筑设计等领域，逐步形成重庆市创意产业较为鲜明的特色。采取的具体措施有以下几点。

一是继续推动以工业设计为主的研发设计加速发展，培育了五里店工业设计中心、西部设计之都、荣昌机电设计中心等一批设计中心和集聚区，提升了汽车、摩托车及装备制造等行业的创新能力。

二是重点扶持以电子软件为主的研发设计产业规模化发展，相继建立和引进投资的项目包括云计算产业园区、西永微电子产业园区、南岸茶园国家新型工业化电子信息物联网产业示范基地等，为重庆市优化和提升产业结构、发展高新技术产业奠定了基础。

三是引导鼓励以动漫设计为代表的软件设计产业快速发展。2012年，重庆市共生产制作4部动画片共2398分钟，居全国第14位。软件服务外包业务迅速发展，软件产品收入、系统集成和支持收入等各项指标增速位居全国先进行列。

四是高度重视建筑设计产业在推动宜居、畅通城市建设等构建良好城市创意环境方面所发挥的作用，积极发展建筑设计领域内的环境景观设计、照明设计、公共空间设计、雕塑设计等。几年来，重庆中冶赛迪设计院（以下简称中冶赛迪）、重庆交通科研设计院（以下简称重庆交科院）等重点建筑设计企业稳居全国设计"百强"行列。

2011年重庆市创意产业六大门类实现增加值如图1所示。

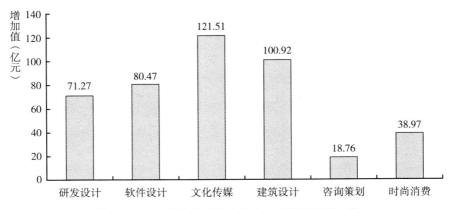

图1　2011年重庆市创意产业六大门类实现增加值

3. 空间布局更趋合理

重庆市从2007年开始即制定了《重庆市创意产业基地（园区）认定暂行办法》（渝办〔2007〕19号）。截至2012年年底，经认定的市级创意产业基地（园区）已达49个，入驻企业4349家，营业收入达500亿元。其中：视美动漫教学研发基地被国家广电总局授予"国家级动画产业基地"称号；海王星科技大厦被科技部授予"国家火炬计划软件产业基地"称号；五里店工业设计中心被国家知识产权局授予"国家工业设计知识产权试点园区"称号；洪崖洞、巴国城被国家文化部授予"国家文化产业示范基地"称号；重庆港鑫创意产业园被国家建设部、中国建筑装饰协会授予"全国建筑装饰行业产业化实验基地"称号；北部新区被授予国家级文化和科技融合示范基地。这些创意产业基地在促进创意产业人才集聚、产业集聚、创新发展等方面发挥了有效的示范带动作用，在国内也产生了一定影响，并初步形成全市创意产业以主城区带动两翼发展的结构布局。

（二）产业环境

近年来，重庆市政府积极优化政策发展环境，积极落实市级创意产业基地产业扶持政策，积极与市区两级财政、国税、地税、工商等主管部门进行沟通和协调，为政策落实提供支持。2012 年，共有 12 家创意产业基地完成基地税收超基数返还政策申报，涉及税收返还补助金额 2925.5 万元。

1. 政府积极推动，产业氛围逐渐形成

2007 年 11 月，由重庆市创意产业发展领导小组办公室牵头，重庆市经济和信息化委员会组织举办了首届重庆创意产业活动周，这是全市大力发展创意产业以来首次举办的持续时间长、涉及行业多的创意产业大型宣传展示活动。其中赛事历时三个月共吸引了 200 余家单位和近两万人参与，获奖作品纳入 2007 年重庆创意产业作品展进行展示。在十天展示期间，先后有 5 万人次前往参观，中央政治局委员、时任重庆市委书记汪洋，重庆市市长王鸿举，市委副书记张轩，常务副市长黄奇帆等 7 个市委常委先后参观了活动周，营造了重庆市发展创意产业的浓厚氛围。

2. 开拓国际视野，立足本土特色

由市政府和专业团体组织举办的各种创意产业交流活动，其立意宗旨均从本地发展创意产业的特点和所遇到的问题出发，广泛邀请国内外创意产业学术大师，吸引了众多的创意产业相关人士，在社会上产生了广泛的影响。

例如，2008 年 1 月，重庆市举办了"2008 发现重庆——关于美的城市创意对话"高峰论坛，邀请了有"英国创意产业之父"之称的英国经济学家约翰·霍金斯先生及中国创意联盟秘书长苏彤先生等参加。他们围绕如何发展创意经济、打造创意城市分别作了主题演讲，并与重庆市创意产业相关部门负责人、专家及业界代表进行了精彩对话（见图2）。人民网进行了在线直播，即时访问量超过百万人次。

图2　2008年1月，英国创意产业大师霍金斯在"2008发现重庆——关于美的城市创意对话"论坛上作主题演讲

3. 主办特色活动，促进产业发展

（1）创办"2012中国（重庆）国际设计周"

2012年12月，由重庆市政府与中国工业设计协会联合主办，重庆市经济和信息化委员会（以下简称经信委）承办的"2012中国（重庆）国际设计周"在重庆展览中心开幕。本届设计周以"智汇重庆·体验设计"为主题，其间举办国际设计博览会、中欧设计论坛、产业对接等数个主题活动。本次设计周共举办六大主题活动，以此推动重庆工业转型升级，实现由"重庆制造"向"重庆创造"到"重庆品牌"的发展目标。

在中欧设计论坛上，来自英国、意大利、韩国以及中国台湾等地的设计界精英齐聚一堂，分享交流学术成果，市经信委还与威尔士国家产品设计及研发中心签署了《关于建设中欧消费者行为研究中心的合作备忘录》，签约协议资金达86.4亿元。

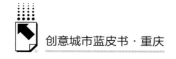

（2）主办中国西部动漫节

从 2009 年开始，重庆动漫节正式定名为中国西部动漫节，并每年举办一次。至 2012 年 10 月，中国西部动漫节已经成功举办了四届，逐渐形成"东有杭州，西有重庆"的国内动漫产业格局。通过将动漫节打造成为重庆本土品牌展会，努力搭建起动漫展示、交易、交流、合作、融资的全新平台，将重庆打造成与杭州国际动漫节齐名的西部动漫高地。

2012 年 10 月，第四届中国西部动漫节如期举行。与 2011 年相比，本届展会共吸引接待观众 13 万人次，与全国各地商家签订了多个重点合作项目，项目合作金额达 100 亿元人民币，比上届增长了 85%，实现了经济效益和社会效益的双丰收。

（3）主办"长江杯"国际工业设计大奖赛

从 2008 年开始，重庆市政府根据本地区的产业结构特点，有意识地重点强调和突出工业设计在产业结构调整和升级中产生的推动作用。为此，专门常年举办"重庆工业设计大奖赛暨高峰论坛"活动，努力将该项活动打造成具有国际影响力的品牌活动，并通过这一活动平台，一方面培育和发现工业设计的专门人才，另一方面可以借此与国内外工业设计界有更多的学习、交流、沟通的机会，以使重庆市的工业设计产业能够在较短的时间里取得更快的发展。

2012 年 12 月，"长江杯"国际工业设计大奖赛共征集作品 1321 件，评选出创造类和创意类优秀奖以上作品各 36 件。重庆隆鑫技术中心 CR9（LX650）设计的"摩托车"与浙江杭州自由设计师赵长胜设计的"隐者——窨井盖"分获创造类和创意类金奖。大赛还评出了云计算终端产品及云应用方案设计等五个单项赛的一、二、三等奖。

（三）产业基础

1. 雄厚的工业制造业基础

重庆是我国的老工业基地，具有 100 多年的发展历史。经过四次跳跃式的发展，目前，重庆已经有一些产业和产品在全国乃至世界市场上占有一席之地。例如，在笔记本电脑、打印机等计算机终端设备制造领域，即将形成年产量达 2 亿台的生产能力；在汽车制造领域，到 2015 年其年产量将达到 400 万辆；摩托车产能到 2015 年也将达到 1200 万辆。另外，还有一些工业产品的设计和制造水平已经领先于全国，如大型变压器、大中型柴油机、小汽油机、齿轮加工设备、齿轮箱、增压器、仪器仪表、铁路货车、地铁轻轨车辆、特种船舶、高精铝材、氧化铝、船用中厚钢板、锅炉钢板、玻璃纤维等。在产业结构调整和升级换代的背景下，重庆的工业要实现第五次跳跃，就必须将创意产业与传统的工业制造业进行深度融合，这也是重庆市近年来大力推行的产业发展政策。

2012 年，重庆市规模以上工业实现销售产值 1.4 万亿元，实现增加值 4000 亿元，较上一年度增长 22.5%，增速继续保持全国第一。其中，电子通信行业增长幅度最快，达到 2.9 倍，远高于全国 20.8% 的平均增幅；其他如专用设备、电器机械、黑色金属冶炼、非金属矿物制品、农副食品加工、造纸、服装鞋帽等行业的增幅也均在 30% 以上，远高于全国同行业增幅。目前，重庆市经济结构正在以工业制造业为主向创意设计服务业和制造业融合、共同推动产业结构转型转变，而重庆市雄厚的工业制造业又为创意产业的快速发展提供了坚实的经济基础。

2. 丰富的历史文化资源

一个城市或一个地区的创意产业的发展，有赖于该城市或该地区是否具有深厚丰富和兼容并蓄的文化资源。而重庆则恰恰具备了悠久的历史和丰富的文化资源，为创意产业发展提供了取之不尽、用之不竭的创意源泉。从历史的角度来看，重庆是巴渝文化的创造者和传承者，巴渝文化以大山大川为特质，铸就了重庆男儿热情似火而又坚韧豪迈、女儿柔情似水而又英气勃勃的性格特征。而清初的湖广填川、抗战的临时首都、20 世纪 60 年代的三线建设，又使巴渝文化融入了中华文化的各种元素，从而使得巴渝文化具有刚正豪迈、宽厚大气的精神特征。从总体上看，巴渝文化在客观上为重庆创意产业的发展提供了文化环境和精神层面的有力支撑。

3. 旺盛的市场消费能力

一个城市或一个地区创意产业能否可持续地发展，关键在于该城市或地区是否具有较高的文化创意产品的市场需求。因此，从根本上说，市场的需求决定了一个产业能否真正发展壮大。重庆是西部地区唯一的直辖市，也是城市化发展速度较快的城市。截至2012年年底，全市高等教育毛入学率已达35%。随着接受过高等教育的人口占全市人口的比例不断增加，创意产业发展的市场基础也将越来越巩固。

2012年，全市实现社会消费品零售总额3765.47亿元，增长16%。最具创意产业典型形态的电影市场在重庆的票房收入达到5.47亿元，位居全国第十。

4. 众多的创意人才优势

高等教育和科技创新是创意产业发展的内在推动力。2012年，在渝高校数量已达48所，位居全国第六，年入学人口已近20万，如加上在校研究生人数，重庆高校在校学生人数接近100万，如此庞大的受过高等教育的各类专业人才为创意产业的持续发展提供了众多的优势人才。

二　产业门类发展态势

重庆将创意产业划分为六大门类，即研发设计、软件设计、建筑设计、文化传媒、时尚消费和咨询策划，其中，工业设计属于研发设计范畴，动漫设计属于软件设计范畴，旅游产业属于时尚消费范畴。由于工业设计、文化传媒、动漫设计、旅游产业、研发设计、建筑设计和时尚消费所创造的增加值在创意产业所有门类中占据相当高的比例，故本报告将重点介绍上述七个产业门类的发展现状。

（一）工业设计快速发展

重庆作为我国最年轻的直辖市、长江上游地区的经济中心、国家级的现代制造业基地，其工业基础雄厚、资源丰富、交通便捷，具有发展工业设计的独特优势。大力发展工业设计，对转变重庆市经济发展方式，促进工业转型升级，形成新的经济增长点，实现速度和结构质量效益相统一、经济发展与资源环境相协调，推动重庆跨越发展具有重要的战略意义。工业设计产业门类的发展主要呈现以下几个特征。

1. 空间布局合理有序

重庆市近三年来正在积极推进以主城为核心、以长江沿线及渝西等产业发达地区为平台支撑的重庆工业设计走廊建设，布局培育了万州工业、璧山鞋业、大足五金、荣昌机电等各具特色的区域公共设计中心，以及迪科汽车、摩托车设计，四维卫浴设计等企业设计中心。

2. 工业设计发展规模迅速扩大

据不完全统计，2012年，全市创意产业实现增加值520亿元，是2006年的3.6倍；其中工业设计产业实现增加值40.2亿元，总量规模较2006年的20.65亿元约翻了一番，发展势头良好。

3. 从业人员队伍增长显著

随着重庆市政府对工业设计研发项目的投入增加，重庆市工业设计企业（机构）数量增长迅速。据统计，2012年年底，全市从事工业设计研究的专职人员约6.73万人，占创意产业总人数的26.4%；全市从事工业设计的专业机构已经增至6000多户。

4. 独立设计机构渐成规模

目前全市拥有国家级企业技术中心16家，重庆市级企业（行业）技术中心170家。如长安汽车股份有限责任公司技术中心、建设摩托车股份有限公司技术中心、中国嘉陵工业股份有限公司（集团）技术中心、中国四联仪器仪表集团有限公司技术中心、重庆钢铁（集团）有限责任公司技术中心、太极集团有限公司技术中心等，已形成汽车、摩托车、装备制造、IT等工业设计优势行业和五里店工业设计中心、空港工业园区、西永微电子产业园区等工业设计集聚区，工业设计之都建设初见端倪。

5. 率先开展体验中心建设试点

引导工业企业发展体验经济，提高工业设计水平，探索电子商务等现代营销模式与产品研发、展示相结合，拓展产品市场。目前，已初步确定首批30个体验中心试点建设项目，长安汽车股份有限责任公司已建成2000平方米汽车设计体验中心，惠普、华硕、宏基等重点企业正在筹建。

6. 积极搭建服务平台

成立重庆工业设计促进中心，开展工业设计公共服务平台建设、统计调查、信息收集、咨询服务、人才培训。推进重庆工业设计研究所、重庆工业设计 CAD 云服务平台、国家级汽车产品设计创新平台、中国消费者行为研究中心（CCI）、两岸创意设计产业联盟等服务平台的建设。

7. 推进和扶持重点项目建设

西部设计之都、重庆工业博物馆、日本 GK 公司等重点项目正全力推进，洛可可、嘉兰图等国内知名设计企业将在重庆打造国家级工业设计园项目。

（二）文化传媒发展成效显著

"十一五"时期，是重庆文化传媒业快速发展的重要时期。重庆市委召开三届五次全委会专题研究重庆文化建设，出台了《中共重庆市委关于推动文化大发展大繁荣的决定》，文化传媒业得到快速发展，并在以下几个方面取得了突出成效。

1. 文化产业总量显著增加

2012 年重庆市文化产业实现增加值 320 亿元，是 2007 年的 3 倍以上，年均保持 26% 以上的增速。全市文化产业增加值占 GDP 的比重达 3.2%，高于全国平均水平，在西部八省区市中处于中上水平。重庆文化产业发展速度明显快于地区生产总值增幅，连续 5 年保持 26% 以上的高速增长，比同期全市 GDP 年均增速快 10 个百分点以上（"十一五"时期全市 GDP 年均增速为 14.9%）。文化产业吸纳从业人员占全社会就业人员的比重超过 2%。

2. 产业结构不断优化

从文化产业核心层、外围层和相关层的数据来看，重庆文化产业在内容生产、文化服务和文化产品生产销售上均实现了快速增长。2011 年，文化产业核心层、外围层和相关层分别实现增加值 106.37 亿元、80.85 亿元和 51.53 亿元，比 2006 年分别增长 66.67 亿元、63.22 亿元、33.9 亿元。在此基础上，其增加值所占比重从 2006 年的 59.6%、26.5%、13.9%，调整为 2011 年的 44.6%、33.9%、21.5%。这表明重庆市文化服务业、文化产品生产与销售、新兴文化产业发展迅速，对文化产业发展的贡献越来越大。

图 3、图 4 为九龙坡区巴国城文化创意产业基地和坦克库文化创意产业基地。

图3　九龙坡区巴国城文化创意产业基地

图4　九龙坡区坦克库文化创意产业基地

（三）动漫产业发展成绩斐然

目前，重庆的动漫产业链已初步搭建成型，形成了以原创动漫生产为核心，以上下游产业为依托，以衍生产业为发展重点的整体产业布局，重庆动漫产业整体呈现出多元化和纵深化的发展态势。据不完全统计，2012年，重庆市动漫企业营业收入共计2.28亿元，同比增长14.7%，占全市GDP的

0.03%；其中，原创产品收入 3680 万元，同比增长 6.7%；衍生品收入 1.912 亿元，同比增长 19.04%；实现利润总额 3800 万元，同比增长 14.32%。动漫产业发展所取得的成绩在整体上主要表现在以下两个方面。

1. 产业集群效应优势明显

据统计，2013 年，重庆市从事动漫设计和制作的企业与工作室总数已增加到 500 余家，从业人数超过万人，基本形成了动漫产业链的上下游合理布局和专业分工的发展态势。此外，重庆还拥有 1 个国家级动漫产业基地、1 个国家级动画教学研究基地，初步形成产业集群优势。其中，南岸区茶园国家动画基地集聚重庆市多数动漫企业，基地原创影视动画年产量连续两年占全市年产量的 85% 以上。

2. 原创动画生产领跑西部地区

在原创动画生产方面，2005～2010 年，重庆共生产制作原创动画片 41 部，共计时长 234855 分钟。2012 年，重庆市共生产制作 4 部动画片共 2398 分钟，居全国第 14 位，年产量高于全国平均水平，占西部总生产数量的 82.8%，连续九年在西部原创动画生产数量排行榜位居第一，继续领跑西部动漫，并首次超越原创动画制作大省——湖南省。与此同时，渝产原创动画创作水平、艺术质量也随着动画产量的增长而不断提高。2008 年，重庆有 2 部动画片获得国家广电总局优秀动画片推荐；2009 年有 1 部；2010 年，在国家广电总局向全国电视播出机构推荐优先播出的 81 部动画片中，重庆有 4 部作品榜上有名，入选作品数量居全国各大城市前列。《夏桥街》《缇可讲故事》《乐乐熊之玩具王国》《可儿历险记》4 部作品被国家广电总局推荐为 2010 年度优秀动画片，创历年之最。

（四）旅游产业实现跨越式发展

"十一五"期间，以贯彻落实胡锦涛对重庆作出的"314"总体部署和国发 3 号、41 号文件精神为主线，政府提出了"一心、两地、三区、四合、五强、六抓、七明显"的总体思路（一心是指重庆旅游的总体定位，即发展成为长江上游的旅游中心；两地是指重庆旅游的发展方向，即成为知名的旅游目的地和重要的旅游客源地；三区是指重庆旅游的空间布局，即构建三峡库区及两侧腹地旅游区、山城都市及近郊旅游区、乌江画廊及武陵山区旅游区三大板块；四合是指重庆旅游的发展途径，即坚持区域联合、资源整合、部门配合和资金结合四大途径；五强是指重庆旅游的工作重点，即强化规划运作、强化宣传促销、强化投融资、强化开发建设、强化政策扶持五个重点；六抓是指重庆旅游行业的自身建设，即抓好学习提高、服务效能、改革创新、调查研究、队伍建设、考核落实六个方面；七明显是指重庆旅游的发展变化，即争取旅游市场、发展环境、管理体制、旅游企业、旅游就业、行业管理、关联带动七个明显变化），紧紧围绕"一心两带"（即将重庆发展为中国西部旅游集散中心、渝东北长江三峡国际黄金旅游带和渝东南民俗生态旅游带）战略部署，先后提出了打造温泉之都、建设山水都市旅游精品、提升"六大精品景区"（即指武隆天生三硚、奉节天坑地缝、长江三峡、大足石刻、合川钓鱼城和涪陵白鹤梁六大旅游景区）品质等重大战略举措，通过创意产业的大力推动，实现了重庆旅游业超常规、跨越式的发展。

近年来，全市旅游业对国民经济的贡献率逐年提高，旅游总收入占 GDP 的比重从 2005 年的 9.8% 上升到 2011 年的 11.6%；旅游总收入年均增幅为 25%。旅游经济主要指标年均增幅超过 20%，增幅在全国名列前茅。在西部 12 省份排名中，重庆旅游总收入、入境旅游人数和旅游外汇收入分列第 6 位、第 5 位和第 4 位。旅游业已经成为重庆市的支柱产业，并将在全市的经济发展结构中发挥越来越重要的作用。

图 5、图 6、图 7 为奉节天坑、涪陵大木花谷、潼南油菜花旅游基地。

（五）研发（电子信息）产业发展成效卓著

2011 年以来，全市电子信息产业保持快速增长态势，主营业务收入由 2006 年的 351 亿元增长至 2012 年的 1500 亿元，其中，软件及信息服务产业实现收入 500 亿元，增长 285%，占全市工业销售额的 12% 左右，在全国排名第 16~22 位，成为全市重要的支柱产业。现有销售收入超过 5000 万元的电子制造企业 150 余家，产业门类涵盖了电子信息产业所涉及的 12 大类中的 9 大类，其中中冶赛迪和四联集团跻身全国电子百强企业。

全市电子信息产业的发展基础得到进一步夯实，初步形成市级研究中

图5　奉节天坑

图6　涪陵大木花谷

心、高等院校、企业研发中心并存和多层次的创新机构布局，共获得国家项目资金支持34项24427.8万元。下拨市级电子信息发展资金307项16690万

图7　潼南油菜花旅游基地

元，推动了重庆重邮信科（集团）股份有限公司的 TD/GSM 双模终端芯片解决方案等一批核心技术的突破，加快了重庆金山科技集团有限公司的智能可控胶囊内镜系统的产业化。同时，重庆金山科技集团有限公司、重庆海扶医疗科技股份有限公司、重庆山外山科技有限公司等企业的医疗电子科研项目获得国家信息产业重大技术发明奖。随着惠普有限公司、宏碁股份有限公司、富士康科技集团、英业达股份有限公司、广达（电脑）集团、思科系统公司、茂德科技等一批巨头落户，重庆开始全力打造全球最大的笔记本电脑生产基地和中西部 IT 高地。现已形成以西部新城（西永微电子产业园）和两江新区为核心，优势突出、特色明显、有机互补、错位发展的电子信息产业发展格局。

（六）建筑设计产业发展再创历史新高

建筑设计行业作为重庆市创意产业的重要组成部分，在"十一五"期间得到快速发展，队伍素质、经营规模、综合效益得到大幅提升，为直辖市建设做出了积极贡献。

截至 2012 年年底，全市拥有建筑设计企业 265 家（不含专项设计单位），与"十一五"末相比，行业的实力显著增强，现有建筑勘察设计甲级资质单位 109 家，较"十一五"增长了 10%。

建筑设计行业资源优化重组，企业效益大幅提升。"十一五"期间，全市建筑设计行业充分发挥技术创新优势，实现营业收入年均增长率保持在 20%的水平，2011 年年底达到 199 亿元，比"十五"末增长 121 亿元，创历史新高。人均营业收入近 80 万元，名列全国前茅。中冶赛迪、重庆交科院、中机中联工程有限公司（原机械工业第三设计院，以下简称中机中联）一直稳居全国勘察设计企业"百强"行列。本地企业出渝签订合同额已超过 100 亿元，较"十五"末增长近 10 倍，中冶赛迪、中机中联等企业积极迈出国门，参与全球市场竞争。

（七）时尚消费产业发展欣欣向荣

会展消费经济迅猛发展。2012 年全年举办各类展会 521 个，同比增长 9.7%；展出总面积 441.4 万平方米，同比增长 15.2%；举办各种会议活动 4818 个，同比增长 6.3%；举办节庆活动 429 个，同比增长 21.4%；举办各种赛事活动 181 个，同比增长 18.3%；创造直接收入 53.1 亿元，同比增长 24.5%；拉动消费 426 亿元，同比增长 20.8%。培育了"重庆投资贸易洽谈会""中国国际摩托车博览会"等一批具有较大影响力的品牌展会，其中由国家部委参与主办的达 15 个，由全国相关行业协会参与主办的达 12 个。

图 8 为重庆市 2011 年南坪国际会展中心国际汽车展现场。

图 8 重庆市 2011 年南坪国际会展中心国际汽车展现场

2012 年，限额以上批发和零售企业实现服装鞋帽、针纺织品类的零售额 330.8 亿元，比 2005 年增加 5.3 倍，年均增长 30%；化妆品类零售额 32.3 亿元，比 2005 年增加 2.5 倍，年均增长 19.6%。高档消费需求强劲，奢侈品消费增长超过30%；金银珠宝等奢侈品消费火爆，金银珠宝类零售额达到74.8亿元，比2005年增加16.7倍，年均增长50%，呈现迅猛增长的态势。汽车消费是重庆市的亮点和主力，零售额为1047.1亿元，比2005年增加15倍，年均增长48.5%。时尚购物消费规模迅速扩大。

餐饮营业额连续多年保持两位数高速增长。2012年，全市住宿餐饮业实现零售额600.3亿元，是2005年的2.55倍，年均增长14.3%；住宿餐饮业实现增加值190亿元，是2005年的4.19倍，年均增长22.7%，占全市商业增加值比重达18.3%，实现税收总额16.1亿元。

休闲娱乐等相关产业发展势头强劲。2011年，摄影行业、婚庆行业、美容美发等相关休闲娱乐产业抢抓机遇，加快便利化、连锁化、规范化发展。摄影业网点数达3000余家，从业人员2万余人，年营业额12亿元；婚庆产业链企业近5000家，销售额超过100亿元，就业人数近5万人。

三　面临形势及存在问题

（一）面临形势

1. 战略机遇良好

从国际看，创意产业发展迅猛，已成为世界经济新潮流。据联合国统计，2004年全球创意产业占GDP总量的11%，而且每年以10%的速度在增长，远高于全球GDP 3%的增速。特别是在金融危机情况下，创意产业更是逆势高速增长，成为美国、英国和日本等发达国家应对金融危机、提振经济的战略选择，也是印度、俄罗斯等国家扩大内需、转变经济增长方式的重要战略举措。事实证明，创意产业已成为21世纪全球经济发展的未来和关注的焦点，必将迎来新一轮发展的春天。

从国内来看，创意产业发展迅猛，逐渐成为推动经济增长的新引擎和新亮点。据国家统计局调查，2003~2010年，我国创意产业年均增长23%，北京、上海、深圳等大城市的创意产业占GDP的比重已经超过5%，目前分别已达12.3%、10%和7.6%。特别是金融危机后，世界经济持续低迷，外贸需求不断下降，创意产业以其独有的优势，通过满足人民群众享受型消费和发展型消费，对扩大内需发挥了举足轻重的作用。

从市内来看，"十二五"时期是重庆社会和经济发展的黄金时期。预计到2015年年底，重庆生产总值将达到1.5万亿元，人均生产总值超过5万元，综合实力和财富积累再上新台阶，而这种快速的经济发展和收入的显著增长，又必然使更多的民众对创意产业的需求进一步提升。从产业结构方面而言，重庆市已经形成了汽车摩托车、电子信息、装备制造等支柱工业体系，在未来的几年中将建成以信息产业为核心的万亿元级国家重要的战略性新兴产业高地，这同样也为创意产业的发展提供了坚实的产业基础。在城市化进程方面，2015年，重庆市城镇化率将超过60%，主城将建成面积1000平方公里、人口1000万的国家级特大城市，日益强化的中心城市经济功能将加快引导创意产业资源的集聚。

2. 政策环境有利

2010年7月，由国务院11个部委联合下发了《关于促进工业设计发展的若干指导意见》，首次将工业设计的发展提到国家层面予以高度重视。2011年10月中共中央在第十七届六中全会上通过了《中共中央关于深化文化体制改革推动社会主义文化大发展大繁荣若干重大问题的决定》，该决定明确提出要"加快发展文化产业，推动文化产业成为国民经济支柱性产业"。这些政策的制定与实施，无疑将从根本上进一步改善创意产业发展的总体环境，并为创意产业提供新的发展机遇。

重庆积极执行增值税转型、进口设备减免税等国家普惠政策和西部大开发所得税优惠政策，以及统筹城乡改革发展土地流转、三峡库区后续扶持移民就业补贴及税收返还政策，还有两江新区、两路寸滩保税港区和西永综合保税区等特殊优惠政策，是西部地区优惠政策最为富集的地区。特别是2006年以来，为鼓励创意产业发展，市委、市政府先后从市场准入、财税扶持、拓宽融资渠道、人才引进等方面出台了一系列优惠政策，为创意产业发展创造了良好的政策环境。

3. 先发优势明显

经过近几年的探索，按照"政府引导、市场运作、抓住重点、突出亮点"的创意产业发展方针，重庆市创意产业的发展速度和社会影响力在西部地区取得了领先优势。目前，重庆市创意产业驱动力指数在国内排名第8位，"最受关注中国文化城市榜"重庆位居第六。过去几年的实践证明，重庆的创意产业发展模式很好地结合了重庆产业经济和社会文化的特点，符合创意产业运行和市场建设的客观规律，符合当前我国创意产业发展的大趋势，这为进一步促进重庆市创意产业差异化发展，在区域竞争中赢得优势打下了坚实的基础。

（二）存在问题

1. 综合实力不强

重庆市创意产业发展处于国内第二梯队中下游水平，与北京和上海等发达地区相比差距较大。2012 年，重庆创意产业实现增加值 520 亿元，占本市 GDP 的比重仅为 4.5%，北京、上海则达到了 12% 和 10.2%；重庆创意产业从业人员 36 万人，只有北京的 1/3、上海的 1/4。重庆市创意产业整体实力与重庆作为直辖市、五大中心城市之一的地位还有相当大的差距（见图 9）。

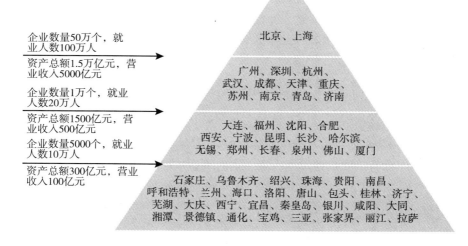

图 9　全国主要城市创意产业发展梯队

2. 高端支柱产业缺乏

研发设计、软件设计、建筑设计等高端创意产业发展滞后，尚未形成如北京的文化传媒、上海的研发设计等在全国有影响力的支柱产业。从组织结构上看，重庆缺乏大型龙头企业，行业内有规模、有实力、有影响力的企业较少。全市创意产业发展还存在创意深度不够、产业融合性差、产业化水平低等问题，制约重庆创意产业做强做大。

3. 基地特色不足

主要体现在以下几个方面。

一是产业集聚度较低。基地内创意产业企业业态混杂，缺乏统一规划和定位，企业间产业链关联性低、相互孤立，未形成产业集群的发展模式和氛围。

二是管理模式粗放。运营模式主要以租金收入为主，运营业主实力不强、经验不足导致基地管理体制机制不健全、后续建设资金投入有限，缺乏产业发展公共服务平台。

三是个性化不突出。缺乏体现巴渝文化特色、富有创意氛围的产业基地，未能形成如北京798，上海1933、田子坊等国内知名的、有影响力的产业园区。

4. 发展环境待完善

具体表现在以下三个方面。

第一，认识有待提高。部分部门和区县在创意产业基地建设、招商引资、政策落实等方面认识不到位、积极性不高，过于注重地方短期税收收益，未按照有关政策规定严格落实创意产业财政、税收、土地等政策。文化、经济、科技、旅游等部门横向联系和合作不够紧密，发展的合力不够。

第二，政策扶持力度有待加强。一是财政扶持力度弱。重庆市创意产业财政专项资金自2007年设立以来，一直保持在2000万元，规模小，对基地培育、项目建设、平台打造的扶持力度有限。国内发达地区，如北京市自2006年设立5亿元创意产业专项资金以来，目前各类文化创新专项资金已增长到100亿元；上海市每年由市创意办安排的财政专项资金为2亿元；浙江省财政从2011年起每年安排1亿元用于工业设计基地建设，每个基地1000万元（同时市县财政配套1000万元）；深圳市财政从2012年起每年安排1亿元专项资金用于支持设计产业发展，对获得国家、省、市工业设计中心的分别给予500万元、400万元、

300 万元的奖励。二是相关配套政策有待完善，缺乏针对创意产业企业发展的财税、融资、人才培养等配套政策，企业投资发展创意产业的动力和积极性不足。

第三，统计体系不完善。重庆市创意产业统计未纳入全市国民经济统计工作范畴，每年由市创意办委托统计局采取抽样调查开展统计工作，统计口径范围窄、统计调查渠道不健全，不能真实有效地反映产业发展实际情况。

四　发展思路及政策保障

当前，重庆市经济正处于转型升级的关键时期，市委、市政府提出了创新驱动战略。产业要转型，创新要加快，必须充分发挥创意产业在激发城市创新活力、提升城市魅力、促进转型升级中的支撑和引领作用，建设"设计之都""文化之都""时尚之都"和"智慧城市"，把重庆打造成国际化的创意城市。

（一）发展目标

到 2017 年，创意产业增加值占全市 GDP 的 7%，搭建 2～3 个全国性公共服务平台，培育 5 个国家级企业设计中心，10 个国家级产业基地，国内知名企业 20 家，产业领军人物 50 人，吸纳就业 50 万人。

（二）重点任务

1. 制订 2013～2017 年重庆创意产业发展规划

以工业设计推动工业转型升级、软件信息推进智能城市建设、文化传媒推进文化产业发展、时尚消费推进时尚之都建设为重点，促进全市经济发展模式转变和提升城市综合实力，规划未来五年发展思路和重点任务。

一是优化产业空间布局。推动创意产业由主城区向"一圈两翼"扩展，推进以主城为核心，以长江沿线及渝西等产业发达地区为平台支撑的"重庆工业设计走廊"建设。

二是突出重点产业发展。大力发展工业设计、建筑设计、广告设计，提高产业融合能力，打造"设计之都"；大力发展广播电视、新闻出版、数字传媒、文艺表演，做大做强文化产业，打造"文化之都"；大力发展旅游休闲、时尚消费，以诚实商圈和旅游景区为载体，打造"时尚之都"；大力发展软件设计、云计算、移动互联网及新兴数字内容产业，依托重庆市发展"云端计划"产业，发挥技术优势，打造"智慧城市"。

2. 培育产业基地

重点在两江新区布局重庆创意设计谷，支持南岸区广东设计城、大渡口区天安创意产业园、沙坪坝创意设计园等集聚区建设，推动创意设计产业规模化、集群化发展。

3. 搭建公共平台

完善市工业设计促进中心职能，加快推进西部工业设计研究中心、中欧消费者行为研究中心、两岸创意设计产业联盟建设，创新模式，搭建创意产业融资、孵化、知识产权交易等公共服务平台，推动产业发展。

4. 加快招商引资

大力引进国内外知名设计企业，推进重点在谈项目落户进度，构建工业设计产业化发展体系。引导和鼓励在渝落户的制造企业将企业设计中心迁至重庆发展或新建分支设计机构，夯实设计创新基础。推进与英国及我国港澳台地区的创意产业合作，共建创意设计园区和大师工作室等。

5. 营造发展氛围

继续举办"长江杯"大赛、国际设计周、西部动漫节、文化艺术节等"时尚嘉年华"活动，提升知名度和影响力，以大型活动为平台，增进对外交流，促进产业发展。

6. 加快人才培养

引导市内院校完善创意设计产业教育体系，加快高端、紧缺人才培育。支持高校与企业共建实训基地，培养技术型人才。探索工业设计职务资格认定等创意产业人才认定、选拔和激励机制。

7. 加强对外交流

以京津沪渝台联席会、中欧设计论坛、国际设计周等创意产业活动为平台，增进重庆与国内发达地区、港澳台地区以及欧洲的交流与合作；推动重庆与欧美及港澳台地区的人才交流和项目合作；积极推进在渝建立台湾、香港创意设计产业园。

（三）政策保障

1. 完善组织领导

一是结合全市创意产业发展实际，根据各部门职能定位，进一步确定领导小组成员和职能。二是成立"重庆市创意设计联合会"。整合产学研资源，协调有关行业组织，协助政府推进相关工作，统筹推进全市创意产业和服装产业发展。

2. 出台"加快重庆市创意设计产业发展意见"

推动出台"加快重庆市创意设计产业发展意见"，明确全市创意设计产业发展的总体目标、重点方向、实施路径，制定产业税收、土地、融资扶持政策，加强对产业发展的指导，营造良好的发展环境。

3. 加大财政扶持力度

一是扩大创意产业专项资金规模。争取市创意产业专项资金规模每年保持适度增长，重点支持基地培育、项目建设、平台打造和招商引资等产业发展关键环节。二是推动建立重庆创意设计产业发展基金，拓展创意产业融资渠道，推动中小创意产业企业做大做强。

4. 完善产业统计体系

由市创意办联合市统计局对重庆市现有的创意产业统计指标体系进行调整和完善，改进创意产业统计工作方式。

结束语

重庆市创意产业发展自 2006 年至今已经走过了八个年头。八年来，在市委、市政府的高度重视下，通过市创意办的大力推动和全市创意企业的不懈努力，重庆创意产业发展已经为今后的进一步发展奠定了一个良好的基础，并逐步形成了自身的发展特色。相信未来，重庆创意产业发展将会取得更多、更大、更好的成绩。

行业发展篇

Industries Development

B.2

打造工业设计之都 转变经济发展方式

——重庆市工业设计产业发展报告

袁　鉴*

工业设计是20世纪20年代工业发达国家的产物，自20世纪80年代进入我国以来，伴随着国家工业和信息化进程的加速，已经快速成长。重庆工业设计产业在创意产业发展的大背景下，面临着前所未有的机遇，正在进入一个快速发展时期。

一　重庆市工业设计产业发展的宏观环境

我国的工业设计产业起步较晚，其发展大致分为三个阶段。

第一个阶段是1949～1979年，这是一个"前工业设计"时期。从严格的

* 袁鉴，重庆市工业设计促进中心。

意义上来说，这个时期基本上没有什么工业设计的概念。虽然在这个时期也涌现了一批像解放牌汽车，红灯收音机，牡丹牌半导体收音机，永久、凤凰、飞鸽牌自行车，蜜蜂牌缝纫机，雪花冰柜等自主产品，但这些还不能说是真正意义上的工业产品设计，更谈不上工业设计产业的形成。

第二阶段是 1979～1999 年，这是我国工业设计产业的起步阶段。改革开放以后，一批国外留学归来的学者在许多高等院校建立了工业设计专业学科。1979 年我国成立了中国工业设计协会；同年，重庆市成立了重庆工业设计协会，是全国最早一批成立的工业设计专业机构。1985 年由重庆市经济委员会科技处牵头负责推动全市工业设计产业发展。同时，这一时期还出现了联想、海尔、长安、力帆、隆鑫、嘉陵、熊猫、长虹等一系列自有品牌，这些企业随着市场营销战略的成功，先后在企业内部设立设计部门，这样，就使工业设计产业在市场需求的推动下逐渐从一种不自觉的行为转变为自觉的行为。

第三个阶段是 1999～2009 年，这是我国工业设计高速发展的时期。在这一时期，全国高等院校开设工业设计专业的已达到 400 余所，独立于生产企业的工业设计公司（企业、机构）也纷纷涌现。而在 2006 年之后，全国各地成立了一批创意产业基地，在基地内集聚了一批工业设计机构开展工业产品的设计工作。如 2007 年重庆市成立了五里店工业设计中心，2009 年成立了重庆工业服务港。

2010 年 7 月 22 日，工业和信息化部等国务院 11 个部委联合颁发的《关于促进工业设计发展的若干指导意见》（工信部联产业〔2010〕390 号），是国家出台的首个专门针对工业设计产业的指导政策，这标志着我国的工业设计产业进入了一个新的发展阶段。

二　重庆市发展工业设计产业的优势和特点

2010 年，按照工业和信息化部等 11 部委《关于促进工业设计发展的若干指导意见》以及《中共重庆市委　重庆市人民政府关于推进新型工业化的若干意见》提出的"大力发展工业设计"的要求，结合重庆市产业发展实际，重庆市经济和信息化委员会在较短的时间里完成了全市工业设计产业布局规划、体验中心建设、指导计划引领、公共平台培育、重点项目推进、设计活动引导等相互衔接、较为完善的发展举措。全市工业设计产业发展起步良好，抢占了先机，赢得了优势，为打造长江上游"设计之都"奠定了良好的基础。

（一）不断加强政策引领

在现有创意产业发展政策基础上，为进一步加强对创意产业特别是工业设计产业发展的引导和扶持，增强政策的针对性，编制 2013～2017 年重庆创意产业发展规划，明确重庆工业设计产业下一阶段发展的重点任务、关键平台和工作举措，加强宏观引领。

（二）调整优化产业布局

2010 年以来，市政府结合重庆工业主导产业规划和区域布局，沿主城长江两岸至渝西等工业发达地区，规划建设重庆工业设计走廊。为对走廊形成支撑，大力支持走廊内部区县和企业开展工业设计园区及企业设计中心建设，重点推动两江新区、渝中区、南岸区、西永微电子产业园、五里店工业设计中心、涪陵、长寿、璧山、江津、永川、双桥、大足等工业设计产业集聚区建设，支持长安、力帆、隆鑫、惠普、宏碁、锦晖、雷士等市内重点企业发展各具特色的企业设计中心。

市经济和信息化委员会（简称市经信委）根据工业和信息化部（简称工信部）《国家级工业设计中心认定管理办法（试行）》（工信部产业〔2012〕422 号）文件要求，推荐雷士照明工业设计中心、重庆锦晖工业设计中心等 5 家设计中心申报 2013 年度国家级工业设计中心，之后市经信委印发了《重庆市工业设计中心认定管理办法（试行）》，组织长安、力帆等重点企业开展市级工业设计中心创建工作。

重庆工业设计走廊建设规划示意图如图 1 所示。

（三）率先开展体验中心建设

市经信委于 2013 年 6 月出台《关于开展市级工业设计体验中心认定和第二批工业设计体验中心建设试点项目申报工作的通知》（渝经信服务〔2013〕

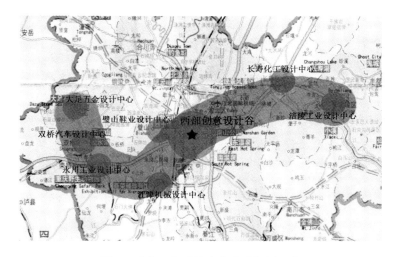

图1　重庆工业设计走廊建设规划示意

4号），紧紧抓住工业设计发展前沿趋势，整合设计产业链的前端和后端，引导工业企业探索从用户角度研究消费者的行为习惯和心理偏好，以设计体验为突破口，提升工业产品设计水平；同时，探索电子商务等现代营销模式与产品研发、展示相结合，开展"四位一体"（体验－设计－电子商务－数据中心）设计体验中心建设。目前，全市首批30个体验中心试点建设项目已建成10余个，正开展第二批试点项目申报及市级设计体验中心、"四位一体"设计体验示范中心认定工作。在已建成的工业设计体验建设项目中，长安公司汽车设计体验中心达2000平方米，周君记工业旅游体验中心年均游客达30多万人次，仅体验消费一项年收入就达到1000多万元，在推进产品设计创新的同时，树立了产品品牌，取得了良好的经济和社会效益。

（四）推动设计引领转型升级

2013年年初，市经信委出台《重庆市工业设计引领转型升级指导性计划项目申报指南》（渝经信服务〔2013〕5号），规定今后每年通过征集和组织一批优秀工业设计项目，发布指导性计划，达到引导设计产业发展、提升企业设计水平、创新产品品种、推动实现设计引领转型升级的目的。在对指导性计划项目实施进行重点支持的同时，积极组织项目单位与国内外知名设计公司对接，鼓励采取"设计外包、购买服务"的方式，委托专业设计公司实施项目，提高产品设计水平，扩大设计产业市场规模。

（五）积极搭建服务平台

2007年至今，市创意办经过严格审核，陆续批准了五里店工业设计中心、重庆工业服务港、虎溪公社创意产业园区等51个市级创意产业基地（园区），这些园区全部建成后建筑面积达594.5万平方米，入驻企业1783家，从业人员26950人。市级基地营业收入达500亿元，占全市创意产业营业收入的50%以上。这些基地中有6个获得国家级基地称号；其中100亿元级基地1个，10亿元级基地2个，5亿元级基地3个，集聚效应明显。五里店工业设计中心被国家知识产权局授予"国家工业设计知识产权试点园区"称号，基本建成了新产品加工中心、新材料新技术新工艺展示中心、产品色彩纹理研究中心、创意产品交易中心、设计师创业坊、成果查询推广中心、设计师培训招募中心、公共服务及管理中心八大公共技术服务平台。重庆工业设计服务港被国家工信部评为"国家中小企业公共服务示范平台"，现已成为重庆市最具规模和影响力的中小企业服务领域和产业经济领域的公共服务平台集聚基地之一。

2012年成立重庆市工业设计促进中心，为全市工业设计产业发展提供公共服务平台搭建、统计调查、信息收集、咨询服务、人才培训等。积极与英国、法国、德国、美国、韩国等国的工业设计领域开展交流与合作，切实推进中欧设计研究院、中欧消费者行为研究中心等与欧洲设计产业联动平台的建设。积极筹建重庆市创意设计联合会、两岸创意设计产业联盟等设计行业组织，充分整合社会各界资源，推动产业发展。

（六）大力引进重点项目

提高重庆工业设计的水平，首先就要努力集聚国内有一定影响力的工业设计机构落户重庆。为此，市经信委相关部门先后到北京、上海、广东等东部发达省份开展设计招商活动；邀请国内外知名的工业设计机构如深圳洛可可工业设计有限公司、深圳嘉兰图工业设计有限公司、深圳浪尖设计有限公司、海尔创新设计中心、杭州凸凹工业设计有限公司、日本GK设计公司等先后到渝考察。目前，中国工业设计协会、深圳设计联合会、杭州凸凹设计公司、嘉兰图工业设计有限公司在渝打造的国家级工业设计园项目正在洽谈推进之中。

（七）积极营造发展氛围

自 2002 年以来，由重庆市经信委、市科协、市教委、市科委、重庆工业设计协会等单位共同主办的"明日之星工业设计大奖赛"已达七届。2008 年、2009 年由市政府主办，市经信委和市创意办共同承办了两届重庆市工业设计评选和全球工业设计及创意（重庆）高峰论坛活动。2012 年按照《关于开展 2012 年中国优秀工业设计奖评奖工作的通知》（工信部产业〔2012〕345 号）要求，印发了《关于开展"2012 年中国优秀工业设计奖"组织推荐工作的通知》（渝经信服务〔2012〕9 号），共推荐 180 件优秀工业设计作品参加中国优秀工业设计奖评奖活动，20 余件作品入围中国优秀工业设计奖终评。

2012 年由市政府和中国工业设计协会主办，市经信委、市创意办承办了2012 中国（重庆）"长江杯"国际工业设计大奖赛和中国（重庆）国际设计周活动，共征集参赛作品 3721 件，参赛作品数量和质量位居国内同类型赛事前列，创意类和创造类金奖获得业界的一致好评。国际设计周以"智汇重庆·体验设计"为主题，英国、韩国、意大利等国家政府部门、行业协会、跨国公司等 100 余位重要嘉宾来渝出席活动；中国惠普有限公司、重庆长安汽车股份有限公司、青岛海尔股份有限公司、嘉兰图工业设计公司及清华大学美术学院、四川美术学院等千余家企业、院校、专业设计公司及个人，1500 件作品参展，观展市民达 3 万人次。两个活动的成功举办，搭建了设计成果展示、产业交流对接、项目招商引资的平台，在引导产业发展、激励设计创新、提升重庆影响力方面效果明显，得到市领导的肯定以及国内外嘉宾、参展企业及观展市民的一致好评。

（八）整体实力大幅提升

根据重庆市经信委和市统计局联合进行的重庆市创意产业调查统计公报显示，全市 2012 年创意产业实现增加值 520 亿元，占 GDP 的 4.5%，是 2006 年的 3.6 倍；其中工业设计产业实现增加值 40.2 亿元，总量规模较 2006 年的

20.65 亿元约翻了一番，发展势头良好。全市工业设计企业（机构）数量增长迅速，从业人员日臻合理。截至 2012 年年底，从事工业设计的人员约 6.73 万人，占创意产业总人数的 26.4%；从事工业设计专业的机构约 6000 多户，占创意产业单位总数的 32.9%。

三　重庆市发展工业设计产业亟待解决的问题

（一）企业对设计价值的认识不足

从总体上看，全市大多数生产性企业对工业设计作用和价值的认识存在误区，或重技术轻设计，或仅在外观美化上创新，没有意识到工业设计是技术创新的载体，也没意识到工业设计对企业品牌塑造和价值提升的重要性。大量的代工生产使许多企业原本就十分落后的设计能力几乎完全丧失，一些产品即使拥有自主知识产权，但核心设计仍然是从外地购买的，这在全市汽车、摩托车、装备制造以及电子信息等高新技术产业很普遍，这也是制造业一直没有走出"引进—模仿—生产—再引进—再模仿"怪圈的原因。

（二）工业设计产业化程度不高

重庆市是全国的老工业基地之一，传统工业的概念根深蒂固，虽然目前越来越多的企业建立起自己的设计部门，全市工业设计产业初现端倪，但仍有许多大企业对设计缺乏专门的资金投入，更缺乏自己的设计师队伍，不能独立发展，难以形成规模化、产业化的经营方式，在很大程度上限制了工业设计产业的发展水平。全市目前能够承担外包服务的专业工业设计公司数量还很少，设计技术基础平台和公共服务平台建设还不健全，中介服务机构和相关的配套措施欠缺，尚未形成业态，行业之间发展不平衡，产业化程度不高，结构不合理，缺乏具有国际竞争力的专业工业设计机构。

（三）基地集聚效应较低

创意/设计产业园区或基地运营管理模式粗放，主要以租金收入为主，运营业主实力不强、经验不足导致基地管理体制机制不健全，后续建设资金投入有限，缺乏产业发展公共服务平台。基地内企业业态混杂，虽然有统一规划和定位，但具体招商入驻的企业间产业链关联性低、相互孤立，未形成产业集群的发展模式和氛围。

（四）发展环境亟待完善

1. 思想认识有待提高

市部分部门、区县在园区建设、招商引资、政策落实等方面认识不到位、积极性不高，过于注重地方短期税收收益，未按照有关规定落实创意产业或工业设计在财政、税收、土地等方面的政策。

2. 扶持政策有待加强

一是财政扶持力度弱。全市创意产业（含工业设计）财政专项资金自2007年设立以来，一直保持在2000万元的投入水平上，扶持力度和规模偏低，对全市创意产业领域的基础建设如基地培育、项目建设、平台打造的扶持力度有限。二是相关配套政策有待完善，缺乏针对大型企业发展工业设计中心的财税、融资、人才培养等配套政策，企业投资发展工业设计产业的动力和积极性不足。

3. 统计体系不够完善

重庆市工业设计产业统计未纳入全市国民经济统计工作范畴，每年由市创意办委托统计局采取抽样调查开展，统计口径范围窄，统计调查渠道不健全，不能真实有效地反映全市工业设计产业发展的实际情况。

四　重庆市工业设计产业"十二五"发展思路

（一）重要意义

工业设计产业发展水平是衡量一个国家或地区工业竞争力和经济社会发展水平的重要标志。加快推进工业设计产业发展，是推动全市转变经济发展方式，加速产业形态由"重庆制造"向"重庆创造"跃升的迫切要求，是加速全市工业经济向高端发展、提升企业自主创新能力的关键环节，也是打造城市品牌、增强城市综合竞争力的重要途径。

（二）指导思想

深入贯彻落实党的十八大精神及国家工业和信息化部等 11 部委《关于促进工业设计发展的若干指导意见》（工信部联产业〔2010〕390 号）精神，以科学发展观为统领，实施创新驱动发展战略，推进新型工业化，做大做强战略性新兴产业，紧紧围绕全市工业经济转型升级的总体部署，发挥政府主导力、企业主体力、市场配置力"三力合一"的作用，加快推进全市工业设计产业发展，提高企业自主创新能力，构建工业设计产业链，提升工业设计产业的关联度和辐射力，打造工业设计之都，促进产业结构转型升级，转变经济增长方式，增强城市综合实力，促进全市经济健康快速发展。

（三）基本原则

坚持市场主导和政府推动相结合原则，营造工业设计产业发展的良好环境；坚持设计创新与技术创新相结合原则，提高工业设计的自主创新能力；坚持专业化发展与制造企业融合发展相结合原则，扩大工业设计产业规模；坚持工业设计和创意产业发展相结合原则，实现创意产业可持续发展。

（四）发展目标

到 2017 年，全市工业设计产业发展水平和服务水平将显著提高，工业设计增加值占全市 GDP 的 4% 以上，搭建 2~3 个全国性公共服务平台，培育 5 个国家级企业设计中心，建成 10 个国家级工业设计示范园区、50 家有较大影响力的工业设计机构、100 家市级以上企业工业设计中心；培育和引进 50 名工业设计领军人物、2000 名工业设计专业技术人才，吸纳 10 万人就业，建设一支创新能力强、具有较大影响力的优秀设计师队伍；工业设计自主创新能力明显增强，拥有自主知识产权的设计产品、知名设计品牌数量大量增加。用3~5 年的时间打造成西部地区工业设计集聚核心区，并逐步建设"世界设计之都"。

（五）发展重点

第一，大力培育专业工业设计机构。鼓励全市工业设计机构加强研发和服务能力建设，创新服务模式，提高专业化服务水平。支持工业设计机构参与国际竞争，承接国外工业设计服务外包业务。鼓励有条件的工业设计机构通过在海外建立分支机构、与国际知名工业设计机构合作、参加国际知名工业设计奖项评比等方式，不断增强自身实力，提高核心竞争力。培育一批创新能力强、设计成果产业化绩效明显、能为国内外著名制造企业提供工业设计的骨干型示范机构，组织开展工业设计示范机构认定工作，对符合条件的工业设计机构予以认定。

第二，加快工业企业设计中心建设。引导工业企业加大设计创新投入，鼓励有条件的企业建立工业设计中心。支持工业企业设计中心与高等院校、科研机构开展合作，促进形成以企业为主体、以市场为导向、产学研相结合的工业设计创新体系。鼓励有条件的工业企业逐步分离其下属的工业设计部门，在满足企业发展需求的同时，拓宽服务领域，为其他企业提供工业设计服务。组织开展市级工业企业设计中心认定工作，支持企业争创市级、国家级工业企业设计中心。

第三，促进工业企业与工业设计机构合作。以建立中欧设计研究院、中欧消费者行为研究中心、两岸创意设计产业联盟等为载体，采取分离、培育与引进"三位一体"的实施路径，嫁接国内外优势创新资源，以电子信息、汽车、摩托车、轨道交通、装备制造等领域为突破口，建立长安新能源汽车、机电控股高端装备技术、惠普云计算应用、富士康精密模具等10家以上的独立研发公司。引导工业企业通过招标、委托等方式实行工业设计外包，扩大工业设计服务外包市场。支持工业企业与专业工业设计机构通过多种形式加强合作，充分发挥各自优势，实施联动开发，并通过设计创新实现产品升级换代，促进工业企业市场开拓和品牌建设。

第四，推动工业设计集聚发展。以重庆汽车、摩托车、化工、新材料、电子信息、装备制造等支柱产业作为工业设计的重点发展领域，选择有条件的区域建立工业设计产业园区，完善配套设施，加强公共服务平台建设，吸引工业设计机构、人才、资金及工业设计相关资源向园区集聚，促进工业设计上下游产业协同发展。开展工业设计示范园区认定工作，支持创建国家级、市级工业设计示范园区。

第五，加快工业设计人才队伍建设。鼓励行业协会、高等院校、科研机构和企业联合开展工业设计培训，重点培养工业设计创新型、复合型、实用型人才。建立人才评价、培养、激励、流动机制，开展国内外人才交流与合作。鼓励国内外优秀工业设计人才来渝创业和从事工业设计研究教学工作。支持有条件的企业招聘国内外优秀工业设计人才，并妥善解决其社会保障和工作生活待遇等问题，为国内外优秀工业设计人才来重庆工作创造良好条件。

第六，推动对外交流与合作。鼓励地区之间开展多种形式的工业设计交流与合作。学习和借鉴国内外先进的设计理念，积极引进先进技术和管理经验，提升全市工业设计整体水平。鼓励国内外著名的工业设计机构来渝设立工业设计分支机构。支持全市工业企业、工业设计机构与国内外知名工业设计机构建立多种形式的合作关系。鼓励有条件的企业"走出去"，在国内外建立设计研发分支机构。

第七，积极开展各类工业设计提升活动。鼓励工业设计机构和设计师参加国内外知名工业设计大赛活动。积极开展工业设计宣传活动，通过各种途径提高全社会促进工业设计产业发展的意识。定期举办中国（重庆）"长江杯"国际工业设计大奖赛和国际设计周活动，开展各类工业设计竞赛和论坛，以及优秀工业设计人才、设计作品、设计成果的评比、奖励、展览、展示、交流等活动，不断扩大重庆工业设计知名度，提升重庆设计品牌的影响力。

（六）推进措施

第一，加强组织领导和统筹协调。工业设计的主体是企业，但需要"产学研用"相结合，更需要得到各级政府部门的扶持。可采用政府推动结合市场调节的模式。由于目前工业化基础相对薄弱、市场经济体制尚不完善，政府的推动作用尤为重要。

另外，由于工业设计跨行业、跨学科的特点，更需要一个主管部门，以加强重庆市工业设计发展的宏观战略引导和政策措施协调。建议成立重庆市工业设计产业发展领导小组，负责全市工业设计产业发展的组织领导工作，统筹协调解决工业设计产业发展中存在的重大问题。领导小组下设办公室（设在市经信委），具体负责工业设计产业发展规划和相关政策的拟订以及日常工作的组织、协调和落实。

第二，加大政策扶持力度。尽快以市委、市政府名义出台"加快重庆市工业设计产业发展意见"，明确全市工业设计产业发展的总体目标、重点方向、实施路径，制定产业税收、融资等扶持政策，加强对产业发展的指导，营造良好的发展环境。每年从工业发展专项资金中整合安排一定额度的资金，设立工业设计产业发展专项资金，主要用于支持工业设计示范机构、示范园区培育，企业工业设计中心建设，优秀设计人才和案例作品、国内外大奖赛获奖作品的奖励以及举办重大活动。工业设计产业发展专项资金的管理办法及实施细则另行制定。对经认定的工业设计示范机构实行税收优惠政策。建立市、区（县）政府联动跟进机制，对于企业进行战略性产品、关键性工艺开发，政府按照一定比例给予补助。研究制定技术创新准备金提取、研发费用税前抵扣、独立研发公司培育、技术创新奖励等配套政策措施，积极参与国家标准制定，将全市的技术与工艺上升为国家标准与行业标准。

第三，营造工业设计产业发展的良好环境。率先在工业领域发展体验经济，选择 50 家企业进行工业产品体验中心建设试点，引导企业通过市场调查分析客户的个性和消费偏好，根据行为科学和客户心理改进设计，引导设计产业从单纯接单设计转向整合产业链的综合服务发展。通过工业设计杂志、网站及举办工业设计相关活动，加强舆论宣传与政策推广，增强全社会的工业设计创新意识。构建工业设计评价体系，制定工业设计示范机构、示范园区及企业工业设计中心的认定管理办法，建立优秀工业设计评奖制度。完善产业发展导向目录。明确工业设计产业统计分类，完善工业设计产业统计调查方法和指标体系，健全信息统计工作。加强工业设计知识产权应用和保护，鼓励企业和个人申报工业设计专利、商标和著作权，建立完善工业设计知识产权交易平台。加强工业设计产业市场监管，规范工业设计企业经营行为，维护公平有序的市场竞争秩序。培育品牌活动，由市政府每年举办"长江杯"国际工业设计大

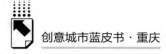

奖赛、国际设计周这两项国际活动，并落实市财政资金，保证活动顺利开展，搭建全市工业设计产业对外交流合作的国际平台，对提升城市影响力、推动产业发展起到重要作用。

大力发展工业设计是一个前瞻性的战略选择，它将引领重庆工业在高起点异军突起、再创辉煌，助推重庆经济实现跨越式发展。

百舸争流勇立潮头　改革创新快速发展

——重庆市文化传媒产业发展报告

陶宏宽　史绍平*

2006～2011 年，是全国文化产业发展的重要时期。2009 年 7 月国务院常务会议讨论并原则通过了《文化产业振兴规划》，首次提出加快振兴文化产业，对于满足人民群众多样化、多层次、多方面精神文化需求，扩大内需特别是居民消费，推动经济结构调整，具有重要意义。2010 年党的十七届五中全会明确提出推动文化产业成为国民经济支柱性产业的建议，再一次把文化产业提升到社会发展和国民经济的战略地位。之后，国务院各部委先后出台政策，为文化产业发展搭建平台。2010 年 1 月，新闻出版总署发布《关于进一步推动新闻出版产业发展的指导意见》（新出政发〔2012〕1 号）；同月末，《国务院办公厅关于促进电影产业繁荣发展的指导意见》（国办发〔2010〕9 号）发布，鼓励电影产业繁荣发展；4 月，由中国人民银行、中宣部、财政部、文化部、广电总局、新闻出版总署、银监会、证监会和保监会九部委联合下发《关于金融支持文化产业振兴和发展繁荣的指导意见》（银发〔2010〕94 号），明确鼓励银行业开发适合文化产业特点的信贷产品等举措，积极为文化产业发展搭建融资平台。

据国家统计局提供的数据，2011 年全国文化创意产业法人单位所创造的增加值为 1.34 万亿元，占 GDP 的比重为 2.85%。重庆市文化产业增加值达 309.48 亿元，占 GDP 的比重为 3.09%（见表 1），略高于全国平均水平。

---

* 陶宏宽，重庆市文化广播电视局产业处处长；史绍平，重庆市文化广播电视局产业处干部。

表1　2006～2012年重庆市文化产业增加值

指标	2012 年	2011 年	2010 年	2009 年	2008 年	2007 年	2006 年
文化产业增加值（亿元）	320	309.48	238.75	188.06	146.46	114.19	88.57
文化产业增加值占 GDP 的比重（%）	3	3.09	3.01	2.88	2.53	2.44	2.27
文化产业增加值同比增长（%）	35.6	29.63	26.95	28.40	28.26	28.93	32.87

一　文化传媒产业发展成效显著

2006 年 9 月，中共重庆市委召开了三届五次全委会，专题研究了重庆文化建设的发展举措，全会审议通过了《中国共产党重庆市第三届委员会第五次全体会议关于〈中共重庆市委关于推动文化大发展大繁荣的决定〉的决议》，在该决议的推动下，重庆市文化传媒创意产业进入快速发展的重要时期。

1. 文化产业总量显著增加

2012 年，重庆市文化创意产业实现增加值 320 亿元，比"十五"末的 2005 年（66.7 亿元）净增 253.3 亿元，增长 379.76%。文化创意产业增加值占 GDP 比重也从 2.17% 提升至 3%，拉动 GDP 增长 1.03 个百分点。这一时期，重庆文化创意产业发展速度明显快于地区生产总值增幅，连续 6 年保持 26% 以上的高速增长，比同期全市 GDP 年均增速快 10 个百分点以上（"十一五"时期全市 GDP 年均增速为 14.9%）。文化创意产业吸纳从业人员占全社会就业人员的比重超过 2%。

2. 产业结构不断优化

从文化产业核心层、外围层和相关层的数据来看，重庆文化创意产业内容生产、文化服务和文化产品生产销售均实现了快速增长。2011 年，文化产业核心层、外围层和相关层分别实现增加值 128.83 亿元、111.4 亿元和 69.25 亿元，比 2006 年分别增长 90.51 亿元、79.96 亿元、50.44 亿元。在此基础上，其增加值所占比重从 2006 年的 43.27∶35.49∶21.24，调整为 2011 年的 41.63∶35.99∶22.38，说明重庆市文化服务业、文化产品生产与销售、新兴文化产业发展崭露头角，对文化产业发展的贡献越来越大（见表2）。

表2　2006～2011年文化产业分行业增加值

单位：亿元

层别	行业分类	2011年	2010年	2009年	2008年	2007年	2006年
核心层	1. 新闻服务	0.43	0.32	0.24	0.21	0.15	0.14
	2. 出版发行和版权服务	64.86	51.33	39.94	30.94	26.38	20.58
	3. 广播电影电视服务	45.29	35.02	31.43	21.85	16.46	10.39
	4. 文化艺术服务	18.25	13.70	9.94	7.84	6.44	7.21
	核心层小计	128.83	100.37	81.55	60.84	49.43	38.32
外围层	5. 网络文化服务	9.71	6.74	4.68	3.40	2.42	1.45
	6. 文化休闲娱乐服务	53.10	44.32	36.82	30.92	25.77	19.11
	7. 其他文化服务	48.59	33.79	24.11	18.68	11.52	10.88
	外围层小计	111.4	84.85	65.61	53.00	39.71	31.44
相关层	8. 文化用品、设备及相关文化产品的生产	30.36	23.35	16.44	13.67	10.92	7.62
	9. 文化用品、设备及相关文化产品的销售	38.89	30.18	24.46	18.95	14.13	11.19
	相关层小计	69.25	53.53	40.90	32.62	25.05	18.81
合　计		309.48	238.75	188.06	146.46	114.19	88.57

二　深化文化体制改革　培育文化市场主体

2005年5月，重庆市委、市政府正式组建了重庆市国有文化资产经营管理有限公司（简称市文资公司），由公司代表政府履行国有文化资产"出资人"的职责，负责监督管理《重庆日报》报业集团、广播电视集团、出版集团、新华书店集团、重庆演艺集团、红岩文化产业集团公司等文化单位。目前，这些文化企业经营状况良好。

1. 积极稳妥推进文艺院团转企改制

市文资公司成立之后，即将原市歌舞团整体划转广电集团；将市杂技团、曲艺团、川剧团等与演出管理处合并组建演艺集团；将京剧团、话剧团划入"红岩联线"。这种将文艺院团进行专业合并和强强联合的体制性改革，使得各文艺院团的综合实力明显增强。目前，重庆市文艺院团的演出市场已拓展至全国乃至世界，并在海外建立了演出基地。

2. 加大出版发行单位改革力度

2010年年底，重庆出版社、重庆大学出版社、西南师范大学出版社完成转企改制。之后，在非公益性、非时政类报刊中，启动了《医药导报》社、《课堂内外》杂志社、《中国药房》杂志社的转企改制工作。改制后的出版集团通过优秀书目重塑经典、弘扬主流，涌现出销售量过数百万册的《藏地密码》等优秀书刊，经济规模连续两年跻身"全国第三、地方出版机构第一"。目前，重庆出版集团资产规模已达50亿元，年收入超过20亿元，在全国同类地方性文化企业中名列前茅。

图1、图2为优秀书刊《藏地密码》和《课堂内外》。

图1　优秀书刊《藏地密码》　　　　图2　优秀书刊《课堂内外》

深化新闻媒体改革，推动宣传与经营分开。2011年6月，《重庆日报》报业集团实行经营性资产剥离工作，争取在2015年之前上市。2012年，重庆广电集团多数频道完成制播分离，被国家广电总局确定为全国试点单位。

图3为重庆卫视品牌栏目《书香》片头。

图3　重庆卫视品牌栏目《书香》片头

三　积极搭建政策平台　推动文化产业快速发展

近 7 年来，市委、市政府整合优势资源，先后投入"三个 100 亿"建设市级重大文化设施、区县文化基础设施和基层文化设施。已投入使用的重庆大剧院、科技馆、图书馆、川剧艺术中心等 17 个大型文化设施，成为城市的新地标和群众文化消费的新场所。国泰艺术中心、群众艺术新馆、大足石刻博物馆已完成建设；国际马戏城、三峡移民纪念馆、重庆十大书城等重点项目正在加快建设。

1. 成立重庆文化产业融资担保有限责任公司

注册资本金达 1 亿元，已取得 8 家银行 20 亿元授信资金。2010 年重庆文化产业融资担保公司挂牌，当年即为 48 个文化项目担保金额 3.43 亿元，2011 年为 27 个文化项目提供了融资担保，金额达 1.14 亿元，支持了一批中小文化企业实现贷款融资。

2. 推动金融资本与文化产业对接

争取到中国工商银行重庆市分行对重庆市文化产业 500 亿元的授信，分三年落实计划。与国家开发银行重庆分行达成共建国有文化企业贷款融资平台的协议，合作金额为 150 亿元。

3. 充分发挥产业资金"杠杆"作用

每年 1000 万元的文化产业专项资金以贷款贴息方式为主。2011 年资助 32 个项目，资助总额为 2000 万元；组织企业申请 2011 年中央财政文化产业专项资金，重庆享弘数字影视有限公司（简称重庆享弘）获出口补贴 25 万元，资助原创优秀动漫产品 5 项 321.76 万元，解放碑时尚文化城和江津印刷包装基地项目分别获 500 万元、1000 万元资助，电影院线发展获得 1000 万元补助。区县相继落实"从城市住房开发投资中提取 1% 用于社区公共文化设施建设"等规定，全市共储备文化产业项目近 800 个。

4. 大力扶持文化创意微型企业

2010 年，重庆市政府首开全国先河，积极扶持微型文化创意企业创业经营，对符合登记条件的微型创意企业给予 30% ~ 50% 的资本金补助，并按资本金给予 1:1 的融资担保贷款，按资本金等额返还税收地方留成部分。启动一年来，已创办微型文化创意企业 1000 余家，极大地激活了民间创意，并有效地提供了部分就业岗位。

四　加快产业融合　扩大文化消费

坚持文化创意产业发展与旅游、科技、体育等产业融合发展思路，尤以文化与旅游融合发展为突破口，已成为西部省区市的共识。有统计表明，有文化的游客消费比一般游客的消费可增长 65%～120%，文化和旅游结合可多延长旅游旺季时段。5 年来，市文资公司先后策划了《印象武隆》、中国两江国际影视城、三线建设遗址博物馆和文化主题公园等项目，在迅速扩大上述项目的社会影响的同时，创造了可观的市场收益。

图 4、图 5 为重庆三线建设博物馆改造方案示意图和重庆三线建设遗址之一示意图。

图 4　重庆三线建设博物馆改造方案示意

在产业融合方面，市文资公司通过政策和发展规划的引导，积极推动大足石刻与宗教文化的结合、古镇文化与民俗文化的结合、温泉资源与山水都市文化的结合，努力形成新的富有鲜明个性和文化特征的旅游热点，促进文化创意

图 5　重庆三线建设遗址之一示意

产业在重庆市可持续地健康发展。在与科技融合方面，实现报网互动、网络营销，推出了手机电视、在线阅读、电子书等产品。在与体育融合方面，策划举办了武术争霸赛、武隆越野赛，正在争取建设奥体综合馆项目。在融合的方式上，从体制融合、项目融合、股权融合、渠道融合等多个层面进行尝试，全方位"切入"重庆市实体经济，谋划跨越式发展。

五　坚持创新发展　突出产业特色

随着文化体制改革的不断深入和人民群众精神文化需求的不断扩大，"十一五"时期，重庆市文化创意产业已进入快速发展的新时期，呈现出朝气蓬勃的新局面。

1. 广播电视位居全国前列

截至 2011 年，重庆广电集团（总台）已形成有 6 个专业广播频率、11 个模拟传输电视频道，另有 1 个移动电视频道、2 个手机电视频道、6 个数字电视专业频道、5 个准数字点播通道。移动电视公司累计安装到 175 条公交线路

4500 辆公交车和1000 辆出租车上。2011 年,重庆广电集团(总台)年资产总额达到61.15 亿元,总收入达到24.44 亿元,重庆卫视雾都剧场排名全国第8 位。其中,2006 年、2007 年、2008 年连续三年跻身全国省级卫视前五强,先后荣获"中国十大品牌媒体"(2006 年)、"中国最具投资价值媒体"(2007年)、"中国卫视频道十强"(2008 年)等荣誉。

2. 影视产业快速发展

"十一五"期间,全市共有影视剧制作企业127 家,创作生产电视剧46部1677 集;《残梦》《梦·路》等电影剧本备案18 部,《猩猩乔巴》等4 部电影片拍成送审,《小题大做》《重庆美女》《我是花下肥泥巴》相继公映。五年全市累计放映城市电影794020 场次,观影达22585085 人次,票房收入6.93亿元。国有控股的重庆两江国际影视城项目和重庆电影集团正在筹建中。2011年,备案国产电视剧16 部456 集,其中《解放大西南》为重要革命历史题材。截至2011 年,全市影院累计达74 家、银幕394 块、数字影厅337 个、座位53030 个,建成球幕电影院及IMAX 巨幕3D 影院各1 个,电影票房达40099万元,全国排名第九、西部第二。

"十一五"期间,电影影视精品佳作不断涌现,电视剧获得全国性大奖12项,其中《周恩来在重庆》荣获第27 届电视剧"飞天奖"长篇电视剧一等奖、第11 届全国"五个一工程"奖,《医者仁心》《解放大西南》荣获中国广播影视大奖第28 届"飞天奖"长篇电视剧一等奖;2009 年重庆市推出的一部主旋律影片《我是花下肥泥巴》,以较高的思想和艺术内涵,被国家广电总局列入庆祝新中国成立60 周年推荐的优秀国产影片,入围中国第13 届电影华表奖优秀故事片奖、优秀男演员奖以及第十二届上海电影节传媒大奖等。

为推动重庆影视业快速发展,2010 年由市政府领导亲自挂帅,在两江新区启动实施国际影视城项目。总规划用地为10 平方公里,项目总投资150 亿~200亿元人民币。影视城建设在充分吸取中外影视基地发展经验和教训的基础上,立足重庆山水特色,深度结合以欧美为主的现代元素和中华民族特色,最终建成融合全球元素的、国际一流的综合性电影城。以重庆市政府和两江集团的资金实力为基础,核心建设区选址两江新区,拟设影视拍摄区、主题公园区、商务度假区、创新体验区、影视拓展区五大功能区,吸纳国内外六个层面的影视资源,强力吸引世界知名电影公司和影视产业领军人物进驻，构建并延伸华语影视产业链，建成涵盖影视拍摄、影片观看、产品展示、高端论坛、特色旅游等功能的影视产业集群和从前端电影投融资到电影制作、发行、放映及后续衍生产业的完整的影视产业链体系。最终建成西部第一、国内领先、世界一流的影视城。

图 6 为优秀影片《周恩来在重庆》和《我是花下肥泥巴》海报。

图 6　优秀影片《周恩来在重庆》和《我是花下肥泥巴》海报

3. 动漫产业异军突起

2012 年，重庆原创动画产量共计 4 部 2398 分钟，继续保持了 2007 年以来在西部地区的绝对优势地位。2007 年以来，重庆动漫有 1.6 万多分钟在中央电视台播出，1 万多分钟出口美国、中东、越南等 60 多个国家和地区，仅享弘数字影视公司就累计出口创汇达 250 万美元（含衍生产品），成为 2009 ~ 2010 年度国家文化出口重点企业。"十一五"期间，由文化部、市政府联合举办三届西部动漫文化节，基本形成"东杭（杭州）西渝（重庆）"的格局，涌现出重庆享弘、重庆笛女阿瑞斯影视传媒有限公司等一大批民营骨干文化企业。2010 年，重庆视美、重庆享弘、重庆奇异门动画科技有限责任公司、重庆漫想族文化传播有限公司四家动漫公司被文化部、财政部、国家税务总局命名为"国家级动漫企业"。

4. 出版业在转型中发展

"十一五"时期，是重庆市出版发行业转型发展的重要时期，各大企业面临发展和改制双重任务。截至 2011 年 12 月底，全市有出版社 3 家、音像电子出版单位 6 家、互联网出版单位 11 家，报纸 45 种、期刊 135 种；书报刊发行企业及个体 3000 余家，印刷企业及个体 3500 多家，其中出版物印刷企业 86 家、包装印刷企业 600 多家。初步统计，2011 年，全行业实现销售收入 208 亿元、增加值 73 亿元，增加值增长 18.6%，高出全国平均水平 5.6%。《格萨尔王》《熊猫史诗》等 8 个项目成为国家文化出口重点项目。《熊猫史诗》获中宣部第十一届"五个一工程"优秀作品奖。重庆出版集团、《重庆日报》集团、重庆维普成为 2009～2010 年度国家文化出口"重点企业"。

图 7 为重庆出版社"十一五"期间的优秀图书《熊猫史诗》和《格萨尔王》。

图 7　重庆出版社"十一五"期间出版的优秀图书《熊猫史诗》和《格萨尔王》

2010 年，新闻出版总署在全国范围内开展了新中国成立以来首次出版产业调查。通过横向比较，重庆出版业的发展呈现以下四个特点。

一是总体位次上升。重庆出版业总体经济规模总和评分排名居全国第 17 位、西部第 2 位，仅次于四川。与设直辖市初期在全国排名第 20 位左右相比有了明显的提升。重庆出版集团在全国 26 家出版集团（其中 18 家含发行集团）中居第 19 位，《重庆日报》报业集团在全国 39 家报业集团中居第 21 位，重庆新华书店集团在全国 27 家发行集团中居第 16 位，与重庆出版业在全国的位次相当。

二是资源资金瓶颈仍存在。重庆图书、报纸、期刊出版单位数量分别仅占全国的 0.52%、1.29%、1.39%。重庆出版业总体经济规模综合评分主要受净资产指标拖累,净资产仅为 87.25 亿元,单项居全国第 18 位,且与第 17 位的天津(109.04 亿元)差距较大。其他总产出、增加值、总资产、营业收入、利润 5 项指标均居第 16 位,税收指标居第 15 位。重庆出版单位数、法人单位数、直接从业人数分别居全国第 18 位、第 19 位、第 20 位。"先天不足"不仅制约了重庆出版业在全国的竞争力,而且限制了其对社会的贡献。

三是发展潜质较好。重庆出版业尽管量小,但质优,有的核心门类在全国领先。重庆出版资源匮乏,却分别贡献了全国图书、报纸、期刊出版业 3.22%、2.94%、3.14% 的总产出。重庆出版社、西南师范大学出版社、重庆大学出版社分别在全国 548 家出版社中居第 3 位、第 79 位、第 99 位。重庆出版社居全国 253 家地方出版社之首。西南师范大学出版社、重庆大学出版社分别在全国 103 家大学出版社中居第 12 位、第 17 位。重庆出版物发行业总产出占全国的 3.87%,超过全行业平均水平,体现了市民阅读率提升的成效。重庆出版业各经济指标由总产出、营业收入领涨,显示出规模扩张阶段的特征。从总体经济规模综合评分看,重庆与天津、江西十分接近,有望赶超。

四是结构性矛盾突出。重庆出版业非法人单位数占全部单位数的 79.6%,高于全国平均水平 11.9%,显示出"小、散"的状况。重庆出版物发行单位数占全国的 3.11%,比重略高。重庆印刷业增加值占全行业的 57.98%,总产出占 37.14%,增加值比重远高于总产出比重,显示出中间投入累积的不足。

5. 发行业稳步发展

2011 年 12 月底,全市取得出版物经营许可证的书报刊发行单位为 2707 家,其中,总发行 2 家、批发单位 233 家、零售单位 2472 家,从业人员 13470 人。其中,从事连锁经营的 3 家、网上售书的 4 家;共有书报刊发行网点 200 个;店面规模在 1000 平方米以上的发行单位 16 家;批发市场 1 个,场内批发企业 132 家,场外批发企业 53 家。

2010 年,全市书报刊发行业总资产 38.73 亿元,销售收入 40.22 亿元,利润总额 3.39 亿元,与 2005 年比较分别增长 56.8%、46.4%、177.8%。发行图书 5.51 亿册、报刊 7.52 亿份（册），与 2005 年比较分别增长 65%、45%，实现千人拥有日报 91 份、人均消费期刊 2.5 册；新建图书销售网点 4000 个，平均每万人拥有网点 2 个，比 2005 年增长 241%；全民阅读率升至 56.9%，比 2005 年的 24.8% 上升了 32.1 个百分点，超过全国平均水平 48.9%。

国有发行企业屡创佳绩。重庆新华书店集团到"十一五"末，实现总收入 16.7 亿元，比"十五"末增长 40%；资产总额 25.9 亿元，比"十五"末增长 50%。重庆邮政发行公司"十一五"期间累计报刊业务收入 4.75 亿元，比"十五"增加 5100 万元；年度报刊收订增幅连续四年居全国前四位。

总体而言，发行业的发展呈现出以下三个方面的特点。

一是民营发行业快速发展。2011 年，全年新增民营注册资金 1.163 亿元，为 2010 年的 12.8 倍。品牌好、规模大、渠道独特的民企呈现出强者愈强的趋势，年销售码洋 5000 万元以上的民营发行企业已超过 5 家。重庆五洲文化传媒集团有限公司、重庆尚享文化传媒有限公司、重庆西西弗文化传播有限公司、重庆弘景文化传媒有限公司等一批民营出版物发行企业迅速壮大。五年间，全市末位淘汰近 300 家民营发行企业。

二是书屋建设工程卓有成效。自 2007 年启动农家书屋建设以来，政府投入资金 13445 万元；建成农家书屋 5400 个、书刊外借点 16150 个，覆盖全市 60.2% 的行政村；建成社区、学校、企业等基层书屋 12100 个，遍布全市各区县。书屋配置出版物 5220 万余册。

三是文化惠民活动遍及城乡。五年来，重庆市共举办全国性书市两次、区域性书市三次，精品好书低至 1 折起售，销售图书 840 万册，实现码洋 10845 万元，惠及市民 192 万人次。举办主题优惠售书活动上百次，销售图书超过 1000 万元码洋。每年开展赠书活动，向社会赠书 300 万册，码洋价值近 4000 万元。

6. 印刷业欣欣向荣

截至 2011 年 12 月底，全市通过年度核验的印刷企业有 1620 家。其中，出版物印刷企业 77 家，内部资料印刷企业 41 家，包装装潢印刷企业 559 家，专项（制版、装订）企业 50 家，其他印刷品印刷企业 893 家。另有打印、复制经营户 2149 家。2011 年，全市印刷企业固定资产原值 116.12 亿元，实现工业总产值 115.95 亿元，利税合计 13.87 亿元，全年固定从业人员 4.4 万人，全行业用纸 50.32 万吨。

"十一五"期间重庆印刷业发展呈现出三个显著特点。

一是产业规模增长较快。全市 2005 年印刷工业总产值为 40.4 亿元，2010 年全市印刷企业固定资产总值达 944734 万元，实现工业总产值 1000582 万元，加工收入 595861 万元，利税 91656 万元；全市固定从业人员达 43297 人。

二是产业布局渐趋平衡。"十一五"期间，由于行业主管部门严格控制出版物印刷产能，简化企业审批环节及办事程序，指导区县集中化发展印刷，引导全行业发展包装印刷、商业印刷及数字印刷等具体工作，产业机构更趋适应重庆社会经济发展的需要。

三是印刷企业投资发展势头迅猛。2006 年以来，全市印刷企业通过业务拓展和投资等形式走出市外的趋势加大，市内中小型印刷企业通过兼并重组走上合作发展道路的例证逐渐增多，企业活力和生存能力进一步增强。同时，近年市外来渝投资印刷的资本逐年增加，"十一五"期间，印刷业累计新增市外投资不低于 30 亿元。2009 年，重庆华林印务有限公司、《重庆日报》报业集团印务有限公司和重庆黔龙印务有限责任公司 3 家企业进入"中国印刷企业百强排行榜"。

涪陵区政府在推动包装印刷业发展上，采取"大手笔"做法。在李渡工业园区内划地 1500 亩建设印刷包装产业园区，吸引超亿元生产能力的印刷企业 4 家、超千万元生产能力的印刷企业 17 家入驻园区集聚发展。有出版物印刷、包装装潢印刷流水线 18 条，进口各类印刷机械 120 台（套）。印刷产品涉及出版物印刷、精品软包装（食品包装）、精品硬包装、药品包装、工业品包装、礼品包装、商标印刷和环保油墨生产等领域。一个具有较强市场竞争力和辐射力的厂区园林化、结构链式化、产品多样化、质量标准品牌化、生产设备现代化、企业管理科学化、生产规模集群化的三峡库区涪陵印刷包装产业基地正在涪陵李渡新区悄然兴起。2010 年年底，园区印刷业年工业总产值约为 8.3 亿元，年工业销售总额为 8.1 亿元，利税总额突破 1.1 亿元，安置社会就业人员 2126 人。

7. 演艺业蓬勃发展

截至 2011 年 12 月底，全市有演出团体 5479 个、演出场馆 47 座。2011

年，全市首演剧目 7 个，演出活动 95370 场次、观众 1596.9 万人、演出收入 23129.6 万元，同比分别增长 12%、11%、15%；增加值达 31784.7 万元，增长 14.9%。2011 年，新创排剧目《钓鱼城》等 7 台，深度打磨《三峡人家》等剧目 2 台，展演剧目 10 余台，全年共荣获 12 项奖项。

"十一五"期间，先后创作舞剧《邹容》、话剧《三峡人家》、川剧《李亚仙》、京剧《金锁记》、杂技剧《花木兰》等一批精品力作，先后荣获了"五个一工程奖""文华奖"等多项大奖。新创排演舞台艺术剧目 37 部，获国家级奖项 33 个，其中《月光下的水仙》《移民金大花》《三峡人家》《鸣凤》被评为国家舞台艺术精品。创作群众文化节目 866 个，获国家级奖项 108 个，获"群星奖" 15 个。在出精品的同时，推出了一批文化名人。沈铁梅获得二度梅、文华表演奖，当选中国戏剧家协会副主席；张军强、黄荣华、张礼慧荣获中国戏剧梅花奖；隆学义荣获全国戏剧文化奖·话剧金狮奖优秀编剧奖，王弋荣获全国戏剧文化奖·话剧金狮奖优秀表演奖；刘国伟荣获文华剧作奖；朱启瑞、孙勇波、刘莹荣获九艺节表演奖；刘天野、刘以佳荣获文华舞台美术奖；周利荣获全国青年京剧大赛青衣组金奖。

图 8 为重庆杂技团杂技剧《花木兰》澳大利亚演出海报。

图8　重庆杂技团杂技剧《花木兰》澳大利亚演出海报

大力推进渝州大舞台城乡文化互动工程，5 年演出 3500 余场，观众达 200 余万人次；成功举办了第六届全国话剧优秀剧目展演、中国西部交响乐周、中国重庆文化艺术节、重庆演出季、重庆市专业文艺院团"唱读讲传"展演活动、全市"舞台艺术之星"选拔赛、重庆市民族器乐比赛、重庆市首届钢琴比赛等重大文艺活动品牌，赢得了社会各界的好评。同时，本着因地制宜、资源整合、突出优势的基本原则，着力打造文化品牌。目前，全市各地大力实施群众文化"一地一品"工程，如铜梁、丰都、黔江、垫江、永川、万盛、璧山、巫溪等多个区县创办了特色浓郁的民族、民间文化艺术节会等，努力塑造出铜梁龙文化节、武陵山民族文化节、巫山红叶节、垫江牡丹艺术节等一批特色文化品牌。

国有演艺集团快速发展。重庆演艺集团由重庆杂技艺术团、重庆市曲艺团、重庆市越剧团、重庆市演出管理处四家单位整合而成。2011 年，重庆第一个海外演出基地在美国布兰森挂牌，杂技童话剧《红舞鞋》赴美驻场演出 1 年。以杂技为主的文化产品出口到美、英、法等 10 多个国家，重庆杂技剧《花木兰》《红舞鞋》《巴渝风》等剧目在海内外上演 800 余场。全年演艺集团共演出 1329 场，其中商演 1145 场，全年收入突破 1 亿元，其中自主创收达 7000 万余元，两项数据比 2009 年翻了三番。

重庆大剧院建成投用。2011 年，重庆大剧院票房突破 7000 万元，重大文化基础设施市场化运营模式日趋完善。重庆大剧院全年组织演出 199 场，接待观众 34.87 万人次，总上座率 73.6%，票房收入 7007.43 万元，助推重庆大剧院综合业绩连续两年居保利院线全国 23 家剧院的前三名。其中爱尔兰史诗舞剧《欲望之舞》、中国煤矿文工团《声音的暖流——红色经典朗诵演唱会》《爱与和平——世界著名歌星诺雅与米娜音乐会》、大型音乐剧《三毛流浪记》等名剧受到广大市民的热捧。

旅游演艺完美结合。武隆县在推动文化与旅游融合发展方面进行了有益的探索，成功推出"印象·武隆"实景演出项目。项目拟规划占地 300 亩，分为服务区、剧场和即将建设的文化展示中心三大部分。由著名"印象铁三角"张艺谋出任艺术顾问，王潮歌、樊跃出任总导演。该剧目充分结合喀斯特世界自然遗产资源和地方特色文化，以自然山水为舞台背景，以群众生产生活、民风民俗、历史人文和美丽传说为艺术素材，以濒临消失的"川江号子"为主要内容，让观众在70分钟的演出中亲身体验自然遗产的壮丽、自然景观的秀美和巴蜀大地独特的风土人情。"印象·武隆"实景通过艺术地再现"川江号子"这极富地方特色的劳动景象，来反思消失和传承，展现巴蜀人隐忍、坚韧、不辞辛苦、团结协作，在险境中顽强求生又乐观豁达的意志。巴蜀人凭着这股"号子精神"对全中国甚至全世界做出了巨大的贡献。而这"号子精神"也正是这个时代所需要的干事创业的"精、气、神"。

图9为"印象·武隆"演出剧照。

图9 "印象·武隆"演出剧照

龙文化演艺走出国门。2006年，铜梁县高楼镇以铜梁县建设文化大县为契机，以火龙为依托，组建了集龙舞艺术培训、火龙表演及铜梁龙文化传承于一体的镇属集体企业——重庆高楼火龙文化传播有限公司。公司组建后，先后编排了火龙情景剧《火树银花铜梁龙》和《神龙升天》，成功地在中国首部龙文化歌舞剧《龙乡放歌》和《中华第一龙》大型歌舞晚会上上演。随着龙灯艺术的不断创新，铜梁龙取得丰硕成果。中央电视台《东方时空》《焦点访谈》《西部大开发——走进重庆》《综艺大观》《风采》等栏目组，以及香港凤凰卫视、河北电视台、重庆电视台等多次到铜梁摄制火龙专题片。同时，火龙公司还先后在马来西亚、新加坡、美国、法国、日本等国家演出，受到国内外观众的狂热迷恋，"中华第一龙"美誉从此远播四海、响彻五洲。2006年至今，平均每年演出80余场次，最多的一年达340场，演出平均年总收入200万元以上，最高年演出总收入突破600万元，安置农民就业80余人。

8. 网络游戏业快速发展

据统计，截至 2011 年 12 月底，全市有网吧 3433 家，经营性互联网文化单位 7 家，演出单位 522 家，歌舞娱乐场所 1929 家，电子游戏场所 1452 家，艺术品经营单位 16 家，动漫企业 52 家等八类 7485 家文化经营单位，从业人员达 34156 人。全市有文化市场执法单位 43 家，从业人员 423 人。近年来，随着文化产业发展快速推进，网络及游戏业得到快速发展。

国营、民营网站并肩发展。成立于 2000 年 12 月的重庆华龙网，是重庆首个集报刊、广播、电视、网络、手机五位一体的全媒体网站，"十一五"期间得到快速发展。华龙网设有新闻、重庆、宽频、阳光重庆等 13 个新闻频道，区县、房产、3C、财经、健康等 10 个咨询类频道，以及论坛、博客、播客、微博四大自媒体互动平台。此外，网站还开设了英语、日语、俄语、法语、韩语五个外语频道和新加坡《联合早报》网重庆频道，面向全球报道重庆。2011 年，华龙网的日均 IP 访问量超过 160 万，日均页面浏览量超过 2000 万，国内排名进入前 300 强，在重庆最受欢迎网站中排名第一，获得"全国出版业网站'十一五'突出成就网站""中国互联网行业自律贡献奖"等殊荣。猪八戒网五年间成为中国最大的一站式服务业电子商务网站。2006 年 9 月 15 日，猪八戒网正式投入运营，经营领域有 40 个一级类目，158 个二级服务类目。总体分为三大类服务：创意服务（包括标识设计、宣传品设计、卡片设计等）、生活服务（包括照片美化/编辑、祝福、咨询、法律、起名/取名等）和商务服务（包括网站建设、软件开发、移动应用、翻译等）。2007 年猪八戒网获得博恩科技集团投资。到 2012 年年底，猪八戒网累计交易额突破 15 亿元人民币，全国威客总人数已经突破 4000 万，2012 年威客年收入最高的近 50 万元。同时，猪八戒网开通英文国际站，进军国际市场，并获得美国国际数据集团（IDG）千万美元的投资。先后荣获"中国百强商业网站""中国最具发展潜力网站"等荣誉称号。

重庆聚购科技发展有限公司成为在重庆"十一五"期间第一家获得网络游戏运营资格和网络游戏出版号的企业。2007 年成立以来，先后运营了《笑闹天宫》《天策》等网络游戏，正在研发大型网络游戏《红颜》、手机游戏《八戒下凡》等。先后荣获重庆市政府出版奖、中华游戏出版物奖等，取得发明专利 1 项，知识产权 12 项，是重庆市第一家面向全国运营的网络游戏运营公司，也是重庆地区唯一一家同时拥有网络文化经营许可证（含虚拟货币发行）、电信增值业务许可证（含 SP）、网络游戏出版号的文化创意企业。

图 10 是网络游戏《红颜》卡通人物造型。

图 10　网络游戏《红颜》卡通人物造型

六　重庆市文化创意产业发展存在的主要问题

总体来看，重庆市文化创意产业总量进入全国"百亿"行列，并连续四年保持 26% 以上的高速增长，纵向比较取得了很大成绩，但横向与兄弟省份比较还有较大差距。目前，北京、上海、广东等经济发达省份文化创意产业增加值占 GDP 的比重已突破 5%；四川、广西提出至 2015 年文化创意产业增加值达到 1000 亿元，占全省区·GDP 的比重超过 5%；湖北省提出到"十二五"末，全省文化创意产业增加值占地区生产总值的比重达到 12%。随着全国文化市场加快融合，文化创意产业领域的竞争将更加激烈。综合分析，重庆市还存在以下五个方面的"短板"，还需要下大力气认真研究加以解决。

1. 文化创意市场主体相对弱小

经过新一轮的整合扩张，国内一批文化创意企业先后在主板和创业板上市。仅2010年，就有中南出版传媒、安徽新华传媒、浙江华策影视、杭州宋城旅游等7家文化企业上市，融资额达上百亿元。其中中南出版传媒通过上市募集资金42.42亿元，总市值达到248亿元。目前重庆市尚无一家上市文化创意企业，四大国有文化集团无论是整体规模还是影响力，在国内都不具有优势；民营文化创意企业在行业内地位不高、竞争力不强；连续三届全国"文化企业30强"评选，重庆市文化创意企业均名落孙山。

2. 文化产业集聚度不高

重庆市文化创意产业园区和基地建设较为滞后，文化创意产业链不够清晰，上游原创研发、中游生产制造、下游销售和衍生产品开发等环节相对脱节。例如，重庆市动漫产业虽已培育出视美公司、享弘公司等具有一定实力的动漫企业，但在空间上相互分离，在业务上缺乏合作，难以实现资源共享，没有形成集团效应。此外，重庆市文化创意产业与传统产业互动性差，文化创意融入工业设计、造型设计、装潢设计、印刷平面设计的程度和范围比较有限。

3. 文化创意产业资本市场发育迟缓

重庆文化创意产业融资渠道比较单一，文化资源开发与产业发展主要依靠政府投入，因此"心有余而力不足"。此外，文化创意产业前期投入大、回报周期长，缺少抵押贷款标的，造成文化创意企业融资困难，加之当前劳动力成本上升，对文化创意企业尤其是实力并不雄厚的民营文化创意企业影响较大。市委宣传部曾会同市微企办与部分文化创意微型企业主座谈，企业主普遍反映融资是影响企业进一步做强做大的主要困难。

4. 文化消费活力不够

目前，重庆市的文化市场和文化消费正处于快速发育期，增长较快，但总量较低，与消费总支出的占比较小，结构尚不合理。具体表现为：高档消费发展较快，大众消费相对滞后；城市消费发展较快，农村消费相对滞后；群众消费渴求增长较快，多样化、多层化的服务设施和产品的增长相对滞后。根据国际经验，当人均GDP达到3000美元时，文化消费将快速增长，文化消费需求将占个人消费性支出的23%；而从2011年全市文化消费状况看，全市人均

GDP 为 34296 元，折合美元为 5300 美元，城市居民人均文化娱乐消费支出仅 1014.79 元，仅为城市家庭人均消费支出（13507.30 元）的 7.5%，相差甚远。数据表明，重庆市文化消费还处于较低水平，与经济发展速度不相匹配，有待培育文化产业消费市场，增加文化服务和产品供给，提高服务水平。

5. 文化产业复合型人才匮乏

文化创意产业人才的数量与质量仍有巨大差距。一方面，文艺名家大师及领军人物严重匮乏，特别是创作、导演、编剧、创意等方面的高层次人才稀缺，导致重庆文化创意产业品牌号召力不强；另一方面文化产业经营管理人才、文化贸易和拥有现代信息技术手段的高科技人才，以及懂文化、会经营、善管理的复合型人才十分紧缺，难以担负起管理和发展文化企业的重任。据市委宣传部与市工商局调查，目前全市创办的 3.65 万户微型企业中，以文化创意人员身份创办的只有 500 户，仅占总数的 1.4%，财政补助资金约 2000 万元。

七 "十二五"期间文化创意产业发展前景展望

随着国际金融危机的蔓延，文化创意产业反向调节、逆势上扬的特性受到前所未有的重视。全国各省份发展文化创意产业的热情高涨，产业发展速度之快超过以往任何一个时期。据统计，2012 年，全国文化产业增加值达 1.6 万亿元，占 GDP 的比重达 3.1%，上市文化企业 26 家（重庆市暂无），总市值 2000 多亿元，全年 8 家上市公司融资额达到 104 亿元，文化板块成为 A 股市场的一支新兴力量。

更可喜的是，统计数据表明：2012 年全市人均生产总值迈上 6000 美元（人民币 39083 元，按当时美元与人民币的汇率 6.23 计算，为 6273 美元）台阶。按照国际经验，当人均 GDP 超过 3000 美元时，文化消费会快速增长；接近或超过 5000 美元时，文化消费则会井喷。至此，重庆文化创意产业发展正站在新的历史起点上。重庆市对文化产业发展也提出了明确的目标，市委、市政府办公厅下发的《"十二五"时期文化改革发展规划纲要》，提出到 2017 年全市文化产业增加值占 GDP 比重达到 5%。要实现这一目标，必须创新思路、整合资源，以更大的决心和魄力推动文化产业大发展。

1. 增强文化创意产业发展合力

文化创意产业跨行业、跨领域，涉及方方面面。必须像抓经济建设一样抓文化创意产业发展，像抓工业项目一样抓文化创意产业项目，聚合方方面面的力量，形成工作合力。

各级党委、政府要提高统筹力。要树立抓文化创意产业就是抓经济社会发展的观念，将文化创意产业作为转变经济发展方式、实现又好又快发展的重要举措，列入各级党委、政府的重要议事日程。要统揽文化创意产业各个领域，统筹文化创意产业相关部门，将各方面的资源、力量整合起来，坚持事业、产业并重。

文化创意产业相关部门要提高执行力。当前，全市演艺、广电、出版、创意等由不同的部门主管，科技、旅游、商贸、体育等部门也与文化创意产业紧密相关。全市要成立文化创意产业发展领导小组，建立部门联席会议制度，将这些部门的力量整合起来。市文化广电局要承担起牵头职责，搞好协调统筹。

相关部门要提高保障力。发展文化创意产业，不只是文化部门的事。全市其他相关部门要积极参与进来，站在落实科学发展观的高度，从转变发展方式、培育新的经济增长点的全局出发，落实发展文化创意产业的相关政策，对文化创意产业特事特办、快办快结。经济领域各部门、各行业，包括发展改革、财政、税收、人事、劳动和社会保障、国土、建设、工商等，都要发挥职能作用，积极提供保障。金融部门要创新金融品种，加大对文化创意产业的信贷支持。

各类市场主体要提高竞争力。市场是决定文化创意产业发展成败的最终力量。过去我们的文化单位在从事创作生产时，项目由政府定，钱由政府拿，任务由政府分配，不用考虑市场，不用找销路。现在各大国有单位转企改制了，成为市场主体了，必须增强市场意识，通过市场抓商机，利用市场找出路。这是文化创意企业生存和发展的根本。

2. 深化文化体制机制创新

重点围绕"巩固、深化、管好、做大"的思路，推动剩余 21 家非时政类报刊转企改制，区县国有文艺院团完成改革任务，力争文化体制改革尽快全面收官。经营性文化单位转企改制后，工作重心要转到建立现代企业制度、完善企业法人治理结构、提高经营管理水平上，在文化市场竞争中发展壮大。同时积极推进有条件的文化企业联合重组，尽快壮大规模，提高集约化经营水平，做优做大做强一批成长性好、竞争力强的大型国有文化骨干企业。在"十二五"期间，推动国有文化企业集团在上市融资上迈出实质性步伐，打造1～2家文化创意产业战略投资者。

3. 加大政策引导力度

针对制约重庆市文化创意产业发展的重点难点问题，市文资公司将进一步丰富和完善文化产业总体战略和发展规划，建立健全包括产业结构政策、产业技术政策、产业布局政策和产业外贸政策等在内的政策体系。在积极争取财政加大投入力度的同时，努力改进资助投入方式，以使政府投资带动更多的社会投资和消费需求，最终提高投资效率。促进金融资本、民间资本投向重点支持的文化产业。根据文化企业有形资产少、无形资产多的特点，积极探索版权、知识产权等无形资产抵（质）押贷款办法，建立健全无形资产评估、登记、流转体系，完善文化市场要素，规范高文化产权健康流转。借鉴兄弟省区市经验，探索设立文化产业投资基金，鼓励社会资本投资文化产业，促进文化产业投资主体和投资渠道的多元化。

4. 强化重大文化项目支撑

依托策划推出的"三网融合"产业园、数字传媒、中国出版发行交易平台、重庆文化产业促进中心、重庆新闻传媒产业中心及创意产业园、重庆两江新区国际影视城等"十大重点项目、五十大项目"，经过在"十二五"期间的努力，培育一批产值10亿元级乃至100亿元级的大型文化企业。经过前期筹备，由重庆广电集团、重庆出版集团、市文资公司和两江新区开发投资集团共同出资组建的重庆电影集团即将挂牌，建成后将成为重庆市重要的电影、电视剧内容提供商，推出电影《我最好的朋友江竹筠》《与妻书》《温故1942》等一批新项目。同时，进一步理顺文化产业园区体制，加强和改善基础设施建设，完善扶持配套政策，吸引更多的文化企业入驻园区，争取将已有的文化创意产业园区培育成为重庆文化创意产业的发展"高地"。通过重大产业项目支撑和园区培育，推动重庆文化创意产业继续保持较快增长，力争"十二五"末全市文化创意产业增加值占地区生产总值的比重超过5%，成为名副其实的支柱产业。

5. 加快文化与其他产业融合发展

鼓励、扶持文化产业与各行业的融合发展，增加文化产业的附加值，增强核心竞争力。

坚持产业之间的融合。借助先进制造业、电子信息业、汽车摩托车业、网络数字业等产业的市场规模和成熟形态，选择优势领域，推进文化与支柱产业和关联产业融合，丰富产业发展渠道和消费模式。

坚持文化产业发展要素融合。加快推动文化资源向文化产业转化、文化作品向文化商品转化。推动核心层、外围层、相关层和上、下游产业链有机结合，不断扩大文化产业外围层和相关层产业门类，加大外围层和相关层的比重，形成整体发展的竞争优势。

以新技术加快传统文化产业提档升级。积极推动文化产业向高端化、数字化、网络化和信息化方向发展，大力发展网络游戏、网络电视、手机动漫、新媒体影视制作等新兴业态，创新商业模式和赢利模式，增大新兴文化产业所占比重。

6. 鼓励和扩大文化消费

《中共中央关于深化文化体制改革推动社会主义文化大发展大繁荣若干重大问题的决定》明确指出，"增加文化消费总量，提高文化消费水平，是文化产业发展的内生动力"。文化产业最终要进入消费领域，才能实现利润。现在重庆文化消费领域上升的势头明显，但总体不热、不旺，还没有形成"气场"。必须把培育文化消费作为发展文化产业的一个重要内容，加大引导和扶持力度。一方面，广大文化企业要认真研究大众的文化消费习惯，尽可能生产适销对路的文化产品；另一方面，文化系统自身的广播、电视、报刊、网络，要开辟文化专栏，加大文化产品的宣传，培养文化消费观念，引导更多的群众从餐桌、麻将桌"走出来"，到剧院去，到书店去，到电影院去，养成文化消费的习惯。同时，要考虑重庆的消费水平，拿出一部分资金来发放文化消费券，对剧场、书店、影院等给予场补、店补、票补，提高文化购买力，吸引更多的人参与文化消费。只要市场慢慢做好了，文化消费就会兴盛起来。

7. 培养引进并重，优化人才队伍

按照"分级分类、分工负责"要求，切实提高培训工作的计划性和实效性，大力培养文化创意产业经营管理人才。一是力争队伍规模不断扩大。目前全市现有文化产业经营管理人才 4525 人，力争到 2020 年，经营管理人才资源总量达到 6764 名，增长 49.5%。其中国家级人才力争达到 23 名。二是力争素质明显提高。到 2020 年，争取文化产业经营管理人才中具有中级以上职称的达到 47.7%，其中高级职称 22.3%。加大人才培养、交流和引进力度，在重庆市文化领域集聚一批在国内有影响力的高级经营管理人才。

产业规模已然形成　品牌企业发展迅猛

——重庆市动漫产业发展报告

林　曦*

自 2006 年重庆市创意产业发展规划实施七年多以来，在市政府相关部门的正确领导下，市动漫协会及动漫产业各企业的努力下，重庆市动漫产业的发展取得了长足的进步和令人欣喜的丰硕成果。

一　产业发展概况

1. 行业发展现状

重庆市动漫产业起步于 2004 年，那时，全市动漫游戏企业还不足 10 家。其中主要集中于从事动画原创与加工的企业占 41%；而从事产业上游的形象设计与下游的衍生品开发和渠道建设的企业仅占 7.6% 和 1.6%；作为产业支撑的动漫媒体企业也只占 3.1%。当时重庆动漫产业链上的各个环节彼此阻塞严重，产业上下游对原创动画的支持严重不足。

据统计，截至 2012 年年底，重庆市动漫企业总数已增加到百余家，基本形成了动漫产业链上下游的合理布局和专业分工的发展态势。此外，重庆市还拥有一个国家级动漫产业基地（南岸区茶园动漫基地）、一个国家级动画教学研究基地（重庆市视美动漫基地），基地数量位居全国前列，初步形成产业集群优势，从业人员近 10 万人。另外，重庆市正在或即将建立的动漫基地还有：沙坪坝区大学城数字娱乐动漫基地、北部新区高新园动漫基地，以及海王星科技大厦、水星科技大厦等。其中，南岸区茶园国家动漫基

---

*　林曦，重庆市动漫协会秘书处。

地集聚了重庆市多数动漫企业，连续两年基地原创影视动画年产量占全市年产量的85%以上。

2. 原创动画硕果累累

2005～2012年，重庆市共生产制作原创动画片52部，片长总计29223分钟。2012年，重庆市共生产制作动画片4部2398分钟，居全国第14位，年产量高于全国平均水平，占西部总生产数量的82.8%，连续九年在西部原创动画生产数量排行榜位居第一，继续领跑西部动漫，并首次超越原创动画制作大省——湖南省。与此同时，渝产原创动画创作水平、艺术质量也随着动画产量的增长不断提高。2008年，重庆有两部动画片获得国家广电总局优秀动画片推荐；2009年有一部；2010年，在国家广电总局向全国电视播出机构推荐优先播出的81部动画片中，重庆市有四部作品榜上有名，入选作品数量居全国各大城市前列，其中《夏桥街》《缇可讲故事》《乐乐熊之玩具王国》《可儿历险记》四部作品被国家广播电影电视总局（简称广电总局）推荐为2010年度优秀动画片，创历年之最。2012年，在第四届中国西部动漫文化节"金牛奖"优秀动画作品评选中，渝产动漫再创佳绩，重庆市柠色动漫发展有限公司生产制作的《小猪班纳》获评委会颁发的特别奖和优秀动画系列片优胜奖，重庆视美动画艺术有限公司生产制作的《缇可之暑期里的危机》荣获最佳新锐奖。

据不完全统计，截至2012年年底，共有2.4万多分钟重庆生产的原创动画作品在中央电视台播出，1万多分钟的渝产动画产品出口到美国、中东、越南、中国香港等60个国家和地区。其中，仅2009年，重庆市动画出口龙头企业——视美动画艺术有限责任公司就向海外发行原创动画片5174分钟，知名动画民营企业享弘数字影视有限公司累计出口创汇达250多万美元。

3. 产业所创造的产值现状

据不完全统计，2012年，重庆市动漫企业营业收入共计2.28亿元，同比增长14.7%，占全市GDP的0.03%。其中，原创产品收入3680万元，同比增长6.7%；衍生品收入1.912亿元，同比增长19.04%；实现利润总额3800万元，同比增长14.32%。

二　产业发展特色

1. 优化产业环境，助推产业发展

从 2005 年起，重庆市政府在全国范围内率先制定出台了《关于鼓励和扶持动漫游戏产业发展的实施办法》等政策文件，把动漫产业的发展纳入《重庆市创意产业"十一五"发展规划》中，并结合重庆市实际情况，联合重庆市财政局、市国有文化资产公司制定《重庆市产业发展专项资金管理办法》（渝财教〔2005〕149 号）。明确了动漫产业发展的指导思想和发展目标，确定每年安排专项资金用于重点支持原创动漫游戏作品的开发与生产，在政策上启动了重庆动漫产业发展的引擎。七年多来，共有超过 10 家重庆动漫企业所研发的 15 个动漫产业项目获得了 1169.6 万元直接财政拨款。其中，直接获得财政支持的民营动漫企业占 87%。

2011 年，面对不断发展的动漫产业新形势和出现的新问题，重庆市财政局与重庆市经济和信息化委员会联合出台了《重庆市工业和信息化发展专项资金管理办法》（渝财企〔2011〕116 号），进一步助推产业的发展。新的管理办法加大了政策扶持力度，扩大了扶持对象，提高了奖励门槛，对产业发展的新情况、新问题都提出了相应的对策和倾向性意见。在营造产业环境、加大政策支持力度方面继续领跑西部。

此外，北部新区、九龙坡区、沙坪坝区、南岸区等主城各区均已出台或正在制定相关动漫游戏产业的发展规划和扶持政策。其中，2011 年北部新区下拨区级文化创意产业专项资金，为重庆环球数码动画有限公司、重庆享弘数字影视有限公司、重庆国视动画有限公司、重庆赤冰动画制作有限公司和重庆正大华日软件有限公司五家辖区内的动画制作公司的五大项目提供了 460 万元的财政资金支持，项目涉及原创 3D 立体动画电影、原创手机动漫、动漫数字平台、动漫网页制作等多个领域。市、区两级财政的共同扶持、合力推动，加快了重庆动漫产业的发展。

众所周知，对动漫企业实行税收优惠是扶持政策的重中之重，意义非常重大。2010 年，重庆市严格执行文化部、财政部、国家税务总局联合发布的

《动漫企业认定管理办法（试行）》及《关于实施〈动漫企业认定管理办法（试行）〉有关问题的通知》，再次明确了只有经认定的动漫企业才能享受增值税、企业所得税、营业税、进口关税和进口环节增值税等方面的税收优惠政策。截至2012年年底，文化部、财政部、国家税务总局联合公布了首批通过认定的全国百家动漫企业名单。其中，渝产企业有四家，分别是重庆视美动画艺术有限责任公司、重庆享弘数字影视有限公司、重庆奇易门动画科技有限公司和重庆漫想族文化传播有限公司。被认定企业将在增值税、企业所得税、营业税、进口关税、进口环节增值税等税种上切实受惠。

2. 以会展促进产业集聚，打造国家级品牌基地

2009年10月，重庆市凭借其经济、文化、地域的综合优势，首创"2009首届西部国际动漫节"这一区域性动漫会展品牌；2010年7月，国家广电总局致函重庆市委、市政府，明确将"2010第二届西部国际动漫节"定级为国家级动漫会展品牌，成为西部地区动漫展示的第一平台。

图1为"重庆西部国际动漫节"Logo，图2为"2009首届重庆西部国际动漫节会场"。

图1　重庆西部国际动漫节 Logo

经过多年的悉心打造，"西部国际动漫节"的品牌规模效应不断提升。从2009年首届中国西部国际动漫节举办时的11个国家及地区、10万人次的参与，到2013年第五届中国西部国际动漫节有21个国家及地区、13万人次参与。第五届动漫节场馆面积3万平方米，现场有28个特装展位、300个标准展位，参展企业达到300家，共荟萃了动画、漫画、玩具衍生品三大类，近十

图 2　2009 首届重庆西部国际动漫节会场

万品种的动漫精品及动漫衍生品，现场销售总额达 5000 万元。该届动漫节为推动重庆打造西部地区的文化高地和长江上游文化中心书写了浓墨重彩的一笔，并在项目签约和人才输送上取得了历史性突破。

首先，签约项目突破新高。该届动漫节重点合作签约项目金额总计达到 50 亿元，实现了经济效益和社会效益的双丰收，对建设和完善西部动漫产业投融资平台，选拔和发现优秀动漫产业项目和团队，建立良性的动漫产业投资体系有着积极而深远的意义。

其次，动漫人才输送成绩优异。在市教委的指导下，该届动漫节特设了人才交流会，为超过 40 家动漫院校输送了多达 300 名动漫人才，人才需求单位达到 20 家，当场签订劳动合同和实习意向的超过 100 人次。活动为高校、人才和企业之间搭建了一个交流合作的平台，为搭建中国西部第一个专业的动漫人才供需平台打下了坚实的基础。

3. 骨干企业引领发展，重点企业表现突出

经过七年多的潜心培育，一批行业代表性企业迅速成长，目前已经逐步成为产业龙头企业，并带动产业和相关企业整体发展。

在动画企业领域，西部地区最大、原创力最强的国家级动漫生产及教学基地——重庆动漫行业领军龙头企业重庆视美动画艺术有限责任公司的原创动画产量连续九年位居西部生产机构第一。其作品《缇可讲故事》《夏桥街》被广电总局推荐为优秀动画片；《夏桥街》和《缇可春季篇》分获"2010 全国青少年优秀电视节目"动画作品长篇类一等奖和动画作品系列类三等奖；《缇可春季篇》和《米多的涂鸦日记》获第 25 届中国电视金鹰奖青少节目三等奖。截至目前，视美动画拥有近 300 人的专业人才队伍，完成原创动画片生产 20 余部，时长 1.4 万多分钟，原创动画年生产能力 5000 分钟，实现产值约 1 亿元。企业努力打造以品牌为核心，集"动漫产业"和"青少年文化产业"于一体的综合型服务运营平台，初步实现"动画片原创生产—频道播出平台—动画营销网络—衍生产品开发—动漫人才培训"的完善产业链建设，日益成为重庆持续领跑西部动漫、成就"西部动漫高地"的最强力量。

图 3 为优秀动画片《夏桥街》图片。

图3 优秀动画片《夏桥街》图片

在漫画企业领域，行业龙头企业天健动漫公司摸索出一条书媒互动的跨媒体出版之路。2009 年天健动漫公司携手著名网络游戏公司"上海淘米"以及重庆本土原创动画制作公司重庆漫想族文化公司推出了"摩尔庄园超级明星总动员"漫画图书系列。该系列 6 本图书投入市场之后，短短半年时间加印 7 次，印数近百万册，平均单品印量达到 15 万册以上，蝉联当当新书热卖榜第一位达数周之久，多次进入全国开卷少儿类图书月度榜前十位。2010 年天健动漫公司继续其上年的网络社区和纯网络游戏及周边图书转化之路，与北京完美时空网络技术有限公司和上海盛大网络发展有限公司等龙头动漫游戏企业合作开发了《海底世界——太平洋城》系列、《梦幻诛仙》《龙战天涯》等动漫游戏周边图书。此外，公司还引进了国际知名动画品牌和卡通人物形象，与韩国ddung公司及西班牙动画小P优优品牌进行合作，推出了《冬己宝贝益智贴纸书》等亲子手工互动系列，实现了传统图书阅读与纸质游戏、手工亲子互动的完美结合，成功地打进了低幼卡通类出版物领域。据统计，以上项目的总发行量已达到27万册。出版方式和内容的创新使得重庆市动漫出版在规模和效益上实现了飞跃。2010年，天健动漫公司共计生产动漫图书及相关产品57种（含再版图书3种），总印量达到50.8万册，其中动漫及相关产品50种，创造码洋727.6万多元。与2008年相比，码洋和销售收入均增长5倍以上。基于以上成功探索，重庆动漫出版将一步加强游戏和动漫整合，着力推进新媒体和传统纸媒跨平台合作，实行多媒体资源共享。

图4为《冬己宝贝益智贴纸书》。

图4　《冬己宝贝益智贴纸书》

4. 产业链逐步成熟，下游产业百花齐放

2006年至今，随着大量新企业、新资本、新渠道的介入，动漫产业领域的边界也在迅速扩大，并与相关产业相互渗透和整合，有力地加强了动漫产品的营销与推广，逐步实现动漫"产"与"业"的结合。

在借鉴广东奥飞"先占领并发展好下游的衍生品销售渠道及市场，适时进军上游的原创动画制作，以原创动画为衍生品销售服务"的"玩具＋动漫"的发展思路的基础上，重庆动漫领军企业视美动画结合自身发展优势开创了一条全新的发展路径：自主创作动漫—玩具动漫融合性生产—立体媒介推广—售卖。2009 年，依托动画的强大制作实力和动漫品牌塑造能力，重庆视美动画与国内知名玩具商常州天贝动漫玩具有限公司携手，投资 1000 万元以公司旗下最具知名度的动漫形象为原型，倾力打造 52 集动漫鸿篇巨制《弹珠传说》，2010 年年初该项目的动画制作已经完成，并于 2010 年年中同期启动动画片播映及玩具售卖，成绩突出。该片不仅在中央电视台及全国多家一线少儿频道如炫动哈哈少儿、北京卡酷、江苏优漫等实现收视飘红，而且在第二轮播出时显示出更为强劲的后力，一举获得多家少儿频道收视冠军，超越同期播出的《喜羊羊与灰太狼》。在"百度风云榜"对同期动漫卡通视频点击排名中，《弹珠传说》领先同期动画节目，并且超过《奥特曼》《圣斗士》《猫和老鼠》《蜡笔小新》等一大批国外动画片，居排行榜前列，获得网友 9.6 分的高分评价，参与评价人数多达 3 万。动漫作品的强劲播出极大地带动了衍生产品的销售。截至目前，该项目的正版玩具销售额已突破 1 亿元。由于正版玩具的热销带动大量盗版玩具跟进，据不完全统计，相关该项目的盗版玩具销售额已达 11 亿元。

图 5 为优秀动画片《弹珠传说》海报。

3G 引领动漫新生活。3G 手机时代的到来，以及中国移动、中国电信的数字阅读基地相继落户重庆，为重庆手机动漫的发展提供了契机。目前已有享弘数字影视公司、国视动画公司等多家重庆动漫企业涉足原创手机动漫，发展势态良好，成为动漫产业新的增长点。

图 5　优秀动画片《弹珠传说》海报

三　重庆动漫产业"十二五"发展思路

1. 制定产业规划，明确发展思路

应该清醒地认识到，以重庆一个城市的资源和实力，不可能在整个动漫产业全领域取得领先优势，必须集中优势力量，以点带面找出重庆动漫产业的特色发展之路。为此，必须通过制定产业规划，并配套实施各项举措，通过将自发性、后置式的粗放型发展模式转变为有目的、有侧重、重引导、重选择、前导式的集约化发展模式来实现。下一步拟以政府课题的形式，与统计机构及院校合作，通过大量数据和信息的采集分析，在未来的一年内，逐步明晰产业发展规划以及各项相应的发展指标和切实措施。

2. 升级政策理念，加强市场引导

调整升级，保持重庆产业政策及发展理念在全国的领先优势。在增加资金投放总额、提升对动漫企业奖励扶持额度的基础上，通过产业政策的理念调整，与"产量大、品质低、市场弱"的产业总体情况相适宜，以政府有限的扶持资金为翘板和风向标，引导社会资本向有市场、有实力、精品化的动漫企业和动漫项目靠拢，引导产业发展回归良性。

3. 积极搭建相关服务平台

重庆现有动漫服务平台走市场化陷入两难境地、教育产业化和企业开培训班尴尬错位等现状，使得动漫行业协会逐渐认识到在有些领域离不开或至少在中短期内离不开政府的直接介入和主体操作，如搭建交易服务平台和金融投资平台等，从而保证在动漫这个领域的大量企业可以用低成本获得高起点运作的机会，使产业高速健康发展。

B.5
以创意设计为核心构筑宜居城市

——重庆市建筑设计产业发展报告

熊雪奇*

一 建筑设计行业的发展及现状

建筑设计行业作为重庆市创意产业的重要组成部分，近年来得到快速的发展，队伍素质、经营规模、综合效益得到大幅提升，为直辖市建设做出了积极的贡献。

截至2012年年底，重庆市拥有建筑设计企业439家，其中拥有甲级资质的企业120家，占全市建筑设计企业总数的27.3%，甲级企业比例位居西部第二。

建筑设计行业资源优化重组，企业效益大幅提升。全市建筑设计行业充分发挥技术创新优势，实现营业收入年均增长率保持在20%的水平，2012年全行业营业收入达到280.8亿元，同比增长13.9%，创历史新高。人均营业收入85万元，名列全国前茅。

2012年，重庆市建筑设计行业从业人数3.3万人，其中注册师人数首次超过3000人，达到3240人，同比增长9.2%，注册师人数占专业技术人员比例达14.1%，位居全国前列。市场环境的不断改善和高级人才的不断涌现，也极大地促进了优秀企业的集聚，全国百强企业中已有37家、十强企业中已有6家入渝开展设计工作。

二 行业发展的主要成就

1. 工程设计管理

随着行业市场格局的不断变化，重庆市的建筑设计行业通过致力于管理创

---

* 熊雪奇，重庆市勘察设计协会。

新、技术创新、体制创新和业务创新来实现自身的战略转型和变革提升。

首先,在管理创新上,重庆市的建筑设计行业在资源整合能力的提升、人才经营、品牌打造和信息化建设等方面进行了积极的探索,奠定了行业高速发展的内在基础;其次,在技术创新方面,多数企业,特别是大企业逐步扭转了重短期效益、轻长期技术发展的局面,技术创新投入逐年加大;再次,在体制创新上,重庆市建筑设计行业在完成"改企建制"目标后,还在大中型设计院构建有效的股权激励体系、中小型设计院民营化等方面开展工作;最后,在业务创新上,重庆市建筑设计行业除了在传统业务领域获得发展外,还在工程总承包和工程项目管理等新的业务领域获得了突破和发展。

2. 建筑设计

建筑创作是设计单位永恒的生命力。近年来全国各地的建筑创作水平有很大的提高,涌现出一大批优秀作品。在这种大背景下,特别是当前在国家西部大开发战略实施中,重庆的建筑创作水平有了长足的进步,不论是公共建筑、居住建筑,还是工业建筑都涌现出大批设计精品。这些作品,对美化城市形象、提升城市审美情趣、改善人居环境都发挥了不可替代的作用。其中代表性项目如下。

公用建筑

重庆科技馆——反映重庆城市形象变化的地标性建筑之一

重庆科技馆总建筑面积为 40302 平方米,在简洁的建筑形体上,构筑具有丰富建筑细部的、简约明快的建筑形象;弓形的侧面体现了重庆的地形特点;外立面大量采用石材与玻璃,通过对这两种材料的展现和解读,恰到好处地表达出重庆"山水之城"的特征。在建筑形式上,球形科技影院复制了地球的完美,夜幕低垂的时候,宛若明珠的它在透明的玻璃块体中绚丽夺目,使得整体建筑形象具有强烈的视觉冲击力和吸引力,为重庆城市面貌增添了一道亮丽的风景。

主要创新点:①建筑与环境共生的设计理念;②先进的结构设计和施工技术,满足了建筑造型、使用功能和安全的需求;③高新技术和多种节能手段的采用,在保证科技馆创造性外观形象的前提下,满足了其功能要求和节能设计标准的要求;④对消防设计进行性能化评估及专家论证。

续表

抗战时期地域建筑	

重庆市委礼堂外景	重庆市委礼堂走廊内景

重庆抗战时期地域建筑设计研究注重在两方面开展,一是通过有效整合资源和系统整理,建立完善近现代重庆地区风貌建筑设计理论文化体系和地域特色建筑设计体系;二是总结归纳地域建筑设计特点,推广和指导在城市公共文化建筑设计项目中吸收,采用抗战时期形成的先进地域建筑理念,使城市建筑设计在更大程度上做到技术上节能、低碳、环保和艺术上传承、创新、发展,在沿袭重庆历史文化名城特色面貌的基础上,打造具有重庆特色的宜居山地城市环境。

绿色低碳建筑	

2009 年全国十大绿色楼盘——中冶赛迪大厦	**绿色建筑低能耗示范工程——中冶赛迪研发中心**
2009 年建成,地下 3 层,地上 23 层,建筑高度 96.60 米,总建筑面积约 6.3 万平方米,为一类高层公共建筑。设有办公室、会议室、展示厅、康体中心、餐厅、车库等。	用地总面积为 25610 平方米,总建筑面积为 36569.56 平方米,由 3 栋实验科研楼、1 栋实验厂房、单层地下车库和配套管理用房组成。

续表

住房建设

家居湖岸

高品质住宅小区

高尚住宅

明清风格传统民居建筑

续表

碧桂园长寿桃花商业街

通过对巴渝文化、建筑特色、长寿当地文化等环节的逐层"演绎",将商业经营与文化传播、商业业态规划与建筑规划有效结合,以赋予规划区持久生命力。

新农村建设

建设新农村,是发展农村社会事业、构建和谐社会的主要内容。建筑设计是改善农村生活条件的重要方面。"十一五"期间完成的《重庆市巴渝新农村民居通用图集》充分体现了川东民居和村镇建筑的地方特色。

潼南县双江镇林湾农民新村	酉阳县后溪镇河湾农民新村

续表

环境综合改造

江北嘉陵三村整治前后对比

融侨公园整治前后对比

中山四路立面整治

3. 道路桥隧

成为直辖市以来，重庆市的道路桥隧建设取得了令人振奋的成绩，城市道路及公路发展实现了重大跨越。重庆率先在西部建成了境内国家高速公路网，"二环八射" 2000 公里骨架网使 "4 小时重庆" 得以基本实现；城市道路、桥梁快速发展，一座座各具特色的桥梁飞架大江南北，日益增长的汽车保有量和人民群众出行需要形成的城市交通阻滞点被各个击破，基本形成"半小时主城区"的城市道路网络结构，使重庆成为国内同等级别都市中市区交通最为畅通的城市之一。

高速公路设计新理念，创造了重庆高速"智慧之路""生态之路"的独有特色

| 高架桥跨越酉阳县城 | 具有武隆风采的高速公路 |

重庆渝湘高速公路重庆境武隆—洪安段

全长272.9公里，是目前重庆市集景观规划、设计、建设于一体，里程最长的一条高速公路，也是重庆市开展高速公路景观绿化工程以来所实施的立地条件最差、施工难度最大的一项绿化工程。

大跨径城市桥梁成为工程师创意的舞台，"桥都重庆"蜚声中外

结构巧妙、外形美观、颇具创意的菜园坝长江大桥

大桥主跨420米，桥面宽30.5米，是国际首座刚构、钢桁梁、钢箱系杆拱组合结构大桥。大桥主体由一对预应力混凝土 Y 型刚构边跨和一个320米的钢箱提篮拱中跨三个子结构组成。"公轨两用特大跨(420米)组合式刚构系杆拱桥设计施工关键技术"被鉴定为"总体上达到国际先进水平，其中结构多元组合体系核心技术达到了国际领先水平"。

重庆朝天门长江大桥

　　主跨552米的公轨两用飞燕式多肋钢桁架中层式拱桥,主桥采用190米+552米+190米三跨连续钢桁系杆拱桥,双层桥面布置,上层为双向六车道和两侧人行道,下层中间为双线轻轨,两侧各预留一个汽车车行道。大桥的设计创造了两项世界第一:第一项是主跨552米,是当今世界已建成的跨度最大的拱桥;第二项是主桥中支点支座采用了14.5 kN的球型抗震支座,是目前已建成世界同类桥型承载力最大的球型支座。

特长隧道洞穿大山的横亘,尖端科技面对坚壁无须回避,不再绕行

西南第一隧——方斗山隧道洞口

　　位于沪蓉国道主干线支线分水岭(鄂渝界)至忠县高速公路上,是石忠高速公路的重点控制性工程。方斗山隧道左洞长7600米、右洞长7562米,吕家梁隧道左洞长6664米、右洞长6663米,两座隧道均为上下行分离式布置的特长隧道。方斗山隧道从设计至今,为西南地区最长的公路隧道,有"西南第一长隧"之称。

4. 轨道交通设计

　　随着我国城市化建设进程的加快和汽车普及率的迅速上升,根本缓解城市交通拥堵问题已成为当前我国各大城市发展的重要课题。重庆市虽地处经济较为欠发达的西部地区,但毕竟还是长江上游地区的经济中心、国家重要的现代制造业基地和西南地区综合交通枢纽,属于中国五大中心城市之一,其城市交通的畅通同样也是其经济发展的"重中之重"。

目前，国内已有 29 个城市开通轨道交通，重庆作为唯一掌握跨座式单轨技术的城市，在轨道交通技术上拥有多项自主创新。重庆市城市单轨交通工程技术研究中心致力于产、学、研深度结合，形成我国自己的单轨交通工程的技术创新、成果转化和人才培训基地。重庆轨道交通取得的成果展示如下。

重庆轨道交通三号线

重庆轨道交通二号线

小什字站

根据弧形站形的特点，提炼"火凤凰"的造型与色彩语言，曲线的造型与多元化色彩体现了流动性、科技性、商业性、时尚性。重庆夜景甲天下，"流光溢彩"也象征着经济的繁荣与发展。

大剧院站

站厅天花整体造型仿若雄鹰展翅，象征着勇于开拓、不断进取之精神，象征着未来发展的美好前景。站台采用流畅的弧线……简单大气！蓝色线条可以打破沉闷单一的形象，给人以生动活泼的感觉！

5. 园林景观

重庆园林绿化发展建设稳步快速发展，在成功创建"国家园林城市"的基础上，又提出创建国家生态园林城市，将园林绿化建设上升到全市可持续发展的战略层面。重庆园林建设成果展示如下。

重庆园博园大门

重庆园博园凌云桥

重庆园博园

重庆园博园作为标志性的园林公共设施，堪称重庆园林建设史上的一座里程碑。它展现出了"一平湖尽显真山水，数峰岭皆隐故园林"的诗情画意，实现了"山水有间人无间"的和谐意境。

园博园面积约2.2平方公里，紧扣"园林，让城市更加美好"主题，以古典风、传统风为设计理念，因地制宜、应势成景，突出了"中华传统园林""山水园林""节约型园林""引领园林科技发展方向"和"群众参与"五大特色。

鸿恩寺公园大门

引入区

鸿恩寺公园

重庆鸿恩寺公园位于嘉陵江北岸，紧邻观音桥商圈，规划总用地面积76.13公顷，是重庆市重要的城市公园之一，是重庆市创建国家园林城市的重点建设项目。公园以生态、健身为功能主题，以感恩和桂花为文化主线，是供市民游览观光、休闲娱乐的市级综合性公园，更是重庆主城区的绿色生态屏障。其创新为：①以人文本的公园建设；②践行生态环保观；③公园建设与城市防灾避灾建设相结合。

续表

| 大渡口双山公园 | 金科大学城公园 |

6. 规划设计

重庆市的规划设计在城市安全、城市文化、城市形象、城市地标等诸多领域，尤其是在山地及滨水地区的城市规划设计及研究中，进行了有益的探索，完成了一批优质精良的设计作品。重庆规划设计方面取得的成果展示如下。

城市安全

重庆理工大学（花溪校区）应急避难场所

①确定避难场所的主要功能块。如指挥中心、棚宿区、医疗救护、物资储运、停机坪、停车场、消防管网等。

②独创"交通、指挥、棚宿、管网"四大基本管理体系，使重庆市应急避难场所的建设初步具备可操作的设计原则和设计深度。

续表

城市文化

歌乐山烈士陵园陈列总馆建成后实景

红岩魂广场建成后实景

歌乐山烈士陵园保护与发展规划

　　歌乐山烈士陵园景区总占地面积约 1065 亩,区内现有烈士陵园陈列总馆、红岩魂广场、白公馆、渣滓洞等重要景点 30 余处。歌乐山现为 4A 级旅游景区、全国红色旅游发展规划十二个重点打造的红色主题景区之一。规划目标为打造全国知名的 5A 级红色主题景区。

　　三大创意目标:红色景区——以其特有的红色主题与生态背景打造绿色旅游;文化产业——研究红岩历史,弘扬红岩精神;精神信仰——追求党建与改革发展,建设精神支柱。

　　具体实施八个体系:遗址体系、展陈体系、环境体系、交通体系、综合配套体系、封闭参观体系、区域联动体系、产业支持体系。

续表

重庆市劳动人民文化宫修建性详细规划

规划构思及手法：

藏——新建建筑藏于地下或半地下空间，在不降低景观品质的前提下完善功能配置。

补——利用半地下建筑屋顶和拆除的建筑作绿化，增补绿地面积，强化绿肺功能。

留——尊重历史，保留现状大的路网、空间格局、古树或大树，可用建筑作翻新或功能置换。

除——拆除现状破烂危房和规划管理上要求承诺拆除的建筑，以及不适宜的建筑。

城市形象

以拱券的建筑形式美化消落带垂直立面

朝天门码头改造效果图（局部）

两江四岸风貌建设

重庆市启动"两江四岸"中的"十大水岸"规划方案设计工作，共有7个传统风貌区、16条历史街区。通过规划设计，确定历史街区和传统风貌区的保护对象与保护范围，明确片区功能、定位，把握整体风貌、空间格局、主要节点与具体建筑形态等要素，让色彩、材质和风貌特征更具有巴渝特色。

城市地标

两江标志——朝天门片区城市设计

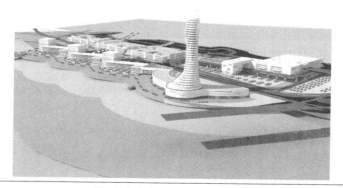

莱园坝火车站片区概念性城市设计

城市雕塑

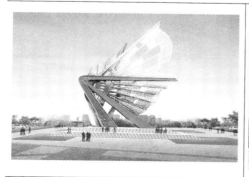 

| 城市雕塑作品：重庆直辖 | 城市雕塑作品：和平树 |

续表

| 城市雕塑作品:银杏金雕 | 城市雕塑作品:圆缘园 |

7. 产业园区建设

作为重庆最大的创意产业园区——重庆大溪沟国际建筑与环境艺术设计创意产业园区已于 2009 年 9 月开工建设,计划投资 30 亿元。大溪沟创意产业园从大溪沟人和街到黄花园,占地 1. 32 平方公里。以中冶赛迪集团、重庆市设计院等大型设计单位为龙头,目前已集聚了建筑设计、工业设计、传媒、景观设计等 200 多家创意类企业。

经过前期的精心准备,占地 475 亩的"中国西部国际设计之都"园区已正式落户重庆经济开发区,预计 2016 年正式建成,届时园区将形成产值 200 亿元,带动 3 万余人就业。

三 行业发展展望

重庆市统筹城乡改革的持续推进以及国家中心城市"大建设、大改观、大提升"的发展战略,无疑给全市建筑设计行业带来了巨大的市场机遇。同时,全面贯彻科学发展观,加快转变经济发展方式,推进产业结构优化升级,发展低碳经济,建设节约型、环境友好型社会,都将对建筑设计行业提出更高的要求。

在"十二五"期间,重庆市的建筑设计行业将以邓小平理论、"三个代表"重要思想为指导,深入贯彻科学发展观,通过坚持科学发展观、坚持质量安全第一、坚持改革和创新、坚持市场化方向、坚持"走出去"战略和坚持人才兴业"六个坚持",到 2015 年年末,努力实现以下目标。

1. 行业规模目标

在保持全行业企业数量稳中有升的前提下,甲级建筑设计单位占全行业的比例不低于 30%;鼓励重庆市建筑设计企业"走出去",参与国内外市场竞争,充分展示重庆市设计行业的创意水平和能力;提高工程总承包项目和工程项目管理在营业收入中的比例,全行业营业收入年增长率不低于 20%,力争在 2015 年全行业营业收入突破 500 亿元。

2. 体制和机制创新目标

继续促进建筑设计行业内现代企业制度的建设,积极推动建筑工程勘察设计单位改制为科技型创新企业,努力培养和形成一批具有较强市场竞争力的工程公司和工程咨询设计公司,为创意产业增添新的活力。

3. 人才队伍建设目标

通过培养、引进等手段,增加注册执业人员,在"十二五"末全市注册执业人员数量达 3500 人;培养和造就一批能够满足各项工程建设发展需要的专业技术人才、能够适应工程总承包和项目管理需要的复合型人才以及具备国际工程项目开发和管理经验的外向型人才。积极引导企业建立科学的经营管理人才培养和使用机制,制定科学合理的经营管理人员考核和激励办法。

4. 技术创新目标

为积极推动科技创新,在"十二五"期间,市政府要求全市各大型骨干企业的科研经费投入占企业营业收入的比例不得低于 3%,其他工程建筑设计单位科研经费投入不低于 1.5%;全行业专利、专有技术数量年均增长率不低于 5%。大力推动新技术、新材料、新创意在建筑设计项目中的应用。

充分发挥山水人文优势
精心打造重庆旅游产业

——重庆市旅游创意产业发展报告

于子仲*

　　旅游创意产业主要包括旅游规划创意（提高策划设计水平）、旅游产品创意（增加文化品位）、旅游活动创意（增加深度体验）和旅游服务创意（更加人性化）等。① 2006 年以来，以贯彻落实胡锦涛对重庆作出的"314"总体部署（明确了三大定位——努力把重庆加快建设成为西部地区的重要增长极、长江上游地区的经济中心、城乡统筹发展的直辖市。提出了一大目标——在西部地区率先实现全面建设小康社会目标。交办了四大任务——加大以工促农、以城带乡力度，扎实推进社会主义新农村建设；切实转变经济增长方式，加快老工业基地调整改革步伐；着力解决好民生问题，积极构建社会主义和谐社会；全面加强城市建设，提高城市管理水平。"这三大定位、一大目标和四大任务，构成了一个有机整体，可以称为重庆新阶段发展的'314'总体部署。"）和国发 3 号、41 号文件精神为主线，以内陆开放高地建设为统领，政府提出了"一心、两地、三区、四合、五强、六抓、七明显"的总体思路（一心是指重庆旅游的总体定位——成为长江上游的旅游中心；两地是指重庆旅游的发展方向——成为知名的旅游目的地和重要的旅游客源地；三区是指重庆旅游的空间布局——构建三峡库区及两侧腹地旅游区、山城都市及近郊旅游区、乌江画廊及武陵山区旅游区三大板块；四合是指重庆旅游的发展途径——坚持区域联合、资源整合、部门配合、资金结合四大途径；五强是指重庆旅游

---

　　*　于子仲，重庆市旅游局经济发展调研员。

　　①　旅游产品包含旅游商品。旅游规划通常决定了一个旅游产品的主题、形态、规模和档次。

的工作重点——强化规划运作、强化宣传促销、强化投融资、强化开发建设、强化政策扶持五个重点；六抓是指重庆旅游行业的自身建设——抓好学习提高、服务效能、改革创新、调查研究、队伍建设、考核落实六个方面；七明显是指重庆旅游的发展变化：争取旅游市场、发展环境、管理体制、旅游企业、旅游就业、行业管理、关联带动七个明显变化），紧紧围绕"一心两带"战略部署（即把"一小时经济圈"建设成为"西部旅游集散中心"，把渝东北建设成为"长江三峡黄金国际旅游带"，把渝东南建设成为"民俗生态旅游带"），先后提出了打造温泉之都、建设山水都市旅游精品、提升"六大精品景区"（即长江三峡、奉节天坑地缝、武隆天生三硚、合川钓鱼城、涪陵白鹤梁和大足石刻）品质等重大战略举措，通过创意产业的大力推动，实现了重庆旅游业超常规、跨越式的发展，取得了显著成绩。

一　产业发展现状

（一）旅游业已经成为重庆市的支柱产业

2006 年以来，全市旅游业对国民经济的贡献率逐年提高，旅游总收入占GDP 的比重从 2005 年的 9.8% 提高到 2012 年的 14.5%；全市旅游总收入年均增幅为 25%；全市旅游经济主要指标年均增幅超过 20%，增幅在全国名列前茅；全市国内、入境和出境三大旅游市场均获得了高速增长。国内旅游人数年均增幅为 21.8%，国内旅游收入年均增幅为 25.5%；入境旅游人数年均增幅为 21.2%，旅游外汇收入年均增幅为 21.6%；出境旅游人数年均增幅为21.2%。2012 年，全市共接待海内外游客 2.9 亿人次，同比增长 30.63%；其中，入境游客 224.28 万人次，过夜游客 6411.79 万人次，旅游外汇收入11.68 亿美元，同比分别增长 20.32%、20.86% 和 20.66%。2012 年年底，美国《福布斯》中文版公布了 2012 年中国大陆旅游业最发达城市榜单，重庆市因国内旅游人数排名第三、星级酒店数量排名第三、4A 级以上景区数量排名第二，综合排名第四位。在西部 12 省排名中，重庆旅游总收入、入境旅游人数和旅游外汇收入分列第六位、第五位和第四位。旅游业正在成为重庆市的支柱产业。

表 1 为 2005～2012 年重庆市旅游经济主要指标。

表 1　2005～2012 年重庆市旅游经济主要指标

年份	旅游总收入（亿元）	同比增长（％）	旅游接待人数（亿人次）	同比增长（％）	旅游外汇收入（亿美元）	同比增长（％）
2005	301.12	15.9	0.6017	14.0	2.64	30.2
2006	346.18	15.0	0.6847	13.8	3.09	17.0
2007	444.12	28.3	0.8085	18.1	3.82	23.6
2008	561.53	26.4	1.01	24.9	4.5	17.8
2009	703.23	25.2	1.23	21.8	5.37	19.3
2010	917.85	30.52	1.62	31.7	7.03	30.9
2011	1268.62	38.22	2.22	37.04	9.68	37.70
2012	1662.15	31.02	2.9	30.63	11.68	20.66

（二）旅游服务接待基础设施得到进一步完善

2012 年年末，全市共有旅行社 478 家，其中出境游旅行社 33 家；星级饭店 266 家，其中五星级 19 家，四星级 55 家，三星级 133 家，二星级 58 家，一星级 1 家。共拥有客房 30658 间，床位数 52128 张。旅游观光船 571 艘，其中五星级及五星级标准的豪华游轮有 27 艘（已挂牌五星级游轮 13 艘）。国家"A 级"旅游景区 130 个，其中 5A 级 5 个，4A 级 46 个，3A 级 44 个，2A 级 33 个，1A 级 2 个。已建成开业的温泉景区 36 个，在建温泉旅游景区 42 个。

2012 年 10 月 26 日，世界温泉及气候养生联合会经验收审核，授予重庆市"世界温泉之都"的桂冠，它标志着重庆温泉旅游已进入世界领先水平。同年，重庆市在温泉旅游重点项目建设上投入资金达 101.5 亿元，温泉旅游接待 1495 万人次，同比增长 30.1％。旅游重点项目建设投入达 340.27 亿元，同比增长 22％，其中六大精品景区项目累计完成投资 155.77 亿元，同比增长 78.57％，景区品质和品位整体提升。全市旅游行业的直接从业人员 33.1 万人，间接从业人员达 164.9 万人。

自 2006 年以来，每年国家旅游局与重庆市政府共同举办一次长江三峡旅游节、山水都市旅游节，每两年举办一次西部旅游产业博览会。结合生态、乡村、名镇、温泉、都市等旅游主题年活动和"大项目、大投入、大营销"的战略，每年实施 100 亿元投入、100 个项目、100 项活动的"三百"工程。七年多来，重庆共签约旅游招商项目 313 个，签约金额达 2847.16 亿元。

（三）广泛开展重庆旅游的品牌传播

深厚多元的旅游元素不仅彰显了重庆市的旅游特色，而且为重庆市带来了无限的商机和效益。近年来，重庆市通过海外媒体和全国性媒体黄金时段向国内外受众宣传重庆特色旅游景区，同时还开展了诸如成功举办"澳大利亚·中国年活动""迎北京奥运，游长江三峡""迎上海世博、游山城天街""川渝亲上亲，周末大串门"等系列促销活动，吸引着一批又一批海内外旅游者来到重庆，亲身体验新重庆靓丽的都市风采，品味重庆的渝派美食，饱览重庆的自然风光和人文景观。随着"重庆非去不可"的宣传效应，重庆旅游业正呈现出前所未有的发展态势。

2009 年，第一届中国西部旅游产业博览会在重庆举行，见图 1。

图 1　2009 年第一届中国西部旅游产业博览会现场

二 发展成就及特点

（一）创新思路，形成了重庆旅游大发展的产业格局

重庆市具有农村面积广阔、农村人口众多，工业基础雄厚、二产结构偏大，三峡移民艰巨、库区面临重建的实际情况，市委、市政府把优化产业结构作为促进国民经济和社会发展的中心环节，并在党代会、人代会上做出了把旅游业培育成为支柱产业的战略决策。随后，各区市县也大都把旅游业列为支柱产业或重点产业。

重庆市在加快旅游业发展的思路和方法上做了一些积极有效的探索。

第一，在改革试点上，提出并实施了《重庆市"一带五区"统筹城乡旅游专项改革试验实施方案》，该方案的总体构想是希望通过积极破解制约旅游业发展体制机制的困难，来加快推进长江三峡国际黄金旅游带，以及大足石刻、大仙女山、钓鱼城、金佛山、黑山谷五个重点景区建设。争取到"十二五"末，将"一带五区"建设成为中国乃至世界一流的旅游目的地，成为国家统筹城乡旅游产业发展改革的示范基地，旅游总收入达到800亿元。

第二，在管理体制上，提出并实施整合长江三峡旅游景区资源，并实行一体化管理。在市场准入上，提出并实施"鼓励社会资本公平参与旅游业发展""积极引进世界内河优秀游艇企业""逐步对外商投资旅行社开放经营重庆公民出境旅游业务""允许游艇企业在定点、定班发船的前提下，自行选择始发港口""建立长江三峡旅游营销中心"一系列相关措施，对推动重庆市旅游产业发展起到了重要作用。

图2为在第一届中国西部旅游产业博览会上展出的由重庆企业生产的游艇。

第三，在政策配套上，提出并实施"以五不原则规范发展高尔夫球场、大型主题公园""鼓励旅行社参与政府采购和服务外包""落实宾馆饭店与一般工业企业用水、用电、用气同价政策""对入境旅游新航线、包机、包车、

图 2　在第一届中国西部旅游产业博览会上展出的由重庆企业生产的游艇

包船等实行悬奖攻关""对旅游企业一律实行 15% 所得税计征政策""对市级旅游重大项目给予资源整合、土地配置、税费减免、融资担保、规划优先的支持"等一系列相关政策。上述政策的贯彻执行，为重庆市旅游产业的快速发展提供了保障。

第四，在财政投入上，提出并实施市区（县）两级政府加大对旅游基础设施、旅游宣传推广、人才培训、公共服务的支持力度；同时，建立了旅游业发展基金。

第五，在金融支持上，提出并实施了主管部门贴息、地方政府优惠、担保公司担保、金融机构贷款、项目业主开发的"五位一体"投融资模式；探索以项目特许运营权、旅游景区门票收费权质押融资等方式，支持有市场的旅游企业集团通过发行企业债券、股权置换、上市融资等方式进行市场融资。

这些发展思路与方法的创新，为重庆市旅游业大发展格局的形成奠定了基础。

（二）旅游业的发展带动重庆市城乡统筹发展和三峡库区建设

旅游产业规模的不断壮大，推动了重庆文化资源的保护和城市环境改善，涌现出了一批新兴商圈、商业旅游步行街、滨江餐饮休闲旅游区，而这些旅游休闲区的建设，如柏联 SPA 和贝迪颐和园温泉旅游景区（点）等又反过来为旅游产业的发展带动了大规模的信息流、物流、资金流和消费市场流，为扩大内需、吸引投资、增加就业发挥了重要的促进作用，也为宣传重庆、发展城市、带动农村、提升城市形象，发挥出了积极而独特的作用。

　　重庆市旅游业在三峡库区建设和发展的过程中同样也发挥了重要作用。库区旅游业的建设和发展带动和拓展了移民安置渠道，为库区移民提供了大量就业机会；库区民众通过参与开发旅游，解决了就业并改善了生活质量和周边环境，加速了库区可持续发展的经济体系的建立。因此，在库区发展旅游产业不仅可以推动库区剩余劳动力的就地转移，而且可以促进库区经济与社会结构的转型，培育当地新兴的经济产业。

　　图 3 为每年秋季重庆旅游热点景区——三峡红叶。

图 3　每年秋季重庆旅游热点景区——三峡红叶

（三）文化创意推动旅游业发展和品牌建设

　　重庆地域辽阔，历史悠久，物产丰富，景色优美，人称三千年历史、三千万人民、八万平方公里秀丽山川，这些丰厚的历史、文化和自然资源，为文化创意产业发展提供了源源不尽的创意素材。重庆市在大力发展旅游产业的同时，非常注重以历史文化为核心内容打造旅游创意产业基地，一批以展示巴渝建筑风貌、传达巴渝文化内涵为特色的旅游创意产业园和民俗文化体验区正在兴起，并已经形成了以艺术、表演和节庆等活动为创意旅游载体，以现场展演为表达方式的创意旅游展示形式。

表 2 为重庆市主要旅游创意产业基地。

表 2　重庆市主要旅游创意产业基地

创意产业基地	位置	规模	特色	发展现状	发展前景
钓鱼城创意产业基地	合川	规划面积1.5万平方米	以钓鱼城历史文化为背景，融蒙古风情、军旅文化为一体	2012年实现营业收入1000多万元，列入重庆六大精品旅游区	集影视拍摄、观光休闲、旅游娱乐为一体的文化创意产业园
501艺术仓库	黄桷坪	1万平方米以上的仓库	画家、雕塑家、服装设计师、建筑师、摄影师、电影人等职业艺术家和艺术批评家集聚的艺术基地		西南地区最大规模、艺术种类最多的艺术创意基地
坦克库·当代创意旅游文化艺术中心	黄桷坪		举办一系列跨地域、多学科、综合形式的艺术展览	2006年被评为年度最具影响力艺术机构	中国西部地区唯一的专业艺术机构
重庆市规划展览馆	渝中区	总建筑面积6万平方米以上	大量运用高科技展示手法，集合声、光、电、互动项目、幻影成像项目、影视等现代视觉效果，微缩展示重庆的地理、生态和人文	在建	到2020年形成702平方公里的山水园林城市形态，国内外一流展览馆之一
龙兴古镇	渝北区		现代城镇与古镇老街民居、祠堂、寺庙、寨子得到完美的结合，具有独特的民俗文化气息和显著的人文景观特色	重庆十大古镇之一	巴渝特色的人文精神和民俗历史的再现区

续表

创意产业基地	位置	规模	特　色	发展现状	发展前景
磁器口	沙坪坝区	面积1.5平方公里以上	巴渝文化、宗教文化、沙磁文化、红岩文化、民俗文化的聚合区，具有鲜明的民族和地域特色	游客达300万余人次，但经济效益低	
重庆车谷	巴南区	4500亩	以汽车和摩托车科技、文化为双核动力，打造极具山水园林特色的汽车和摩托车后市场商贸及文化旅游复合平台，国际多功能汽摩文化公园城	组建、规划设计当中，政府投资支持力度大	国际汽摩商贸物流中心、汽摩主题运动公园、汽摩职业教育基地三大功能组团

与此同时，以长江三峡、大足石刻、奉节天坑地缝、武隆天生三硚、合川钓鱼城、涪陵白鹤梁等旅游精品为代表，初步形成了三峡旅游、乌江画廊、山城都市三大旅游板块；立体旅游交通网络初具规模，旅游景区的可进入性和便利性明显改善；观光旅游稳步提升，休闲度假旅游继续增长，专项旅游异军突起；以"行、游、住、食、购、娱"六要素为纽带、具有一定规模和水平的旅游产业体系逐步形成，涌现出三峡博物馆、湖广会馆、柏联温泉、仙女山、黑山谷、天生三硚、龚滩古镇等一批具有新面貌的旅游景点。

图4为重庆乌江画廊，图5为武隆天生三硚，图6为奉节天坑地缝。

图4　重庆乌江画廊

图 5　武隆天生三硚

图 6　奉节天坑地缝

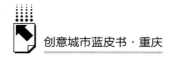

（四）通过旅游主题年活动搭建平台，加速推进旅游产业发展

重庆市近年来实施了若干旅游主题年活动，即所谓每年实施 100 亿元投入、100 个项目、100 项活动的"三百"工程，努力通过大型活动的组织和实施带动旅游产业的发展以及扩大旅游景区在国内外的影响。同时，市政府组建了重庆交旅集团和重庆旅控集团两大政府投资主体，力图将其培育成为全市旅游开发投资、要素运作的龙头企业；另外，还成立了重庆旅游文化传媒集团公司，承担旅游宣传营销、旅游节庆会展的策划与实施任务；为规范、整合旅游产业的传播与营销的各个环节，市政府还进一步推进了重庆旅游电视频道、《重庆日报》旅游版、重庆旅游文化创意产业园、长江三峡旅游营销中心等的创建工作。

为了确保重庆旅游业持续、健康、快速地发展，近年来，重庆市十分强调加强旅游规划和统筹协作，分市、区县两个层面组织编制了渝东南、都市等跨区域旅游规划；分系列编制了三峡库区交通、红色旅游、旅游精品、温泉开发等专项旅游规划，为全市旅游产业的长远有序发展打下了较好的基础。

（五）突出创意重点，项目带动产业

1. 推出六大旅游精品

近年来，重庆市集中优势资源率先打造推出了长江三峡、大足石刻、奉节天坑地缝、武隆天生三硚、合川钓鱼城、涪陵白鹤梁六大旅游精品，总投资达到 3000 亿元左右。按照"在谋划中立意、在策划中找魂、在规划中定位、在计划中实施"的发展思路，重庆市的旅游精品必将会成为有震撼力的世界级旅游精品。

图 7 为合川钓鱼城。

2. 做优特色旅游项目

2010 年年底，国土资源部授予重庆"中国温泉之都"称号。2012 年 10 月，世界温泉及气候养生联合会将全球首个"世界温泉之都"的桂冠授予重庆。目前，重庆市"五方十泉"的温泉整体布局（即将都市温泉按东、西、南、北、中划分为"五方"，重点打造东温泉片区的东泉和东方温泉大世界，西温泉片区的天赐温泉、金剑山温泉和贝迪温泉，南温泉片区的南泉和保利温

图7　合川钓鱼城

泉别墅，北温泉片区的统景温泉和北泉，中温泉片区的梨树湾温泉和海棠晓月温泉）已基本建成，"一圈百泉"的发展目标呼之欲出，"两翼多泉"的发展战略也已经开始启动。"五方十泉"已彰显出"人性化、生态化、智能化、标准化"的独特魅力，引领着中国温泉的发展方向。

2012年年底，重庆市五星级旅游饭店包括营运的和在建的总计达到100家；重庆长江三峡五星级豪华邮轮包括营运的和在造的达到30艘，这些基础设施的扩大和提升为今后重庆市旅游产业的进一步发展提供了保障。

图8为重庆夜景。

图8　重庆夜景

（六）强化营销，拓展市场保增长

"十一五"时期，重庆市连续五年针对生态、乡村、名镇、温泉、都市旅游五大旅游业态，组织开展了主题年活动，就此营造旅游氛围，开展旅游招商，打造旅游品牌。同时，市政府会同国家旅游局每年主办一次三峡旅游节、山水都市旅游节，每两年主办一次西部旅游产业博览会。在组织和举办节庆活动时，各组委会始终立足"为美丽寻找资本、让智慧创造财富、给要素搭建平台"的活动主题，使每一个节庆活动都办出了规模、特色，产生了一定的影响和品牌效应。

三 产业发展的优势与机遇

（一）主要优势

1. 直辖与中心城市优势

重庆市自 1997 年设立直辖市以来，经过十多年的努力，已经基本建成国家级经济中心城市，其城市的基础设施、市政规划、经济状况、产业布局、交通条件等均初具规模，为重庆市旅游产业的快速发展奠定了综合性基础。而中西部唯一的直辖市建设反过来又提升了旅游资源的管理层级，强化和提升了重庆市的总体旅游形象，形成了大都市的旅游形象和品牌。而原来未受关注的一些旅游资源，则成为市一级开发的重点，十分有利于在更大的范围之内整合资源优势、促进旅游产业的大发展。

2. 区位优势

重庆地处东部经济发达地区和中西部资源富集地区的结合部，对长江上游和西南地区具有双重辐射和带动功能，发挥着承东启西、拉动中部、左右传递的枢纽作用。目前已经初步建成的航空、铁路、公路、水运和管道运输等交通运输网络，为发展旅游产业提供了"通江达海"的大交通优势；而重庆市的信息中心、物流中心、文化中心、金融中心的建设强化了重庆在西南和长江上游地域的旅游中心地位，其周边的大批高品位旅游资源，如长江三峡、张家界、凤凰、九寨沟、梵净山、遵义赤水等，为深度发展重庆旅游产业提供了广阔的腹地。

3. 资源优势

重庆市旅游资源品种齐全、品位较高，涵盖了自然、人文、社会等各大种类，形成了旅游发展的核心竞争力。仅以国家级以上的为例，全市共有世界文化遗产、全国重点风景名胜区、国家4A级以上旅游景区、全国工农业旅游示范点、国家自然保护区、全国重点文物保护单位、全国历史文化名镇、全国重点寺庙、国家森林公园等149处。此外，随着重庆现代化城市建设与社会经济和科学教育的迅猛发展，重庆市正在不断涌现出丰富多彩的新型旅游资源，为建设旅游创意产业奠定了新的基础。

重庆享有"世界温泉之都"的美誉。在重庆地域内，温泉资源十分丰富，温泉地热可采水量约为5.6亿立方米/年（约153.3万立方米/日）。在主城核心区及"一小时经济圈"内，温泉资源分布非常广泛，几乎每个区县都可以开发出温泉。从2006年开始，重庆市紧紧围绕打造"世界温泉之都"总体目标，先后实施了"五方十泉""一圈百泉""两翼多泉"的发展战略，陆续建成若干特点鲜明、配套齐全、品质高雅的温泉旅游和温泉养生品牌项目，形成东、南、西、北、中温泉旅游产业集群。目前，全市已投入使用的温泉旅游景区（景点）有40余个，在建的还有107个，初步形成了可以满足国内外游客各种需求的温泉旅游产品体系。

图9为重庆统景温泉。

4. 人才优势

"十一五"期间，重庆旅游教育突飞猛进，取得了丰硕的成果。规模由当初的几所中职学校壮大到现在的90所高、中职院校，其中中职学校64所、高等院校26所，建立了从中职教育到高职专科教育，到本科、硕士研究生的旅游教育链。到目前为止，共培养了近10万名旅游人才。丰富的教育资源和雄厚的人才储备，为重庆市旅游创意产业的发展提供了充裕的人才保障。

5. 政策优势

除了重庆市委、市政府出台旅游促进政策和法规外，因兼具三峡库区、直辖市、西部大开发等独特地位，重庆市旅游发展更具政策上的优势。为解决三

图9　重庆统景温泉

峡库区产业空虚化问题，国家将旅游业列为支持发展的重要产业，旅游发展将享受三峡库区的一些特殊政策；重庆是实施西部大开发战略的主要省市，基础设施、生态环境、城市化进程和特色产业等的加速建设，将更加有利于旅游业的发展。

（二）发展机遇

1. 持续增长和不断升级的旅游需求，为重庆旅游创意产业的加速发展提供了坚实的市场支撑

"十一五"期间，我国经济和居民收入将保持较强增势，旅游消费将进入新一轮的高峰，国内居民出游率从2005年的92%上升到2012年的227%，此项数据足以表明旅游消费市场的增长速度是多么快。根据专家预测，今后国内旅游的消费趋向将从以往的观光向休闲度假、文化娱乐体验升级，向自驾旅游、会展旅游、修学旅游、科考探险旅游、工农业旅游和世界杯旅游方向发展，这种旅游消费趋势的变化将会为重庆旅游产业的发展和突破开辟新的空间。

2. 市场经济的宏观战略转型，为旅游业加快发展奠定了坚实的基础

"十一五"期间，国家继续实施西部大开发战略，有利于推进和统筹东中西部区域旅游良性互动，重庆市承东启西的地理区位，有条件成为长江上游旅游中心城市和区域协作的枢纽。随着科学发展观的贯彻落实，旅游作为一种无污染、无公害的可持续发展产业的优势地位已经被市委、市政府提到一个相当高的战略地位加以重视，并将旅游业列为重庆市社会经济发展的支柱产业，这为旅游产业在更高层面和更大范围取得更大发展提供了更多的可能。

3. 基础设施的改善和经济的快速发展，为旅游业跨越式发展提供了物质保障

"十一五"期间，重庆市各级财政收入的增加、社会资金的充盈，将为扩大旅游投资创造必要的条件；交通、通信、城市建设等基础设施的改善，将有利于提升旅游配套和发展水平；新型工业化和特色城镇化建设的推进，经济社会发展速度和发展质量的提升，将为旅游目的地建设和产业超常规发展创造条件。渝怀铁路、沿江铁路、渝湘高速公路等重大工程的建设和完工，极大地密切了重庆与华中地区的联系，进而突出和强化了重庆市在西南地区的中心地位以及在社会和经济领域所起到的重要作用；同时，上述工程的建成，对于丰富长江三峡的游览方式，加速本市和省际旅游产品的开发，开拓珠江三角洲和全国旅游客源市场，都具有积极而重要的促进作用。

4. 宏观政策护航，提供旅游创意产业的新契机

国家有关部委制定了《长江三峡区域旅游发展规划纲要》，以及与规划配套的资金和优惠政策；"十二五"时期，是重庆加快全面建设小康社会的关键时期，是全面落实"314"总体部署、推进统筹城乡综合配套改革的攻坚时期，面临新一轮西部大开发战略实施、成渝经济区建立、两江新区崛起等重要机遇。

5. 多种产业的快速增长，推动旅游创意产业发展

重庆市是传统的工业城市，以汽车、摩托车、装备制造等为代表的现代制造产业基础雄厚、产业配套能力强，在全国占有重要的地位；以金融、商贸、物流、会展等为代表的现代服务业正在成为重庆市产业结构优化升级的战略重点。上述支柱产业目前正在自觉地向产业的两端——研发设计和品牌营销进行延伸，在这一延伸的过程中，需要有研发设计等数字化、网络化、智能化文化创意设计的深度参与和配合，这也为重庆旅游创意产业的发展提供了更为广泛的空间。此外，重庆从洋务运动、抗日战争到三线建设，至今留存了大量的工矿企业厂房、仓库或遗址，它们以空间的结构形式承载和记录了一段丰厚历史，蕴涵着丰富的历史、文化，容易激发创作者的灵感，因此可以开发成颇具特色的创意旅游项目。

图 10 为位于重庆市南滨路、建于 1902 年的法国水师兵营。

图 10 位于重庆市南滨路、建于 1902 年的法国水师兵营

四 产业发展的制约因素与面临的挑战

与重庆市保持旅游业跨越式发展、尽快实现旅游强市的目标相比，当前，还存在一些比较明显的制约因素和实际困难。

（一）产业的基础设施和物质条件尚需进一步完善

航空运输业的发展与直辖市地位不相匹配，重庆市航运中心的枢纽功能尚未形成；旅游景区公路交通还有待进一步完善，目前的缺陷是公路交通有干线、少支线，有骨架、少网络；旅游资源分布广泛，线长点稀，行多游少；水路的旅游码头问题仍很突出，普遍存在不够便捷、美观、舒适的问题，与三峡旅游的国际知名度形成强烈反差。

（二）产业缺乏长远整体规划，市场主体缺乏竞争力

近年来，重庆市虽然涌现出一部分创意旅游企业和旅游创意产业园区，但从总体上来看，缺乏长远整体规划，存在布局较为松散、产品附加值较低等问题。旅游创意产业园建设存在重数量、轻质量，同质化严重的问题。一些旅游创意产业园的管理机构和开发机构，不分析自身的特性和需求，为取得"授牌"都毫无例外地花费大量资金投入到物理空间包装上，大搞建筑建造而忽略文化注入，急功近利的现象层出不穷，泡沫也难免显现，缺乏可持续性，创意产业的真正效应也就无法实现。旅游创意产业市场主体"小""散""弱""差"等现象仍然有待改善，创新动力和市场竞争力有待提高，龙头企业及市场主体综合实力还需加强。

（三）缺乏产业发展的整体氛围

旅游创意产业这一概念引入国内时间不长，因此人们普遍对旅游创意产业的概念还比较陌生，对其意义的认识还不够全面，发展思路还不够清晰，推进机制还有待进一步完善。虽然重庆创意旅游已经起步，但还处在粗放式发展阶段，存在如下一些问题：旅游创意企业联系不紧密，产业关联度低、产业链脱节，制约了旅游创意产业发展的规模化效应；旅游创意产业复合型人才短缺；对文化创意旅游产品知识产权的保护力度还不够，各种侵权行为时有发生，自主创新氛围还未形成。

（四）旅游市场竞争激烈

重庆市周边省市旅游产业的发展势头非常强劲，如四川、湖南、云南等省都拥有各自的知名旅游品牌和客源市场。重庆市相对于周边省份，在日益激烈的旅游市场竞争中，要实现由客源输出地向旅游目的地的转变，还面临着十分艰巨的任务。为尽快将旅游资源转化为优势经济，各区县发展旅游的积极性很高，纷纷规划和投资开发旅游资源，但也存在不计条件、攀比雷同、各自为政的现象，

如不及时加以调控和引导，势必将出现重复开发建设现象，造成一定的浪费。

总之，深入挖掘深层次的重庆文化底蕴，开发具有重庆文化内涵的旅游创意产业，充实完善重庆旅游产业体系，提炼重庆旅游资源和旅游产品中的重庆文化特色，是重庆旅游创意产业发展必须解决的重要课题。

五　产业发展展望

重庆市旅游行业将坚持以邓小平理论、"三个代表"重要思想和科学发展观为指导，认真贯彻落实党的十八大和市第四次党代会精神，按照"314"总体部署，以推动实施《国民旅游休闲纲要》为主线，紧紧围绕"科学发展、富民兴渝"的总目标，牢固树立"大旅游"观念，继续深入实施"大项目、大投入、大营销"战略，着力实施五大工程，培育五大集群，构建五大体系，创新发展理念，加快发展步伐，形成发展合力，把重庆旅游基础做牢、产业做强、规模做大、服务做优、品牌做响、效益做好，进一步提升全市旅游业的核心竞争力和影响力，加快把重庆建设成为国内外知名的旅游目的地。

（一）大力提升旅游产业的核心竞争力

按照实施"增A、添星、精品、名片、营销"五大工程，培育"A级景区、星级酒店、星级旅行社、旅游企业、旅游名镇名村"五大集群，构建"产品、景区、接待服务、旅游住宿、旅游开发建设"五大体系的总体要求，谋划好发展思路，创新发展理念，促进重庆市旅游产业快速发展。

一是继续推进精品景区建设，全面完成大小三峡、天坑地缝、大足石刻、钓鱼城、天生三硚、白鹤梁景区提档升级总体目标任务，加快打造都市旅游、温泉之都、三峡旅游和邮轮经济，推动全市重点景区整体开发。

图11为长江三峡景区，图12为重庆大足石刻景区。

二是加快旅游与农业、工业、文化、体育等产业的融合发展，不断延伸产业链。

三是打好旅游扶贫攻坚战，重点抓好武陵山、秦巴山旅游扶贫规划编制，加快推进旅游扶贫示范区建设。

图 11　长江三峡景区

图 12　重庆大足石刻景区

四是着力打造乡村旅游精品，充分发挥旅游在促进相关产业转型升级、优化产业结构、富民兴渝中的积极作用。

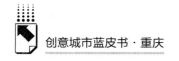

五是全力打造"都市大景区",优化现代都市旅游及巴渝文化元素,策划推出系列都市旅游精品线路。

六是抓好红色旅游,进一步推进红色旅游景区基础设施建设,推动红色旅游持续发展。

(二)积极扩大重庆旅游知名度和影响力

围绕塑造国内外知名旅游目的地形象,按照"立足市场、构建体系、形成合力、树立品牌"的思路,发掘和凸显"重庆非去不可"的内涵,在继续用好传统宣传推广手段的同时,积极运用现代网络信息技术,加大新媒体宣传力度,创新旅游宣传品编制,开发设计精品旅游商品,加快重庆旅游网外文版建设,积极开展境外旅游宣传推广活动,注重旅游宣传推广绩效评估,提高宣传的质量和效益,树立品牌形象。按照《国民旅游休闲纲要(2013-2020年)》的要求,围绕"重庆非去不可"和"美丽重庆、美丽产业"的旅游主题,唱好全市旅游"四季歌",开展更贴近市民和游客的春夏秋冬四季旅游活动。

(三)努力推动发展入境旅游

按照"巩固传统市场、开拓新兴市场、培育潜在市场"的总体要求,采取"走出去、请进来"方式,围绕"美丽重庆世界温泉之旅、长江三峡世纪邮轮之旅、巴渝文化红岩经典之旅、时尚都市两江山水之旅",策划推出一批精品线路。坚持以东南亚市场为重点,推行新型营销方式;坚持精品战略、专业包装、锁定市场、叠加营销,提高旅游精品市场占有率;坚持定量比较、定性分析,建立适应市场需求的产品体系。深化旅游市场合作,有效配置旅游资源,不断提高重庆旅游的品牌影响力,进一步做大入境游客总量。

图 13 为重庆黄山抗战遗址纪念馆。

(四)积极拓展国内旅游

将贯彻落实《国民旅游休闲纲要(2013-2020年)》作为扩大旅游消费的重要内容,突出长三角、珠三角、环渤海地区的旅游市场营销,在北京、上

图 13　重庆黄山抗战遗址纪念馆

海、广州、武汉等国内重要客源市场，设立重庆旅游营销办事处，力求重庆旅游营销办事机构遍布国内重点客源市场；有针对性地策划组织营销推广活动；在用好会展营销、节庆营销、活动营销等传统方式的基础上，积极创新营销方式，引入智慧旅游。

（五）抓好《旅游法》贯彻实施

我国首部《旅游法》于 2013 年 10 月 1 日正式实施，要坚持面向社会、面向政府、面向行业，做好《旅游法》整体宣贯活动，做好《旅游法》出台后的相关"立、改、废"等工作。加强旅游执法队伍建设，提高旅游执法水平，组织开展执法专项整治行动，为《旅游法》的贯彻实施创造条件、营造氛围。

（六）加快旅游要素平台建设

充分发挥政府和市场在资源配置中的双重作用，加快旅游公共服务体系建设，积极推进和引导旅游休闲基础设施建设，通过评选旅游经济十强区县、旅游企业 20 强，进一步做大做强旅游龙头企业，推进重庆旅游投资集团、重庆海外旅业集团等龙头企业发展和旅游要素平台建设，大力发展旅游中小企业，进一步壮大旅游经营主体，满足市民和游客的旅游需求。

（七）加强旅游人才队伍建设

全面实施科教兴旅、人才强旅战略，继续按照高端引领、系统培养方针，以实施旅游从业人员能力提升工程为基础，以培养高层次旅游人才为抓手，实施高层次旅游人才培养工程，加强与高等院校的战略合作，启动旅游博士培养工程和 EMBA、EDP 项目，积极开展旅游"送教上门"，努力提升全市旅游人才队伍整体能力素质，着力造就一支结构优化、布局合理、素质优良的旅游人才队伍。

B.7

以会展带动相关产业
以品质提升产业结构

——重庆市时尚消费创意产业发展报告

蒋晓兵　贺春鸣*

　　时尚消费创意产业主要指在人们日常消费、生活娱乐中体现创造性及其价值的行业，包括会展、珠宝服饰、休闲娱乐、美发美容、美食文化、婚庆策划、摄影创作、娱乐游戏、旅游等行业。2006 年以来，重庆时尚消费创意产业全面贯彻落实科学发展观，在国家"保增长、调结构、促消费"等政策指导下，积极推进经济发展方式转变，调整优化时尚消费产业结构，促进了传统消费产业升级。

一　产业发展现状

（一）会展消费经济迅猛发展

　　2012 年全年举办各类展会 521 个，同比增长 9.7%；各类会展展出总面积 441.4 万平方米，同比增长 15.2%；举办各种会议活动 4818 个，同比增长 6.3%；举办节庆活动 429 个，同比增长 21.4%；举办各种赛事活动 181 个，同比增长 18.3%；创造直接收入 53.1 亿元，同比增长 24.5%；拉动消费 426 亿元，同比增长 20.8%。几年来，经过精心的培育，"重庆投资贸易洽谈会""中国国际摩托车博览会"等一批具有较大影响力的品牌展会已经成为重庆市

---

　　* 蒋晓兵，重庆市商业委员会规划财务处副处长；贺春鸣，重庆市商业委员会规划财务处主任科员。

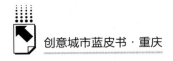
的品牌展会，在全国具有越来越广泛的影响力。其中由国家部委参与主办的达15个，由全国相关行业协会参与主办的达12个。

（二）时尚购物消费规模逐步扩大

2012年，限额以上批发和零售企业实现服装鞋帽、针纺织品类零售额330.8亿元，比2005年增加5.3倍，年均增长30%；化妆品类零售额32.3亿元，比2005年增加2.5倍，年均增长19.6%。高档消费需求强劲，奢侈品消费增长超过30%；金银珠宝等奢侈品消费火爆，金银珠宝类零售额达到74.8亿元，比2005年增加16.7倍，年均增长50%，呈现迅猛增长态势。汽车消费是重庆市的亮点和主力消费，零售额为1047.1亿元，比2005年增加15倍，年均增长48.5%。

（三）餐饮美食文化消费规模扩大

餐饮营业额连续多年保持两位数的高速增长。2012年，全市住宿餐饮业实现零售额600.3亿元，是2005年的2.55倍，年均增长14.3%。住宿餐饮业实现增加值190亿元，是2005年的4.19倍，年均增长22.7%；占全市商业增加值比重达18.3%；实现税收总额16.1亿元。

（四）休闲娱乐等相关产业发展快速

2012年，随着人们生活水平的提高和城市核心商圈休闲娱乐功能的完善，休闲娱乐消费正成为消费新宠，城市核心商圈主要电影院票房增幅均超过两成。摄影行业、婚庆行业、美容美发等休闲娱乐产业抢抓机遇，加快便利化、规范化发展。

二　发展成就及特点

（一）会展产业快速发展，带动时尚消费产业发展

2006年以来，重庆会展产业保持持续较快的发展态势。通过多年的努力，

目前，重庆市在长江上游地区的会展之都形象已经深入人心，会展产业的高速发展，对统筹城乡经济发展，进一步扩大内需，促进时尚消费，带动相关产业发展，宣传提升重庆形象均发挥了重要作用。

1. 会展设施建设大力推进

悦来国际会展中心主体工程已竣工，配套设施正在规划建设，会展产业集群已现雏形。重庆国际会展中心、重庆展览中心、重庆农业展览馆、重庆规划展览馆、重庆中国三峡博物馆5个大型会展场馆已建成，全市拥有会展场馆面积达到50万平方米。重庆三峡国际会展中心、渝东南会展中心、涪陵国际会展中心、丰都会展中心等区县的会展设施正在规划建设中。

图1为重庆悦来国际会展中心。

图1　重庆悦来国际会展中心

2. 会展项目创新能力加强

近年来，重庆市政府自主培育了重庆投资贸易洽谈会、中国国际摩托车博览会等一批具有较大影响力的品牌展会，其中由国家部委参与主办的达15个，由全国相关行业协会参与主办的达12个。并且先后承办了"AAPP会议""亚太城市市长峰会""全国糖酒会""全国药交会""中国零售商大会"等国际国内大型知名会展活动。重庆市被多个权威机构授予"中国节庆名城""中国十大影响力会展城市""中国最佳会展目的地城市"等称号。

图2、图3为重庆规划展览馆、重庆中国三峡博物馆。

图 2　重庆规划展览馆

图 3　重庆中国三峡博物馆

3. 会展产业竞争力逐步增强

重庆会展业的环境竞争能力显著提升，自然条件适宜，办展条件不断完善，管理和服务水平不断提高，会展策划、设计、搭建、广告、物流、旅游、印务等会展上下游产业发展形势良好。近几年，重庆市政府依托自身产业特点和区位优势，致力于培育自主品牌，逐渐形成一批在相关领域有着广泛社会影响力的品牌展会。目前，在全市每年举办的各种展会中，自主品牌展会占到展会总数的80%以上。市会展办每年围绕政府工作重点和社会热点精心策划并适时推出一批新的更受市场欢迎的会展活动项目，已成功创办重庆休闲产业博览会、重庆名酒博览会等会展项目。德国慕尼黑、杜塞尔多夫、汉诺威、法兰克福的多家国际知名企业先后与重庆建立了其相关产品长期稳定的参展合作关系；同时，还加大了与欧美会展发达国家、日本、韩国、新加坡、中国港澳台地区的相关组织、行业协会或企业的合作力度，成功引进中国国际汽车用品展等三个全国性展会落户重庆。

（二）城市核心商圈提档升级，促进时尚购物消费

重庆城市核心商圈购物消费环境日趋完善，打造长江上游地区购物之都进展顺利，社会消费品零售总额快速增长。

1. 城市核心商圈建设掀起高潮

2012年6月，市政府出台了《重庆市人民政府关于加快商圈建设的意见》，出台了强有力的政策措施。主城解放碑、观音桥、南坪、三峡广场、杨家坪五大成熟商圈品质不断提升，解放碑－江北嘴－弹子石中央商务区建设提速，大渡口九宫庙商圈、北碚嘉陵风情步行街、渝北两路空港等在建商圈功能日益完善，礼嘉、茶园、西永、陶家等新兴商圈启动建设，万州、涪陵、江津等区县核心商圈规划建设步伐加快。全市零售额百亿元商圈达7个，其中解放碑商圈零售额突破400亿元，观音桥和南坪商圈分别突破300亿元和200亿元。全市过半的消费在商圈实现，商圈的消费集聚和影响力不断增强。

图4、图5是重庆渝中区解放碑商圈和江北区观音桥商圈。

2. 流通现代化水平逐步提高

电子商务、拍卖直销、电视购物、邮购等新型现代流通模式和专业店、便利店、仓储会员店、折扣店等新兴业态快速发展，促使购物方式多样化。打造了观音桥智慧商圈以及国家电子商务示范基地，重庆江北区网商产业园初步建成，全市电子商务交易额1500亿元，增长40%。全市连锁经营销售额达到1664亿元，增长22%，连锁化率突破40%。

图4　重庆渝中区解放碑商圈

图5　重庆江北区观音桥商圈

（三）餐饮文化充分挖掘，凸显重庆美食特色

2012年9月，市政府印发了《关于进一步加快餐饮业发展推进美食之都建设的意见》，发布了《重庆市建设长江上游地区美食之都规划》。重庆餐饮业发展迅速，全市餐饮业规模化、品牌化、特色化、多元化的氛围初步形成，

美食大都市形象初步建立，长江上游地区美食之都建设迈出了实质性步伐。

1. 餐饮基础设施逐步完善

全市累计建成市级以上美食街（城）36条，其中中华美食街达12条，数量位居全国各省区市第一，餐饮美食集聚效应提高。培育国家级酒家133家、星级饭店266家、星级农家乐（乡村酒店）540家，形成了以小天鹅、德庄、陶然居、阿兴记等为代表的一大批影响力大、带动性强的餐饮品牌。全国餐饮百强企业中重庆有11家，前10强中有3家，上榜数量位列各省区市前列。乡村基开我国中餐企业在美国上市的先河。

2. 餐饮美食文化特色突出

重庆市被中国烹饪协会认定为"中国火锅之都"，重庆火锅享誉全国，也逐步走向高档化，如小天鹅、德庄等；渝北、南岸分别被命名为中国水煮鱼之乡、中国泉水鸡之乡，吸引了市内外、国内外众多客商到重庆一饱口福。渝菜将传承与创新相结合，发扬传统菜品，创新特色新菜品；特色中餐向会馆发展，如湖景三号会所、御盛苑；中西结合的快餐发展迅速，如乡村基、阿兴家、美食美客等。

图6、图7为重庆洪崖洞美食休闲园区和重庆乡村基中式快餐连锁店。

图6　重庆洪崖洞美食休闲园区

图7　重庆乡村基中式快餐连锁店

3. 美食文化交流合作力度加大

韩国烧烤、日本料理、泰国菜等国外餐饮风味店纷纷落户重庆，重庆餐饮企业在全国和世界各地发展直营、加盟、联营等网点4000多个。成功举办第四届、第五届中国美食节和重庆火锅美食文化节，以及全国饭店业职业技能竞赛全国总决赛等节赛活动。成立了渝菜研究院，建立了渝菜标准示范基地，组织编印了《重庆风味小吃》《火锅中的重庆》等重庆饮食文化系列丛书，推动了重庆饮食文化的宣传推广，提升了行业影响力。

（四）休闲娱乐提升服务，促进产业结构优化

随着社会发展和人民生活水平的提高，美容美发、婚庆摄影等休闲娱乐行业逐步发展，服务现代化水平逐步提高。

1. 行业发展态势较好

美容美发、摄影行业布局向社区延伸，在社区的网点发展较快；从事婚纱摄影的中小企业同时发展婚庆服务，婚纱摄影、婚庆服务向高品质、新创意、精服务发展。成功举办了婚博会、美博会，为消费者和商家搭建了一个面对面的交流平台。

2. 品牌建设逐步推进

大力实施品牌战略，以金夫人、龙摄影、儿童天堂、安琪儿、巴黎经典等

为代表的婚庆摄影企业，以圣雅菲、标榜、妙颜为代表的美容美发企业，加快建立完善企业制度和标准化体系，运用现代管理技术和信息化技术，提升企业经营管理水平和管理效率，逐步向专业化、连锁化、品牌化、规模化方面发展。圣雅菲公司成功在 OTC 挂牌上市；"金夫人"发展电子商务，开展网上预订业务，并致力于标准化建设。

　　图8、图9是重庆金夫人婚纱摄影机构和圣雅菲美容美发机构。

图8　重庆金夫人婚纱摄影机构

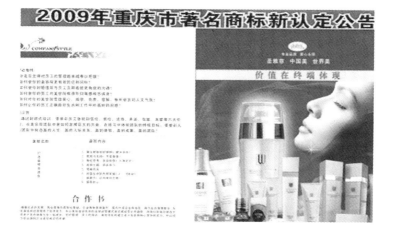

图9　重庆圣雅菲美容美发机构

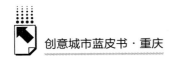
三　存在的主要问题

一是城乡区域和收入分配差距较大，直接导致人均消费能力偏低，在很大程度上制约了时尚消费规模和总量的扩大。

二是产业联动不够，发展环境有待改善。产业内部各个环节如会展、餐饮、住宿、休闲、娱乐、旅游、购物等产业横向联动不足，在一定程度上影响和制约了时尚产业的整体发展效益；产业内部对消费品创新研发的能力和设计水平还需加强；全市国家一线时尚消费品牌的总体数量与北京、上海等地相比还有一些差距；从业人员的整体综合素质、服务质量也有待提高。

三是竞争形势严峻，集聚辐射能力不强。重庆地处内陆，市场腹地较大但周边地区经济欠发达，消费能力不够强劲；外来购物消费的人数有限，本地高端消费群体还大量外流。这些因素都在很大程度上影响了重庆市时尚消费产业的进一步发展，也是重庆市时尚消费产业在今后的发展中所面临的严峻挑战。

四　下一步发展的思路

（一）发展目标

到 2017 年，时尚消费创意产业发展的总体目标是，全面建成长江上游地区时尚消费中心。具体目标是，到 2017 年，全市会展业直接收入达到 100 亿元以上，拉动相关产业增加收入 800 亿元以上，力争跃升到西部地区第一位；建成城市核心商圈集群，全市建成 50 个核心商圈，其中百亿元级商圈达到 13 个以上，500 亿元的 3 个；新建市级以上特色美食街 40 条，餐饮住宿业零售额突破 1000 亿元，全国百强餐饮企业 10 家以上，继续保持全国领先地位。外来购物消费占比超过 40%。

（二）主要任务

1. 优化产业布局

按照产业集聚原则，以现有的时尚消费产业为基础，结合各区的区位优势和产业基础，构建以主城为大都市核心区的现代时尚消费产业集聚高地，围绕五大成熟核心商圈拓展提升以及新兴商圈（大渡口翠湖、北碚缙云、两路空港、李家沱、西永、礼嘉、茶园、陶家、龙盛）建设工程，重点布局发展一批高端商务及现代都市消费产业，丰富完善现代商业业态，适应消费结构的转型升级。其他区县成为主城时尚消费产业的补充，成为主城外时尚消费产业的带动力量。

2. 加快设施建设

加快会展设施建设，基本建成国际博览中心会展产业集群。推进大渡口钓鱼嘴 – 重庆国际论坛中心的建设，打造区县特色会展中心。紧密结合巴渝文化、三峡文化、现代文化和自然景观，打造城市核心商圈和特色美食街，提升消费品质。城市核心商圈以流行服饰、时尚家居、名表珠宝、美食文化、美容美发、形象设计、艺术摄影、婚庆服务、旅游服务等时尚消费产业发展为主体，向周边集聚和辐射。鼓励社会资本建设标志性、集聚性大型餐饮园区、美食街（城），适时在二环区域规划建设美食博览产业园，支持区县（自治县）建设特色美食街区（城）。

3. 加强主体和品牌培育

加快时尚消费产业资源的战略性重组，通过兼并、收购、控股、特许经营等方式，走出去向外扩张发展，支持上市融资，做大做强。积极引进国内外大型时尚产业企业集团。加强重庆市品牌建设，支持骨干企业加强技术和产品研发，连锁化、规范化经营，提升服务水平，提高企业品牌知名度。在会展业发展领域，利用各种宣传手段，营销和推广品牌会展，引导会展项目注册商标，争创中国驰名商标和重庆市著名商标，大力保护会展品牌知识产权。大力引进一批国际一线品牌、顶级品牌专卖店、精品店、品牌专柜，汇聚国内外名牌商品。在餐饮业发展领域，积极支持餐饮企业实施品牌战略，争创国家级、市级品牌，做好"老字号"保护工作。

4. 鼓励终端发展电子商务增进消费

编制实施重庆市电子商务应用发展规划，出台加快电子商务发展的政策措施。积极引进国内外电子商务企业入渝设立区域总部或区域营运中心；培育和发展壮大第三方支付平台；鼓励支持网上创业，推动传统零售业拓展网上销售渠道，促进网络零售加快发展；鼓励电子商务在餐饮住宿、休闲娱乐、购物消费等领域的整体应用。到 2017 年，全市电子商务交易额达到 6000 亿元，其中零售额突破 1200 亿元。

5. 提高时尚产业文化内涵

培育优秀时尚消费文化。大力促进重庆时尚消费与巴渝文化、三峡文化、民俗文化、现代都市文化的融合，增加重庆时尚消费的文化元素。加强时尚消费各行业的结合，突出时尚文化特色。加强城市商圈、特色美食街等商业设施的整体文化、景观塑造，营造健康文明的时尚消费文化氛围，实现商业设施的上档升级。

6. 加快人才培养和引进

围绕建设时尚消费高地，大力培养和引进会展、珠宝服饰、休闲娱乐、美发美容、美食文化、婚庆策划、摄影创作、娱乐游戏、旅游等行业的人才。加强时尚消费产业经营管理人才队伍建设，着力培养一批具有现代经营管理知识的企业家和职业经理人。推进院校建设职业教育培训基地，深化教学改革和素质教育，调整优化学科专业设置，突出培养创新型、实用型、急需的紧缺人才。

行业发展前景看好　专业能力仍需提升

——重庆市咨询策划行业发展报告

强海涛*

一　策划与咨询

策划与咨询行业是两个既相互联系无法分割同时又有所差别的行业。策划与咨询的相似之处在于两者都向企业提供智力服务；区别之处则在于策划更倾向于为企业提供微观和执行层面的策略服务，而咨询则更倾向于为企业提供宏观和战略层面的决策服务。

从时间历程看，中国的咨询行业于20世纪80年代初逐渐兴起，并主要由政府创办，主要集中在投资、财务咨询和科技领域。然而随着市场经济的发展，企业所有者逐渐意识到"拍脑袋"的方法已经不再适用于越来越复杂的市场竞争，开始逐渐借助"外脑"参与企业的管理经营活动，因此咨询策划行业的发展与市场的前进保持着较为稳定的协同关系，市场成长得促进了咨询策划的专业化与时代感，而咨询策划促进市场成长得更为健康、年轻。

从行为实施的主体来看，企业的内部常设有专职策划智能部门，但是咨询业务往往通过外包的形式完成，实现决策主体与建议主体之间的割裂。通常来说，咨询是受委托方向决策方提供决策建议，而策划是系统而有目的的思考并且与后续的行动直接相关联。

从过程实施来说，咨询与策划都是智力活动，咨询主要针对企业经营管理中出现的常规性问题，运用已有的成熟理论提出解决方案；而策划往往是一次

---

*　强海涛，重庆工商大学商务策划学院商务策划系主任、副教授；重庆市创意产业发展研究所副所长；重庆市商务策划行业协会秘书长。

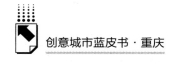

性的实践活动，不可重复，所以针对的往往是非常规性的问题。

从服务主体来看，咨询的服务对象可以是个人，为个人提供购物、升学、法律、就业等方面的决策建议，也可以是机构组织，包括企业重大经营活动或技术难题，而且是一种收费的商业交易行为；而策划的服务对象基本上都是各类机构组织，而且策划部门若是企业内部的职能部门则无须单独收费。

从职业特征来看，策划更倾向于创意与谋略，咨询更强调理性与科学。咨询行业在西方基于市场、企业的成长发展逐步形成，并逐渐形成一套成熟的管理咨询理论体系；然而策划可能只是一种单次行为，强调创意性地达成目的，而非盲目行为。

通过以上的描述我们可以看出，策划与咨询具有很多的共同点，同属于智业活动，都具备一定的规范与程序，且内涵与外延基本一致，所以，可以把策划与咨询看成一个行业，因此可称之为咨询策划业，它是文化创意产业的重要组成部分。

二 我国咨询策划行业发展概况

（一）管理咨询业

根据企业的经营状况，针对经营管理中存在的实际问题，引入外部专家深入企业内部，运用现有的成熟理论和有效方法，提出卓有成效的解决和实施方案，这种服务过程便被称为管理咨询。

20 世纪 80 年代初，管理咨询业开始在我国萌芽，到 20 世纪 90 年代初，管理咨询产业开始成为知识型产业的重要组成部分。进入 21 世纪以后，通过不断摸索，我国的管理咨询业的服务主体和服务内容产生了质的改变。其服务主体由官方的综合政策研究部门开始转变为企业或者民间成立的专业咨询机构；服务内容也由宏观的政策制定或中观的信息咨询逐渐向微观的针对企业进行全面的营销管理、策划咨询转变。这种转变实际上是由在市场经济环境中企业的市场竞争行为决定的。全国约有 20 万家信息咨询业务公司，其中管理咨询业务约占整个业务的四分之一。我国的管理咨询行业 2012 年营业额超过900 亿元。

（二）策划业

策划活动最初在政府机构中较为常见。在计划经济时代，一些技术策划和工程策划等类型的策划，在政府的管理和国家的经济发展中发挥着重要的作用。那段时期，政府主导的策划活动较多，主要的策划内容是政治和经济的发展、国家科技的进步等。20世纪80年代以后，基于我国基本国情，中国企业管理协会开始逐渐引进一些日本的企业管理诊断理论及方法，并派出人才外出学习，这是我国企业策划的萌芽期。在此之后，国内逐渐开始有策划行业性质的组织成立，与其他行业协会互助，开展相关策划活动。

在这段时期内，策划开始由官方走向民间，这得益于各行业协会类型的半官方机构不断为企业的发展出谋划策，同时也因为民间的自发策划活动开始出现，尽管是多以"点子"为支撑，但是还是在客观上促进了国内策划行业的发展。

以创意为导向的"点子"策划是商务策划发展的初期。20世纪90年代开始逐渐出现真正意义的商务策划。不过，该时期无组织化、个性化的"点子型"商务策划导致策划人热衷于追求在短时间内吸引受众眼球的明星噱头或新闻炒作，使得策划效果难以尽如人意；同时部分策划人在与企事业合作的过程中顶着大师的光环，让企业目眩神迷，但大师自己却往往不守信用、漫天要价，使得策划行业的整体形象难以得到提升。90年代中后期，策划界的仁人志士在策划行业的衰落中开始反思，所以他们得出一致的结论：随着时代的不断发展，国内的策划应当与学科相融合，将战术融进策划之中。所以策划开始由"点子时代"进入"战术时代"。

以创意为导向的"点子时代"结束后，"全面诊断"时代开启。实战经验丰富的策划专家，开始向策划的广度和深度进军，他们将策划与热门专业或新兴行业结合起来，通过整合资源，发挥个人的专业特长和策划智慧，开创了一批优秀的策划公司、机构，积累了很多的策划实战经验与成果。典型的代表公司有北大纵横管理咨询集团、新华信正略钧策划管理咨询有限公司、锡恩咨询公司、叶茂中营销策划机构、创意村策划有限公司等。在这段时期，策划界"著书立说"风气普遍，策划实战专家们开始注重价值和意识的传播普及并产生了广泛的社会影响，如余明阳的《CIS 教程》《品牌传播学》，孔繁任的《企划人实话实说》，居易的《公共关系学入门》，叶茂中的《广告人手记》等。在商界的策划渐趋成熟的同时，学界也向咨询策划行业抛出了橄榄枝，重庆工商大学于 2002 年开始增设商务策划专业，之后在此基础上又成立了商务策划学院。经过多年的发展，重庆工商大学的商务策划学院已经成为西南地区培养中高端商务策划人才的基地。至此，策划的理论、实战体系逐步得到完善，同时使得社会特别是企业家们对策划重要性的认识逐步加深。

20 世纪 80、90 年代间的策划热潮，助推了中国经济的不断发展，幕后的策划开始走向市场经济的前沿阵地，与经济的发展保持相互促进的关系，而且很多策划人开始因为策划而改变命运，在成就个人的同时反哺策划行业，这其中广告业的发展最为瞩目，大量创意和策划手段的运用使得策划业成长显著。

但是在此阶段，策划行业的学科建设与行业规范化问题一直没有得到解决。随着改革开放的不断深入和市场经济体制的日趋成熟，企业间及外来竞争者之间的竞争开始进入白热化阶段，以往那种点子式的小打小闹型的微观策划方法难以从根本上助推企业或品牌可持续发展，企业对于策划内容和策划方法都提出了更高的期待和要求，从而出现了"企业全程策划"和"战略策划"的新概念。

由于策划行业学科建设缓慢，创新型人才严重短缺，企业的市场发展和品牌建设开始进入瓶颈期。为解决这些问题，一批现代商务策划理论专家试图将中国古代的谋略智慧与西方现代管理科学进行融合，从商务策划的操作方法和学科建设两个方面进行了深入积极的探索，取得了阶段性的成果。于是从"面"到"体"，策划咨询公司与企业建立起战略联盟关系，咨询策划公司成为企业的保健医生，两者相互依存。

2002 年 6 月，国家人事部全国人才流动中心决定在全国范围内开展商务策划师认证培训工作，从此拉开了中国策划行业人才建设的序幕。2004 年 12 月，劳动和社会保障部颁布了第二批 10 种新职业，其中商务策划师位列第一。

国家人事部、劳动和社会保障部还相继推出了商务策划师资质和资格认证，这象征着中国策划的职业化建设已经开始正规化。

三　重庆市咨询策划行业发展概况

随着整个中国咨询策划行业的发展，重庆咨询策划行业也不断壮大。据相关统计显示，截至 2012 年，在重庆工商局注册登记的管理咨询、营销策划、广告与传播、商务策划、市场研究、公关与礼仪策划等公司已超过 1.5 万家，其中存活的企业约 1 万家，企业存活率为 67%。其中，真正意义上在做咨询与策划业务的企业约占 50%。近年来，咨询策划业务涉及的行业越来越多，范围也越来越广，从政府机关、事业单位到广大企业，可以说咨询策划已经渗透到社会经济的方方面面。

咨询策划业作为高端服务行业，近年来受到重庆市委、市政府的高度重视。在《重庆创意产业发展重点目录（2012 年版）》中，明确了重庆市七大类别的创意产业，咨询与策划正是这七大重点发展的产业之一。以咨询策划为主题的管理咨询业集聚区——管理咨询大厦在江北五里店落成。同时主城各区在其"十二五"规划中也不同程度地提到要加快发展咨询策划行业，为整个咨询策划行业的发展带来了新的契机。同时，改革开放促进了经济的长足发展，中国成为世界经济发展最快的地区之一，而重庆经济的发展速度名列中西部乃至全国的前列。重庆市大力推进国有企业改革，并且改革步伐不断加快，重庆拥有的近 20 万家中小企业、民营企业的蓬勃发展，也为咨询策划行业的发展提供了广阔的空间。

重庆作为中国内陆城市，企业家视野相对狭窄，管理理念较为保守，个人思想观念未得到充分解放，市场机会敏锐度较低，企业界普遍存在重眼前、轻长远等弊端，导致重庆咨询策划的发展仍处于初级阶段，与国内发达城市，如北京、上海、广州、深圳等有较大差距。但随着与外界交流的更加广泛，企业界、政府的思想观念发生了巨大的转变，正在不断与发达城市的先进思想和管理理念接轨，为重庆咨询策划业的发展提供了有利的条件。

四 重庆市咨询策划机构分类及业务范围

在重庆从事咨询与策划业务的机构数量众多，而且已经渗透到社会经济的各个方面，服务范围涉及管理咨询、管理培训、营销策划、公关策划，等等。

从重庆咨询策划行业现状来看，从事咨询策划行业的主体包括以下三大类。

第一类，具有一定政府背景的咨询策划机构。这类机构力量雄厚，宏观掌控能力强，特别是对政府咨询项目具有较强的研究能力，如重庆社会科学院等。

第二类，高校背景的研究机构及教授群体。高校背景的研究机构及教授群体，学术功底深厚，理论体系较为全面。目前以重庆大学、西南大学、西南政法大学、重庆工商大学、重庆师范大学等为代表的高校研究机构及教授群体为政府及企事业单位提供咨询与策划服务的较为普遍。

第三类，专业咨询策划机构。这类机构对专业进行细分同时机制灵活。包括专业研究中心、研究所、策划公司、管理咨询公司、广告公司、文化传播公司、公关公司、市场研究公司、信息服务公司等。专业咨询策划机构根据业务能力及专业水平不同又可以划分为三个不同的层次：第一层次，是国际著名咨询策划机构对重庆市场的业务渗透，如麦肯锡、罗兰贝格、贝恩、智威汤逊、奥美、戴德梁行等；第二层次，是国内优秀咨询公司在重庆的分支机构及重庆本土的优秀咨询策划机构，如正略钧策、远卓、南方略、重大同浩、重庆国投咨询集团等；第三层次，则是重庆本土咨询策划公司，如重庆天武企业管理咨询有限公司、重庆伍略企业管理咨询有限公司、重庆康联市场研究有限公司等。

专业咨询策划机构按专业的不同又可以划分为管理咨询、营销策划、广告与传播、公关与品牌、市场研究等不同细分类别专业机构，其业务范围也因公司的类别有所不同，见表1。

表1　专业咨询策划机构分类情况

机构类别	代表性业务	代表机构	业务说明
管理咨询类公司	战略管理	正略钧策、远卓咨询、重大同浩、重庆共好、重庆鼎韬等	一般综合型管理咨询公司开展业务范围较广，而中小型管理咨询公司则以几个细分专业为主进行服务，共好以培训为主要业务、正略以精益生产及人力资源为主要业务
	运营管理		
	IT规划		
	组织与变革管理		
	投资咨询		
	集团管控与并购重组		
	人力资源与绩效管理		
	企业文化与竞争力		
	管理培训		
	精益生产		
	企业认证咨询		
营销策划类公司	市场定位策划	戴德梁行、世联地产策划、中原地产策划等	营销策划随着重庆地产业的兴起而兴旺，重庆目前较为常见的包括地产策划、旅游策划、会展策划，以及相关专业市场策划等
	市场推广策划		
	营销策略制定		
	销售代理		
广告与传播类公司	广告设计	智威汤逊、奥美、今天广告等	依托广告专业优势及媒介优势，在企业广告策划、产品推广、项目推广等领域具备较强的竞争能力
	广告策划		
	广告代理		
	传播策略		
公关与品牌类公司	公共关系策划	智承卓远、奥意、帝典策划、中仪礼仪等	此类公司主要从事活动策划、礼仪策划等领域的业务，主要功能包括帮助企业建立公众形象、提高企业品牌美誉度等
	公关活动策划		
	品牌策划		
	品牌形象塑造		
	品牌形象维护		
市场研究类公司	市场调查研究	立信市场研究、康联市场研究等	依托市场调研专业优势，向客户提供订制的服务项目，并依托研究优势向管理咨询与营销策划领域渗透
	信息咨询服务		
	消费者调查研究		

五　重庆咨询策划行业存在的主要问题

1. 咨询策划行业起步晚，与国内沿海地区差距较大

中国企业联合会管理咨询委员会首次向社会发布的"2012中国管理50大

咨询机构"名单显示：在中国本土咨询公司50强机构中，北京市占总数的42%，广东省占总数的22%，上海市占总数的16%。三个省市总计40家，占50总数的80%。重庆仅一家咨询策划类公司入围，即重庆国际投资咨询有限公司。[①] 其原因在于重庆地处中国内陆，市场经济相对沿海城市来说欠发达，咨询策划业的经济基础相对较差；同时，重庆作为内陆城市，接受西方先进管理理念的脚步也滞后于沿海发达城市，从而导致重庆咨询策划行业的发展相对落后。

2. 咨询策划行从业机构数量多，但服务质量整体不高

重庆咨询策划公司数量多，规模普遍较小，缺乏品牌优势。据目前统计，重庆有管理咨询、营销策划、广告与传播、公关与品牌、市场研究五大类咨询策划机构共1万余家，大多数是从点子公司、广告公司起步的，人员不多、资金少、知名度低、管理落后，年营业额达千万元以上的属凤毛麟角。大多数咨询策划类公司拥有的专家资源非常有限，多数专家并非作为公司专职顾问，而是基于项目临时拼凑，从而难以较高的专业水准服务客户。另外，重庆咨询策划行业的整体服务质量不高，主要体现在咨询策划公司本身水平有限，制定的解决方案难以落地，企业执行效果差，企业对咨询策划服务的满意度相对较低。

3. 重庆咨询策划行业内部结构失衡，广告传播类企业数量过多

在咨询策划行业的五大类别当中，广告传播企业数量过多，同时普遍存在一些微型广告企业。广告传播类企业占据了重庆咨询策划业的65%左右，而其余四类共占35%左右。

4. 重庆咨询策划行业品牌集中度较低，缺乏领导型品牌

综观重庆咨询策划行业，整体体现出品牌集中度较低、缺乏领导型品牌的特点，整体实力最强的重庆国际投资咨询有限公司以投资咨询、技术咨询及工程咨询为主；以管理咨询及企业培训服务见长的重庆重大同浩管理咨询公司在企业界的知名度都相当有限。重庆咨询策划行业的领导型品牌缺位，对于重庆咨询策划行业的发展极为不利，中高端市场份额将会受到国内其他优秀咨询企

---

① http：//cs.sina.com.cn/minisite/news/20121026o002.html。

业及跨国咨询公司的挤占。

5. 咨询策划行业专业人才培育力度较小，高端人才匮乏

针对企业的需求来讲，不否认重庆也有部分素质较高的咨询策划行业从业人员，如国内外专业知名咨询策划公司的专业顾问、高校教授，其他具备企业实战经验的高层管理人员等，但是成立咨询策划机构的"门槛"相对较低，导致一部分咨询策划机构综合素质偏低的现象比较普遍。咨询策划公司是以自己的智慧和长期的经验积累帮助企业开展有成效的市场营销管理等，为了向企业提供正确的咨询和策划方案，咨询策划机构需配备既懂得产业经济、工商管理、市场营销、品牌策划和整合传播等方面的专业知识，又懂得企业运作和前沿技术的复合型人才。但是由于重庆的咨询策划行业发展历史较短，在自身发展的过程中缺乏经验的积累和人才的集聚，从业人员的专业能力有待进一步提升。

6. 重庆咨询策划机构缺乏核心竞争力

核心竞争力没有得到着重提炼和提升，没有精确的定位，使得重庆咨询策划行业发展缓慢。同时重庆咨询策划产业发展时间较短，行业规范尚未确定，业务类型也尚未明确界定，使得咨询策划成为"万金油"，应用范围广泛而效益并不显著，规模型的企业较少，特色、优势企业更少，看起来竞争激烈的咨询策划行业，实际上竞争层级较低。重庆本土咨询策划公司的发展还有很长的路要走。

六　重庆咨询策划行业发展趋势

（一）发展前景良好

研究表明，美国的咨询策划行业收入占 GDP 的 1.23%，而中国仅为0.18%，美国的咨询策划行业已经发展到成熟期，而国内尚处于幼稚期。但随着经济的高速发展，中国的咨询策划行业以 29% 的速度高速增长，行业毛利率达到 21%。重庆作为唯一处于西南片区的直辖市，经济高速发展，对于咨询策划的需求也随之增大。而随着行业不断规范与成熟，经验不断丰富，人脉逐渐积累，咨询策划类的公司逐渐走向专业化，各大高校的人才输出也为策划行业注入了新的活力。

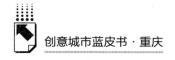

（二）面向持续改善的管理

只有在业务流程重组、应用系统得到实施、管理机制不断完善的过程中，企业管理才能得到有效提升。企业开展相应的咨询策划工作将能帮助企业建立个性化管理评价指标体系，并辅助企业不定期地对自己的管理行为进行自我评价，以达到通过管理来有效而持续地完成企业经营目标的目的。此外，企业开展现代咨询服务工作，还有助于帮助企业建立知识管理体系和建立知识型组织，以使企业在激烈而残酷的市场竞争过程中形成自身的核心竞争力。

（三）面向企业国际化发展

在全球经济一体化进程的时代背景面前，当企业的生产经营达到规模化发展以后，企业就必将面临如何开展国际化运作的管理难题，其中互联网技术将起到至关重要的作用，所以咨询策划行业也应跟随时代的发展。在国内许多企业高速成长的过程中，必然会有一些经营成功的企业将其业务拓展到海外市场，此时，策划咨询业在推动企业国际化发展的同时，也应实现自身的国际化发展。

七　重庆咨询策划行业发展策略建议

（一）改善咨询策划的宏观环境

1. 加大政府扶持的力度

为了培育有利于策划行业成长的市场环境，政府应当不断完善市场经济体制，营造良好市场氛围，创造良好的政策法律环境，逐渐提高各行各业对咨询策划行业的认可度，增强企事业单位对咨询策划的重视程度，增强策划对于政治、经济、文化发展的促进作用。具体的政府扶持行为可分为五类：第一，为咨询策划行业的发展提供资金帮助，充分发挥政策性银行的作用；第二，在税收方面给予优惠；第三，鼓励高校开展策划行业相关从业人员的针对性培训；第四，根据国际通用的咨询策划认证体系，尽快建立起并推行资格认定制度；第五，强调案例示范的作用，增强社会各界对于咨询策划的重视程度，为咨询策划行业的平等竞争建立良好的市场环境。

2. 成立重庆咨询策划行业协会

抓紧成立重庆咨询策划行业协会，加快建立行业协会制度规范等的脚步，通过行业管理机构加强重庆市咨询策划行业的培训、交流与管理。首先，行业协会应当开展行业监督和管理的工作，着手开始建立行业规范、监督管理机制及国际标准的行业准则。其次，领头组织对策划从业人员进行培训，提高业务水平，推动策划公司不断提高业务水平。最后，重点做好如下工作：利用权威优势，协调好咨询策划公司与社会各种机构组织的关系，为咨询策划公司的发展创造良好的市场环境；与部分企业建立合作关系，建立起咨询策划行业的资料案例库，为会员企业提供咨询策划指导。

3. 培育咨询策划市场

咨询策划行业发展的基础是咨询策划市场，重庆市咨询策划市场建设的一项重要工作就是建立合理的价格体系。合理的价格体系有利于充分发挥市场机制在资源配置上的作用，也同样有利于推动重庆咨询策划市场的茁壮成长，提升咨询策划行业的业务水平及社会地位。在认真调研的基础上尊重价格规律，通过确定咨询策划行业与咨询策划业务的关系制定合理的价格策略，逐渐消除供求双方的矛盾。同时加强价格监督，通过政府与行业协会的共同努力，使得正常的社会秩序得以维护，并对违规行为进行干预。

（二）提升咨询策划主体的水平

1. 提高企业对咨询策划的认识

随着经济全球化进程的加快和知识经济时代的到来，企业之间的竞争进入白热化状态，为了满足消费者对于商品和服务越来越高的要求，企业就必须不间断地塑造并传播企业或商品的品牌形象，通过有效的咨询策划来增强品牌在市场上的核心竞争力。为占据有利的竞争地位，企业必须拥有学习和创新的能力，不断提高认知，更新观念。企业管理者必须充分认识到咨询策划的作用，正确处理企业与咨询策划公司之间的关系，了解咨询策划的业务流程。同时，还要提高企业管理者的综合素质，加强人力资源开发，变革管理思想，扩大市场需求，督促咨询策划行业健康、规范地向前发展。

2. 提高咨询策划公司自身的水平

在日趋激烈的竞争条件下，咨询策划类公司若想立足，必须对自身的优劣势保持足够清醒的认识。

首先，对自己公司的业务进行明确定位，努力形成和发展自身的核心竞争能力。咨询策划公司的业务应当专而精，不可盲目贪图规模大而全。咨询策划公司在明确自身的专长之后，应根据自己的专长选择目标客户，建设自己的团队，积累宝贵的经验，向客户企业提供优质的专业服务。其次，还应该增加人力资本投资，吸引和培养具有敬业精神、团队意识和较高业务水平的高素质从业人员，有计划地对员工进行培训，通过对员工进行恰如其分的评价，增强公司的凝聚力。最后，还应借鉴国外咨询策划公司的管理方法，把国外的先进经验同重庆地区的实际情况结合起来，努力为企业提供品质优异的智慧型服务。

3. 规范咨询策划操作模式

策划是一门科学与艺术相结合的边缘学科，这就要求咨询策划行业在制定自身工作规范和操作程序的过程中，必须根据其不同于其他行业的特征进行。国外的咨询策划行业在经过长期发展之后，之所以能够取得成功，是因为在长期的发展中咨询策划行业已经逐渐形成了健全的运行机制，包括规范的作业流程、科学的业务标准、先进的操作方法、完善的评价体系等。重庆市咨询策划行业要想实现跨越发展，就必须尽快建立起一系列与国际接轨的标准和规范，加强质量控制、组织管理和风险管理。只有这样，才能保障咨询策划行业规范、快速发展。

（三）营销对策

1. 实施品牌战略

由于咨询策划行业向企业所提供的产品是无形的，而且一个企业或公司自身形象的口碑、信誉等可以在很大程度上影响企业对一个具体的咨询策划公司的影响和判断。因此，咨询策划公司精心塑造自身的品牌形象有利于与客户达成信任，使客户能够相信公司的专业性、策划质量及价值，增强客户交易的信心。

从企业的角度而言，一个产品如果很受消费者的欢迎，该产品就有可能被策划公司打造成为一个品牌，而品牌的形象一旦在消费者心目中形成一对一的关系，就可以帮助企业巧妙避开价格竞争，迅速拓展市场，增强企业在生产原料的购进、销售通路的选择等领域的话语权，更有助于简化客户的选择过程，以及强化客户对咨询策划公司的忠诚度。

2. 明确目标市场

综观重庆市及周边地区的中小民营企业，虽然很多企业的发展潜力较大，但是因为管理水平、组织结构、人力资源等方面的原因，策划行业的发展较为缓慢或负重前行；也正是因为这些企业并不良好的管理基础，咨询策划方案才能够立竿见影。重庆市及周边地区类似的企业众多，为咨询策划行业提供了丰富的客户资源，而专业的大型跨国策划公司收费较昂贵，对地域市场不熟悉，使得中小策划公司有了一片很大的发展空间。本土的中小咨询策划公司可以在这样的市场空间里不断壮大自己。

3. 打造适合目标市场的核心产品

根据重庆咨询策划市场的情况，人力资源、生产管理、业务流程改造、市场营销等都是中小民营企业需求较为强烈的业务范围，而且这种热度将持续一段较为长久的时期。所以咨询策划公司应当在了解市场的需求之后，培养出自己的核心能力，打造出自己的核心竞争力，加强产品和服务的创新力度，在咨询策划之后，注重实施的结果，建立结果反馈机制，真正做到与企业共同发展。

B.9

工业设计特点鲜明突出
促进产业升级成绩斐然

——江北区创意产业发展概况

蒙建波　唐国坪　袁 鉴

一　江北区发展创意产业的现状与优势

2007 年，江北区委、区政府提出了建设"创意、实力、宜居、和谐江北"的奋斗目标，明确了大力发展创意产业，以"创意江北为动力"，推动"实力江北、宜居江北、和谐江北"的建设，力求在提升创新实力中实现"加快中的加快"，在推进国际化进程中实现"率先中的率先"，充分体现了江北自觉融入全球经济发展新潮流，努力构筑新型工业和现代服务业新体系，在统筹城乡综合配套改革及建设"一小时经济圈"的进程中，创新制度、加快增长、率先发展、树立典范的信心与决心。

2007 年 5 月，江北区政府成立创意产业发展领导小组，办公室设在区经委。由区委常委、统战部部长任组长，区委常委、宣传部部长和区政府一名副区长任副组长，相关街镇及有关部门为成员单位。

在区委、区政府的领导下，在市有关职能部门的指导和区创意产业发展领导小组的直接指挥下，江北区对创意产业发展确定了以政策为导向、以项目为载体、以市场为动力的"3633"工作思路（即突出三大定位、实施六大项目、搭建三大平台和构建三大机制）。

1. 目标定位

目标定位是：3 年内在全市范围内形成创意产业发展的先发优势，5 年内建成重庆市创意产业先进区，10 年内形成在全国有影响力的创意产业集聚发展基地。

2. 产业定位

产业定位是：在发展研发设计创意、软件设计创意、建筑设计创意、文化传媒创意、咨询策划创意、时尚消费创意六大门类的同时，重点发展工业设计、时尚消费、文化体验三大门类创意产业。到 2015 年，将江北区打造成为"工业设计之都，时尚生活之城，文化体验之区"。

3. 产业规模

产业规模是：创意产业增加值年增长速度不低于 10%，到 2015 年占全区 GDP 比重力争达到 8% 左右。

经过多年的努力，江北区创意产业的发展起步良好，为创意江北、宜居江北的建设和打造创意型宜居城区打下了坚实的基础，并显示出强劲的发展潜力与优势，得到了市有关部门的充分肯定，具体表现在五个方面。

第一，雄厚的资源和区位优势，以及强大的综合实力，为创意产业提供了优越的投资和发展环境。此外，江北区还拥有良好的创业创造、投资融资、法制政策、政务服务、社会和谐等良好的投资相关环境。

第二，创意产业初具规模，并为创意产业发展奠定了较好的基础和条件。

2008 年 12 月，经市创意产业发展领导小组批准，江北区重点培育打造的创意产业基地——五里店工业设计中心获得重庆市"创意产业基地"授牌。这是全市唯一一个以工业设计为主题的创意产业基地，填补了重庆市创意产业的空白，表明江北区在工业设计方面已走在全市的前列。在 2008 年市级创意产业专项资金资助项目的申报中，江北区共申报了"五里店工业设计中心一期工程建设"等9个项目，比上年增加了6个；获得资助项目2项，资助资金100万元。获得资助的项目数量和金额都比上年增长了100%。在2008年重庆工业设计评选颁奖仪式上，江北区长安汽车股份公司的"长安志翔轿车"获得"创造奖"金奖；登康公司的"冷酸灵牙膏"获得"创造奖"铜奖；签约入驻五里店工业设计中心的重庆海旭科技公司、重庆望江工业公司、长安汽车股份公司等多家企业还分别获得"入围奖""优秀奖"等多个奖项。为搭建宣传平台、扩大服务范围，创意与经济网于2008年10月开通建设。同时，在区委、区政府的大力支持下，区编办已正式下文同意在中小企业局内增设"创意办"科室，编制人数3名，其中科级领导一名。

2009年3月12日，定位为国内首个以浪漫为主题的"国际浪漫商业街"——朗晴广场举行了盛大的"全球招商及招商成果发布会"，金夫人等90家时尚消费创意企业签约入驻，为重庆首个时尚消费类创意产业基地奠定了良好的基础。2009年4月8日，重庆市创意产业发展办公室和江北区人民政府在金源大饭店联合举办了"2009机遇重庆——关于创意产业及浪漫经济的渝台对话"。随后，朗晴广场在开盘两个小时之内，139个商铺即告售罄，实现销售金额1.62亿元，缔造了重庆商业地产的新奇迹，并改变了依靠政策优惠和政府直接招商的传统模式，形成"政府改善环境、企业成为主体，市场成为动力"的招商引资新途径。

图1为"2009机遇重庆——关于创意产业及浪漫经济的渝台对话"活动。

第三，区委、区政府高度重视，为创意产业发展积极提供政策扶持。江北区在出台江北区创意产业扶持政策和江北区创意产业基地认定办法等政策文件的基础上，于2011年组织起草了重庆市江北区"十二五"创意产业发展规划，更加明确了创意产业发展的方向和具体实施策略。

第四，区域经济在产业升级中积极谋求创意产业支持已成基本趋势，创意产业的孵化范围和发展力进一步扩大和增强。江北区域经济进入新一轮经济结构调整升级，谋求由"投资驱动"向"创新驱动"的转变。

第五，市民对创意产品的需求日趋旺盛，催生了一些创意产业的雏形，成为繁荣创意产业的"星星之火"。

图1　"2009 机遇重庆——关于创意产业及浪漫经济的渝台对话"活动

此外，通过举办"2008 发现重庆——关于美的城市创意对话"高峰论坛等大型活动，邀请世界创意产业之父、英国著名经济学家霍金斯先生等国内外大师参加并共同探讨美的城市与创意经济；创意产业及浪漫经济等方面的理论和实践，在全区范围内已形成人人关心、纷纷参与、积极讨论创意产业的浓厚氛围，使全区上下发展创意产业的积极性空前高涨，为江北区创意产业的发展打下了坚实的环境基础。

二　"十一五"期间整体发展状况与成果

在江北区委、区政府的领导下，深入贯彻科学发展观，紧密围绕"1595"总体发展思路，按照《重庆市创意产业"十一五"发展规划》和《重庆市江北区创意产业发展规划纲要》，重点扶持研发设计六大类创意产业，努力提升现代服务业和文化产业水平。积极应对，主动作为，江北区创意产业发展取得了阶段性胜利，创意产业经济总量持续扩大，产业特色更加鲜明，产业结构不断优化，创意产业经济发展实现新的突破。

（一）工业设计产业初具规模

1. 设计门类多样化

以五里店设计中心为主要载体发展工业研发设计，包括工业设计、产品设计、包装设计、广告设计以及研发与试验发展等；以重庆工业服务港为主要平台发展工业和生产性服务业，包括研发与试验发展、信息流通、金融、商务咨询策划等；以重庆东风船舶设计研究院为主力发展船舶设计；以长安汽车设计院和望江工业模具设计加工中心为平台发展汽摩设计和模具设计，工业设计门类丰富。

图2为位于江北区观音桥商圈的重庆工业服务港。

图2　位于江北区观音桥商圈的重庆工业服务港

2. 基地打造取得突破

全区创意产业基地特色鲜明，相对优势突出，目前共有五里店工业设计中心、重庆工业服务港、朗晴·金夫人爱恋广场3个市级创意产业基地，以及重庆CSC船舶工业创意产业基地、重庆光大奶牛创意产业基地、重庆方特科幻创意产业基地等4个区级创意产业基地。

图3为五里店工业设计中心。

图3　五里店工业设计中心

3. 重点项目进展顺利

2008年全区有工业产业相关项目企业5238个，注册资本达到82.64亿元。朗晴·金夫人爱恋广场、金雅迪创意产业园、创意服饰文化城和动漫影视基地等创意产业重点平台项目发展迅速。此外，一些重点策划并推进的创意特色项目进展顺利，如大型网络游戏——笑闹天宫研发及运营平台、内河大型豪华旅游船的开发与设计、平面设计中心、全彩激光演庆协调设计与开发等。

（二）时尚消费创意产业发展迅速

1. 多种产业形态齐头并进

以观音桥商圈为主要发展平台，多家知名金融机构、商贸企业和区域性总部先后入驻。目前商圈已引进5家大型百货、2家大型购物中心、6家大型综合超市、2家大型家居建材店以及3家大型电器专营店，金融咨询、珠宝服饰、时尚家居、美食文化、视觉传达等行业发展日新月异。同时，随着五星级国际影城UME、高科技主题公园方特科幻公园的落户，休闲娱乐业正蓬勃发展。商圈腹地的朗晴广场浪漫经济街区，是全市唯一以浪漫为主题，集爱恋经济、婚恋经济为一体的综合性购物消费场所，包括罗马假日许愿池、数码天幕、爱情天梯、旋转木马、地中海结婚礼堂和约会钟楼等。目前，全国最大的婚纱摄影品牌"金夫人"已经抢先入驻。

图4为位于江北区观音桥商圈的朗晴广场。

图4 位于江北区观音桥商圈的朗晴广场

2. 后发优势已然显现

观音桥商圈始建于2003年，随着商圈的重新规划和定位，龙湖·北城天街、协信·黄金海岸等大型项目的投入使用，以及多家知名金融机构、商贸企业和区域性总部的入驻，观音桥商圈已经被成功打造成为创意时尚消费生活城。至2008年，观音桥商圈已成功被打造成为百亿元商圈，社会消费品零售总额占全区的2/3，发展势头强劲。经过几年的努力，商圈大力发展时装设计、家居设计、形象设计、视觉传达、创意休闲和爱恋婚庆等一系列时尚创意产业，积极抢占创意产业市场先机，赢得主动，后发优势逐步显现。

（三）工业服务业平台及配套逐步完善

1. 市工业服务港创意产业基地形成

依托完善的软硬件设施和先进的"580信息平台"，市工业服务港创意产业基地为工业企业提供科技研发、工业设计、金融服务、商务服务、信息服务、流通服务等服务，现引进入驻企业30余家、组建了6个生产要素服务平台、7个专业服务平台，引进中国银行等各大银行、瀚华信用担保有限公司、北京中智信达教育科技有限公司、新加坡PSB教育培训集团等一大批实力雄厚的成员机构近千家；设立了重庆市首个永不落幕的工业园区招商展示大厅。

2. 江北嘴创意产业中心配套设施逐步完善

江北嘴创意产业中心总面积2.26平方公里，已建成大剧院、重庆科技馆，国内外知名金融机构相继落户，包括中国银行、中国工商银行、重庆农商行、香港九龙仓、北京金融街、重庆财信集团、农业银行重庆分行、国家开发银行重庆分行、华夏银行重庆分行、西南证券公司等多家金融机构，同时还拥有重庆市最大的滨江广场——江北嘴聚贤岩广场。

图5为江北嘴创意产业中心。

图5　江北嘴创意产业中心

三　存在的问题及差距

（一）与上海市对比存在的差距

上海市创意产业是在产业结构调整升级，服务业加快发展，二、三产业进一步融合，以及城市功能加快转型的条件下逐步发展起来的。上海市在发展创意产业中认为，作为现代服务业的重要组成部分，创意产业大发展有利于推动上海制造业、服务业向高增加值产业升级，对于提高全社会的创新意识、激发劳动者的聪明才智和创新精神、建设创新型城市、引领产业向高端发展、实现产业结构升级，都具有重要的推动作用。

据统计，2005 年，上海市创意产业实现增加值 549.4 亿元，占当年 GDP 的 6.0%。

表 1   重庆市及江北区创意产业与上海的对比

城　　市	增加值（亿元）	占当年 GDP 的比重（%）
上　　海	549.4（2005 年）	6.0
重　　庆	182.57（2007 年）	4.4
江北区	10.57（2007 年）	5.8

从表 1 可见，2007 年江北区创意产业对 GDP 的推动作用，还不及上海市 2005 年的平均水平。

（二）存在的问题

在将江北区打造成为"工业设计之都、时尚生活之城、文化体验之区"的过程中，江北区创意产业工作还存在以下几方面问题，需要认真研究和处理。

1. 创意产业与都市楼宇经济的结合问题

随着现代都市的发展，都市区域中如何将创意产业与都市楼宇工业相结合，如何将创意产业与中小企业发展、科技创新相结合，进一步与都市楼宇经济相结合，促进区域经济跨越发展，是值得进一步探讨和实践的问题。

2. 创意产业与服务外包的结合问题

服务外包是现代经济发展带来的国际专业化进一步分工的必然。在创意产业发展中，如何引导和鼓励从事研发设计、软件设计、建筑设计、咨询策划等"工业设计"类的企业进入服务外包体系，是一个值得探讨的问题。

3. 创意产业与主体产业经济的结合问题

中国目前还处在社会主义初级阶段，推进新型工业化还是一项长期的战略任务。如何将创意产业的发展与推进工业经济相结合，进一步与现代都市农业、现代服务业等主体经济发展相结合，是在推进创意产业发展工作中，必须高度关注的问题。

因此，应进一步加强创意产业与都市楼宇工业、服务外包业、主体产业经济的结合，完善信息服务平台，推动区域经济跨越发展。

B.10

依托文化和区位优势
促进创意产业大发展

——渝中区创意产业发展概况

渝中区创意产业办公室

渝中区属于重庆主城核心区，陆地面积狭小（18.54 平方公里）。"八五"计划以来，区政府持续实施"退二进三""优二强三"（此处二、三分别代表第二产业、第三产业）的产业结构调整战略，为区内产业结构调整奠定了基础。目前区域产业形成了以包括金融、现代商贸、商务服务、科技信息、中介服务等现代服务业在内的第三产业为主（第三产业增加值占 GDP 比重达到95%以上）的产业格局。随着产业结构调整和产业的集聚发展，"十一五"以来，全区在创意产业的发展过程中着力打造以园区（基地）为特色的产业建设，取得了明显的成效。

一 都市工业楼宇（园）建设

2003 年以来，渝中区在全市率先启动了都市工业（占地少、能耗低、污染小、高技术、高附加值和高就业工业）楼宇建设。区政府先后出台了《关于加快推进都市楼宇工业发展的意见》（渝中委发〔2004〕27 号）、《关于加快渝中区都市楼宇工业建设的实施意见》（渝中府发〔2004〕147 号）、《渝中区都市楼宇工业建设标准及管理办法（试行）》和《重庆市渝中区都市楼宇工业建设领导小组领导分工及成员单位工作职责》四个文件，区政府每年还安排 100 万元资金用于扶持都市工业楼宇建设。

图 1 为重庆市渝中区半岛全景。

图1　重庆市渝中区半岛全景

通过几年的努力，主要利用闲置的商品房和工业厂房，渝中区先后建成了一号桥、金银湾、红旗等11个都市工业楼宇（园），楼宇总建筑面积达到了26.4万平方米，入驻企业312户，安置新增就业人员6412人。集聚的主要行业为服装服饰加工、广告设计制作、产品包装印刷、汽车摩托车配套加工、机电产品制造等。但随着近2~3年全区危旧房改造拆迁的推进，大部分园区已被拆迁。

二　创意产业园（基地）建设

2006年以来，渝中区认真贯彻落实《重庆市人民政府关于加快创意产业发展的意见》（渝府发〔2006〕128号）精神，着手打造和发展创意产业。通过近5年的努力，目前全区创意产业已形成"两园三馆一洞两基地"的基本格局，已建成创意产业园（基地）共8个，其中4个为市级创意产业园；已形成创意产业载体规模逾40万平方米；聚集创意产业企业400余户。2012年，全区规模以上创意产业实现营业收入141.8亿元。

其中，"大溪沟国际建筑与环境艺术设计"创意产业园区于2007年启动建设。2009年11月，园区被市创意办授予了全市唯一以区域命名的"重庆市创意产业基地"称号，也是全市32个市级创意产业基地中唯一一个产值上百亿元的创意产业基地。2012年完成地区总产值130多亿元，实现地区税收

10.80亿元，带动社会项目投资1.708亿元，新增创意类企业51家，创意类企业总数增加到336家。

图2为大溪沟国际建筑与环境艺术设计创意产业园区。

图2 大溪沟国际建筑与环境艺术设计创意产业园区

根据第二次经济普查资料，2008年，全区共有各类创意产业企业2662户，约占全市的20.35%；创意产业从业人员61823人，约占全市的26.10%；实现产业增加值约为66.29亿元，占渝中区当年GDP的20.32%，约占全市当年创意产业增加值的29.69%。从创意企业的数量增长情况来看，2005~2008年，户数年均增长率达25.18%，发展势头较好，充分反映出渝中区创意产业在全市的龙头地位及其基础好、规模大、产值高、发展快的特点。

目前，渝中区创意产业发展现状可以用以下两句话加以概括和总结。

"两园三馆一洞两基地"：大溪沟设计创意产业园、环球互联网产业园，三峡博物馆、规划展览馆、湖广会馆，洪崖洞（民俗风貌区）、重庆巴渝世家，国际创意产业基地和科普传媒创意产业基地。

四个市级创意产业园：洪崖洞、大溪沟设计创意产业园，科普传媒创意产业基地和规划展览馆。

图3、图4为位于渝中区朝天门的重庆市规划展览馆、位于渝中区的湖广会馆。

图3　位于渝中区朝天门的重庆市规划展览馆

图4　位于渝中区的湖广会馆

2012年渝中区有文化、创意类企业共5863家，其中，规模以上文化企业142家，规模以上创意企业216家。2012年文化、创意产业完成总产值392亿元。

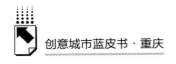
三 环球互联网产业园建设

2009 年 8 月以来，根据渝中产业发展导向和上清寺两路口地区互联网产业发展的基础，区政府先后投入近亿元购置了 4 万平方米的空置楼宇，打造建设了环球互联网产业园。园区重点发展方向是电子商务、互联网信息服务、网络传媒业及互联网广告业等互联网相关行业。园区 2010 年被市经信委认定为重庆市特色产业园——重庆市环球互联网产业园，被市科委授予市级高新技术企业孵化器——重庆市互联网产业科技园。

区政府出台了《关于促进渝中区互联网产业发展的扶持办法（试行）》，为园区建设和产业集聚发展营造了良好的政策环境。目前，园区面积达到 5 万平方米，已经集聚了包括软岛科技（中国西部最大的信息服务外包企业）、重庆大龙网科技有限公司（国际电子商务）、重庆聚焦科技公司等百余家科技信息企业，形成了一定的产业集聚效应。到 2015 年，园区面积将拓展至 15 万~20 万平方米。

此外，2012 年投入 1000 多万元用于园区公共服务平台的建设。包括：科技综合服务大厅，园区小型云计算数据中心，软件开发、检测、网络安全、人才培训等云服务平台等，园区公共服务协作共享网。

2012 年，全区规模以上科技信息企业实现营业收入 140.25 亿元。

四 高九路总部经济园区建设

高九路总部经济园由区政府和重庆协信集团联合出资打造建设，园区占地约 500 亩（300 亩总部基地和 200 亩生态公园），规划建筑面积 52 万平方米（包括甲 A 写字楼、独栋企业总部、五星级商务酒店、高档住宅、高端商业等），总投资 47 亿元；2012 年 8 月已启动建设，计划 3 年建成。

图 5 为"重庆总部经济园区"概念性城市设计方案评审会现场。

园区产业定位：定向吸纳世界 500 强、国内 100 强大型电子信息、电子商务、商务服务和金融结算型总部企业入驻，园区可供 300 余家企业入驻，要求入驻企业税收超过 2000 元/平方米以上。

图5 "重庆总部经济园区"概念性城市设计方案评审会现场

五 未来发展构想

"十二五"期间，渝中区将依托重庆报业集团、电脑报等龙头企业，建设数字出版基地；深度发掘文化资源，坚持以文塑人、以文兴业、以文立城，打造文化交流、文化休闲娱乐平台，全面提升文化产业核心竞争力；依托大溪沟国际建筑与环境艺术设计创意园、龙湖·时代天街等载体，大力发展创意产业。到2015年，区域文化产业增加值达到80亿元以上，占地区生产总值的比重超过8%，成为全区支柱产业之一。

重点发展：新闻（数字）出版、影视传媒、娱乐演艺业；建筑与环境艺术设计、广告设计与制作、时尚消费创意业。

产业形态丰富 发展势头喜人

——九龙坡区创意产业发展报告

九龙坡区创意产业领导小组办公室

作为后工业化时期产生的，文化、科技与经济全面融合的新兴产业，文化创意产业正在全球迅猛发展，已成为一些经济发达国家和地区 GDP 的主要贡献力量。市政府在《重庆市创意产业"十一五"发展规划》中，明确将创意产业作为发展经济、提升形象、优化结构的重要支柱，并将九龙坡区定位为全市创意产业发展前沿阵地，在首批创意产业载体中遴选确定了黄桷坪艺术街、视美动漫基地、巴国城等全市重点建设项目。

九龙坡区委、区政府高度重视创意产业发展，专门成立领导机构，认真组织编制《重庆市九龙坡区"十一五"创意产业发展规划》，结合本区实际情况，积极扶持发展创意产业，培育重点项目。经过几年的发展，取得了比较好的成就。全区目前拥有市级创意产业基地 8 个，分别涉及数字动漫、文化传媒、时尚消费。2012 年全区文化创意产业企业增加值约 52.2 亿元，约占全区 GDP 的 7.8%。

一 全区创意产业"十一五"规划盘点

（一）"十一五"规划总体目标

重点推进实施"4+8+5+N"工程（四大产业、八大载体、五大平台和若干重点项目），促进文化创意产品的市场化，推进科技文化产业化，贴近内容产业市场，最终形成产业门类齐全、重点突出、结构合理、以点带面、以面成圈的产业格局，努力将九龙坡区打造成重庆乃至整个西部最大的动漫等数码高科技产品的设计制作中心、工业设计和生产加工基地、文化艺术原创的基地、创意产品的交易展示中心，保持创意产业企业增速稳定在20%左右。

（二）"4+8+5+N"工程完成情况

1. 四大产业体系

（1）数字软件创意产业。

根据规划要求，重点支持视美动画公司的发展，效果显著。视美动画公司被国家广电总局授予国家级动漫基地，其产能在全国排名中位居前十，综合效益全国排名第十二。结合全区动漫学科及人才资源情况，支持重庆工商职业学院二郎校区打造"九龙创意产业基地——动漫城"。目前基地已入驻20余家企业（机构），正式获批成为重庆市第四批市级创意产业基地。根据其规划要求，积极开展招商工作，目前已和中国电子信息产业集团有限公司（简称中电集团）对接，拟建一个国家级动漫技术公共服务平台。2008年引进上海盛大集团一游戏软件公司入驻西城天街。

图1为重庆视美动画公司展台。

图1　重庆视美动画公司展台

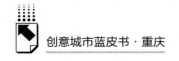

由于区内有较好的动漫人才资源，相关业态根据市场需求自然集聚，有较好的后期发展优势。

（2）研发设计创意产业。

研发设计创意主要指与工业生产相关的研发与设计活动。包括工业设计、服装设计、产品设计、工艺美术品设计、包装设计、广告设计、研究与试验发展等行业。

此类设计创意结合黄桷坪创意产业的建设，主要支持了黄桷坪艺术特色培养和艺术节会的策划执行以及"梁明玉服装设计研究所"的相关项目。选择性地支持工业设计、工艺美术制品、服装设计、咨询策划企业的发展。该创意产业门类总体仍处于原有形态，未做系统性打造。

（3）文化传媒创意产业。

文化传媒创意主要指文化艺术领域中的创作和传播活动。包括演艺、广播、电视、电影制作、出版发行、音像制作等。

几年来九龙坡区集中力量，重点打造黄桷坪艺术园区。整合四川美术学院与社会机构资源，在原创艺术产业化集聚方面从政策支撑、基地建设、平台搭建、项目带动等方面做了大量探索性工作，也取得了较好的效果。支持走马民间文化的开发建设，使原创性的文化艺术产业有了较好的起步。在影视制作方面也积极进行探索，以奖励方式支持《决战华岩寺》电视剧的拍摄。

全面发展会展服务创意产业。几年来，利用相关会展场地，打造了相关节会——白市驿花博会、鑫源杯国际越野摩托车大奖赛、巴国城啤酒节、黄桷坪新年国际艺术节、西部动漫节等。

图2为首届重庆黄桷坪（新年）国际艺术节北京新闻发布会现场。

（4）时尚消费创意产业。

主要指在人们日常消费、生活娱乐中体现创造性及其价值的行业，包括珠宝服饰、休闲娱乐、美发美容、美食文化、婚庆策划、摄影创作、娱乐游戏、旅游等行业。

九龙坡区杨家坪步行商业区业态逐渐完善，形象得以改观，中心辐射带动面在扩大。全区相关旅游业稳步发展，相关业态对接融洽，工业旅游试点成功。重点打造了巴国城创意产业基地。全区时尚消费业发展势头良好。

图2 首届重庆黄桷坪（新年）国际艺术节北京新闻发布会现场

2. 八大产业载体

八大产业载体建设主要是指黄桷坪艺术产业园区、重庆市动漫产业基地、巴国城文化创意产业园区、九龙坡工业设计虚拟园区、华岩寺特色文化体验区、杨家坪时尚文化消费区、袁家岗现代体育文化休闲中心和白市驿花卉园艺设计生产展贸区等。

全区在《重庆市九龙坡区"十一五"创意产业发展规划》实施过程中，重点从八大产业载体建设入手。具体实施了黄桷坪艺术产业园区、动漫产业基地、巴国城时尚消费、文化创意产业基地、华岩寺特色文化体验区、杨家坪时尚文化消费区、白市驿花卉园艺设计生产展贸区建设。通过产业载体的建设，使四大产业形态得以形成和发展。

九龙坡工业设计虚拟园区和袁家岗现代体育文化休闲中心建设在投资和知识产权保护方面存在较大难度，还没有启动。

3. 五大平台建设

为保障九龙坡区创意产业的良性发展，需要整合政府、行业、企业各方资源，构建信息交流平台、人才交流平台、资金融通平台、市场展示及交易平台和实验试验测试平台等公共服务基础建设。

在对五大平台建设的具体落实过程中，由于种种因素的制约，除了探索性地在黄桷坪建成艺术品交易市场外，其他四个平台还基本没有启动。

4. 若干重点建设项目

在《重庆市九龙坡区"十一五"创意产业发展规划》实施过程中，九龙

坡区将 12 个建设项目列为重点发展项目。通过近五年的实施，目前已经完成
或正在启动的有 5 个项目。

（1）黄桷坪艺术产业园区建设项目。2006 年年底启动，重点建设，目前
在 1.25 公里涂鸦街上已集聚了 5 个市级创意基地、200 多个原创艺术工作室、
100 多个艺术培训机构、20 多个画廊、一个艺术品交易市场。园区文化创意产
业链已初步形成。目前园区核心区——"川美·创谷"项目正在做启动前期
准备工作。

图 3 为黄桷坪艺术产业集聚区。

图 3　黄桷坪艺术产业集聚区

（2）重庆市动漫产业基地建设项目。动漫基地以视美公司和重庆工商职
业学院为支撑。视美公司在原有基础上力求向产业链下游扩大、延伸发展。重
庆工商职业学院已进行动漫城策划。

（3）巴国城新型动漫影视体验基地、艺术产品交易中心项目。此项目定
位已改变。目前，石生国际茶城一期已全面对外营业，世博重庆馆回迁项目和
重庆市创意产业作品展示中心项目正抓紧推进，婚庆产业城项目正在全力打

造。建成后，巴国城将形成巴文化、茶文化、创意成果展示、婚庆文化、时尚消费相融合的旅游景区。

（4）华岩寺佛教文化旅游休闲产业区建设项目。经过几年的打造，已形成华岩寺佛教文化旅游休闲景区，同时建成了龙门阵主题公园。

（5）九滨路餐饮娱乐文化创意风情街项目。尚未启动。目前已启动项目为九滨路亲水文化广场。

（三）《重庆市九龙坡区"十一五"创意产业发展规划》实施效果评述

九龙坡区创意产业起步早，开局良好。在全市率先成立创意产业发展领导小组；制定《重庆市九龙坡区"十一五"创意产业发展规划》（简称《规划》）。为保证《规划》的实施，出台了《重庆市九龙坡区促进创意产业发展若干政策意见（试行）》（九龙坡府发〔2007〕27号），设立产业发展专项资金，制定相关管理办法并予实施。

依照《规划》，以产业载体和相关项目建设为落脚点，重点实施了黄桷坪艺术产业园区、重庆市动漫产业基地、巴国城时尚消费基地、华岩寺特色文化体验区、杨家坪时尚文化消费区等载体和相关的项目建设，取得显著成效。通过产业载体及相关项目的建设，相关产业体系得以呈现。在全市所有区内，九龙坡区无论在组织体系保障、政策支持力度、具体实施思路、项目建设推进还是效果的呈现等各方面都名列前茅。

《规划》未能实现的内容包括：九龙坡工业设计虚拟园区、袁家岗现代体育文化休闲中心等产业载体及相关项目，五大平台建设。

未能实现的原因是袁家岗现代体育文化休闲中心产业载体位于石桥铺，行政管理错位。九龙坡工业设计虚拟园区涉及大型工业设计服务平台建设投资和互联网知识产权保护法律体系缺失的问题，不具备启动条件。五大平台建设不仅仅是创意产业的服务平台，更是区域经济结构调整、可持续发展的助推器和催化剂，因此需要很大的投资力度和资源整合力度，而且必须立足全区经济发展的高度，才能对五大平台建设下决心并提供相应的组织保障。从前期创意办掌控的资源看，还不具备启动五大平台建设的条件。

总之在市、区领导正确引导以及市级相关部门的大力支持帮助下，全区上下共同努力，《规划》经过近五年的实施，取得了较好的成绩。在"十二五"期间，应重点实施五大平台建设，结合现代服务业的理念、形态，有效整合各方优势资源，以保证创意产业持续健康稳步发展，助推全区产业结构调整。

二 目前存在的问题

九龙坡区创意产业经过几年的发展，取得了应有的阶段性效果和成绩。在全区经济结构调整中，应让创意产业在助推产业升级、结构调整中发挥应有的、更大的作用，并面对现实，总结经验，找出差距，理清思路，面向未来。

（一）目前的组织体制和运行机制已不能适应创意产业的发展需求

组织体系保障结构是区创意产业发展领导小组及其下设的办公室，为实质性推进工作，创意办工作挂靠在区经信委生产性服务业科。创意办经过 3 年的努力，2009 年建立了创意产业调度会制度，根据全市创意产业发展要求，在基地建设、项目申报和运作，以及相关政策落实等方面，结合实际，在全区范围内以基地载体为重点，以项目为抓手，以点带面有序进行工作。尽管如此，由于创意产业涉及面广，跨度大，产业边界模糊，糅合度高，时效性强，对决策的及时性和执行的准确性要求都很高。目前的领导小组各领导及成员单位责任不明确，领导小组议事决策机制不健全，无法形成有高度、有深度的一致性决策意见。执行层面职能交错、职责不明，要实质性地思考全区创意产业的发展，要及时地推进相关项目的进程，往往在具体过程中无法把控，使得项目最终效果与创意预期有差距。这种组织体制和运行机制已不能适应该区创意产业的发展需求。

（二）政策体系不完善

2007 年拟定的《重庆市九龙坡区促进创意产业发展若干政策意见（试行）》，包含了税收优惠、专项资金预算设定、政策扶持重点、奖励和"一企一策"等，但没有针对创意产业目录门类的专项政策。

（三）对大力发展创意产业的认识不够

创意产业是现代服务业的重要内容，是后工业时期经济运行、社会分工细化的产物。创意本无效益，必须对接相关产业，并在创意的实现过程中进行相关产业优势资源的整合利用，带动相关产业的结构调整，从而实现创意预期。由于创意过程更多地注入了文化、科技等内容，在创意的实现过程还会附带生产精神产品，从而实现创意产业对相关产业的辐射带动作用。

全区经过改革开放30多年的经济建设、社会发展，已进入后工业初期发展阶段。同时，重庆设立直辖市后在全国的战略定位和全市的城市建设规划和经济、社会发展规划，都决定了九龙坡成为重庆主城区的发展方向。在今后的发展过程中，工业必须向有自主知识产权、有带动性、低资源消耗、高附加值的智力密集型产业的方向发展。在有限的土地上要发展经济，构建和谐社会，为人们提供更高的物质、文化、精神生活，必须进行经济结构的调整和社会公共产品的建设。而现代服务业、创意产业这些新概念带来的新兴业态，将会让我们重新认识经济社会发展的模式，重新调整发展思路，走出瓶颈，找到出路，打开一片新天地。

三　几点建议

经济可持续增长有几个方面的工作要做：一是引导扶持企业技术创新，包括开发新产品，研发新技术。二是鼓励企业搞产业创意，为产品注入文化、体育、时尚等内容，使产品具备时代气息和标记，赋予其生命力。三是注意搭建人才高地，吸引一批IT、动漫、工程设计、文化和艺术创作的优秀人才集聚，为创意产业发展提供人才资源保障。四是对创意产业可产业化项目进行相关产业的对接融合，实施重点倾斜支持，彰显其产业发展带动效应。五是充分利用园区政策，探索艺术园区建设新路。

B.12

集聚研发创意产业　凸显规模经济优势

——沙坪坝区创意产业发展概况

沙坪坝区创意产业办公室

一　创意产业发展概况

在沙坪坝区区委、区政府的领导下，沙坪坝区创意产业办公室深入贯彻科学发展观，按照《重庆市创意产业"十一五"发展规划》和《沙坪坝区创意产业发展行动纲要》的发展思路，重点扶持研发设计六大类创意产业，努力提升现代服务业和文化产业水平，使全区创意产业发展取得了阶段性的成果，经济总量持续扩大，产业特色更加鲜明，产业结构不断优化，创意产业经济发展实现了新的突破。

1. 两个基地建设取得突破

全区创意产业基地特色鲜明，相对优势突出，目前共有西永微电子产业园创意产业基地、磁器口创意产业基地两个市级创意产业基地。占地 2000 余亩的西永微电子产业园创意产业基地已经建成，惠普全球软件中心、美国 EDS 离岸服务中心、微软创新中心、日本电报电话公司、中国科学院软件研究所、国家基础软件工程中心、中国赛宝实验室、中国兵器装备集团公司摩托车研发中心等企业入驻。磁器口创意产业基地已基本形成工艺品和旅游商品开发、传统节庆活动及会展、民俗文化图书音像产品开发、民俗风情演出等民俗创意产业集聚地。

图 1、图 2 为重庆西永微电子产业园一角和重庆古镇磁器口。

2. 设计门类多样化

沙坪坝区设计门类包括以西永微电子产业园为中心的软件设计，包括 IC 设计、数字娱乐、应用软件设计等；以沙坪坝立海都市楼宇等为主要载

图1　重庆西永微电子产业园一角

图2　重庆古镇磁器口

体的工业研发设计，包括工业设计、产品设计、包装设计、广告设计以及研发与试验设计等；以东风小康设计中心为平台的汽车设计，工业设计门类丰富。

3. 时尚消费创意产业发展迅速

以沙坪坝三峡商圈为主要发展平台，多家知名金融机构、商贸企业和区域性总部先后入驻。目前商圈已引进 3 家大型百货、2 家大型购物中心、5 家大型综合超市、2 家大型家居建材店以及 2 家大型电器专营店，金融咨询、珠宝服饰、时尚家居、美食文化、视觉传达等行业发展日新月异。

图 3 为重庆市沙坪坝区商圈三峡广场。

图 3　重庆市沙坪坝商圈三峡广场

4. 工业服务业配套逐步完善

国内外知名金融机构相继落户，包括中国银行、中国工商银行、重庆农商行、农业银行重庆分行、国家开发银行重庆分行、华夏银行重庆分行、西南证券公司等多家金融机构。

二　"十二五"期间方向和重点

到"十二五"末，沙坪坝区创意产业发展战略地位将明显显现，创意产业发展意识明显增强，创意产业整体实力明显提升。将构建起服务重庆、辐射整个西南地区的创意研发基地、信息发布基地、产品交易基地和创意人才高地等，形成产业规模领先、产业特色鲜明、创新能力增强、专业人才集聚、品牌效应显现、产权保护严密、公共服务完善的"西部领先、全国知名"的创意产业基地，步入文化、经济与科技互动发展的高级阶段。

（一）发展目标

1. 产业集群目标

到 2015 年，形成以研发、测试、工业设计、物联网、电子商务、软件与信息服务外包、生产性服务业、现代物流、文化创意等为主体的新兴产业群体。

2. 载体建设目标

到 2015 年，建成以西部现代物流园和西永微电子产业园信息产业为主的集聚区；形成以相对集中的楼宇群为载体，以研发、工业设计、物联网、电子商务等为内容的新兴产业带。

（二）发展方向和重点

"十二五"期间，依托西永微电子产业园和台资信息产业园，壮大发展电子产品制造、软件与信息服务外包、现代物流三大有潜力的领域，进一步促进产业结构升级和提高区域核心竞争力。

1. 软件与信息服务外包产业

依托惠普全球软件研发中心、微软创新中心、日本电报电话公司、中国科学院软件研究所、国家基础软件工程中心、中国赛宝实验室、中国兵器装备集团摩托车研发中心等重点企业，充分利用区内众多高校资源优势、重庆市和两江新区快速发展的契机，以及产业结构调整带来的机遇，重点发展软件与信息服务外包产业。

紧抓国家西部开发和重庆两江新区建设的契机，依托制造业等传统优势领域，大力发展面向装备制造、移动通信、汽车电子、医疗电子、数字电视、信息安全等领域的嵌入式软件；围绕城市化管理需求，重点发展政务信息化、农村信息化、城市及社区信息化、教育信息化、医疗信息化等解决方案；围绕产业结构调整和行业应用，重点发展电子商务、智能交通、智能电网、生产制造信息化、物流信息化等领域的应用软件；大力发展信息安全软件等。

抓住产业梯度转移的大好机遇，面向国内外两个市场，政府、金融、电信等领域，大力发展包括应用管理外包、应用软件开发外包、技术服务外包、信息管理外包、远程财务管理服务、远程采购管理服务、远程员工管理服务、呼叫中心等ITO（信息技术外包）和BPO（业务流程外包），积极开展包括信息服务类技能培训、外语技能培训、实训、企业内训等专业类培训，为企业建立良好人才的供给平台。整合资源优势，打造具有较强核心竞争力的软件与信息服务外包产业集群。

2. 物联网产业

依托西永微电子产业园的电子信息产品研发和制造优势，充分利用沙坪坝作为西部物流中枢的地位，以现有金美通信、重庆海特克、恩菲斯软件等企业为依托，引进一批物联网企业，大力培育以物联网应用为重点的物联网产业。密切跟踪国内外物联网产业发展动向，加快物联网核心关键技术的研发，提高物联网集成应用能力，积极推进物联网产业示范应用。积极推动物联网解决方案的研究，通过引进、消化、吸收，大力发展与物联网相关的电子基础材料和传感器等关键元器件研发生产，重点发展汽车传感器、环境安全检测传感器等，逐步丰富沙坪坝区物联网产业链。

3. 工业设计和创意产业

依托重庆大学城等高校智力资源及科研优势，以微电子学院、惠普软件学院、服务外包学院和四川美术学院为支撑，以服务区内企业和两江新区企业为重点，大力扶持杰信模具等工业设计企业发展和集聚，重点孵化培育一批具有较高知名度和市场竞争力的工业设计龙头企业，推动工业设计产业快速发展。充分利用本区和两江新区以及更加广泛的市场需求，重点发展文化艺术与商业运作相结合的数字媒体（电视广播、影音、动漫、游戏及衍生产品的开发与生产）、艺术设计（工业设计、动漫设计、建筑设计、广告设计等）、数字内容与出版、策划咨询等数字创意产业集群，以及服务于沙坪坝区产业和广泛市场的培训产业，为沙坪坝区工业产品质量、品牌知名度和产品档次的提升，以及形成新的经济增长点奠定基础。

图4为位于沙坪坝区的重庆大学。

图4　位于沙坪坝区的重庆大学

4. 生产性服务业（电子商务）

以沙坪坝成熟商圈为核心，以服务沙坪坝工业园和两江新区为市场，以信息技术为主要手段，大力发展生产性服务业，促进沙坪坝区各产业协调发展。

整合沙坪坝区的地缘优势、传统产业优势、物流载体优势和科技资源优势，结合"退二进三"城区改造进程，重点推进大型专业市场的电子化和骨干企业电子商务示范应用。采用虚实结合的方式，以专业市场的电子商务提高核心城区土地资源利用率，降低企业运营成本；充分发挥骨干企业在采购、销售等方面的带动作用，以产业链为基础，以供应链管理为重点，整合上下游关联企业相关资源，推进企业间的电子商务，提高产业链的整体竞争力。

依托丰富的高校、科研院所智力资源和成熟的商业环境，重点发展信息服务业、科技服务业和商务服务业。围绕重庆市和沙坪坝区工业和信息产业发展需求，大力发展研发设计、服务外包、软件开发、研究咨询、市场开拓、互联网增值、移动增值、技术交易、知识产权服务等高效的信息服务和科技服务；大力推进研发服务、会计服务、投资服务、设计服务、创意服务、律师服务、会展服务等商务服务业；积极开展猎头和人力资源服务，搭建企业与国内外中高端人才的交流培训平台；提高沙坪坝区经济协调发展的能力。

（三）产业布局

以西永微电子产业园为核心，重点发展计算机及外围设备、集成电路、基础电子等产品的制造业，软件与信息服务外包产业和物联网产业。围绕入驻的大型骨干企业，积极发展工业设计、文化创意等生产性服务业。以东南成熟城区为中心，兼顾台资信息产业园，辐射上桥－新桥片区，依托东部成熟的商业环境和深厚的工业基础，以及西部新兴的产业集群，加速建设高标准楼宇工业载体，大力发展总部经济、电子商务、工业设计、文化创意、高端咨询等智力密集型产业集聚带，以服务于沙坪坝区、两江新区以及更加广泛的市场。

科技与文化融合 产业集群发展

——北部新区创意产业发展概况

杨 欣*

一 北部新区创意产业现状

重庆市北部新区于 2001 年 4 月 25 日正式成立。2010 年 6 月 18 日，重庆市两江新区经国务院批准成立后，北部新区就成为两江新区的核心区。经过十多年的开发建设，北部新区已基本完成产业布局和城市区域开发建设，逐步形成了以汽车为主的先进制造业与以软件服务外包、金融、总部经济为代表的现代服务业并行发展的区域业态格局。2012 年，全区实现生产总值 422 亿元，增长 15.8%；工业总产值 1103 亿元，增长 10%；社会消费品零售总额 146 亿元，增长 25.1%；全社会固定资产投资 342 亿元，增长 26.7%；进出口总额 24.8 亿美元，增长 15.7%；合同外资 13.2 亿美元、实际利用外资 13.9 亿美元，各项指标均名列全市前茅，成为重庆市最宜居、最宜商的新区。

北部新区自成立以来，经历了委托国家级经济技术开发区、高新技术产业开发区开发建设、"三区合一"开发建设和独立开发建设三个发展阶段，一直高度重视高新技术产业发展和科技创新工作，是重庆首屈一指的高新技术产业集聚区和科技创新示范基地。

区内拥有重庆国家火炬计划软件产业基地、中国服务外包基地城市示范区、重庆国家生物产业基地、重庆北部新区国家数字出版基地、重庆北部新区国家级文化和科技融合示范基地、重庆国家高新技术服务产业基地、国家新兴工业化示范产业基地等多个国家级产业基地；重点集聚发展了汽车及零部件、

---

* 杨欣，重庆市北部新区创意办。

电子信息、仪器仪表、生物医药及医疗器械，以及研发设计、检验检测、节能环保、创新金融等高技术服务和战略性新兴产业集群。2012 年，以软件和服务外包为主的高新技术服务业收入突破 500 亿元。

图 1 为重庆市北部新区一角。

图 1　重庆市北部新区一角

北部新区的创意产业依托于北部新区深厚的高新技术产业基础而迅速发展起来。截至 2012 年，北部新区多项科技指标位居全市第一，包括高新技术企业数量最多、高新技术产品及重点新产品数量最多、获得国家创新基金扶持项目最多、专利授权数最多、国家级企业技术研发平台最多、博士院士工作站最多等，初步形成了较为完善的涵盖研发孵化、成果转化及产业化全过程，以企业为主体、产学研相结合的技术创新体系。共拥有 104 家高新技术企业、5 家国家创新型（试点）企业，368 个高新技术产品，16 个国家级企业研发平台和检测中心，74 个市级企业研发平台，16 家国家级、市级科研院所，3 个院士专家工作站和 15 个博士后科研流动站。

图 2 为国家火炬计划软件产业基地重庆软件园新闻发布会现场。

北部新区的创意产业是依托北部新区的几个国家级及市级产业园区发展起来的，起点高、底子厚、发展快，涵盖了研发设计创意、建筑设计创意、文化

图 2　国家火炬计划软件产业基地重庆软件园新闻发布会现场

传媒创意、咨询策划创意、时尚消费创意等各个方面。区内重点企业如重庆享弘影视股份有限公司（简称享弘影视）、中冶赛迪建筑设计院、上海林同炎李国豪土建工程咨询有限公司重庆分公司、重庆商界传媒（集团）有限公司（简称商界传媒）、《课堂内外》杂志社、猪八戒网等都是业界著名的标杆企业。

二　北部新区国家级文化和科技融合示范基地

北部新区国家级文化和科技融合示范基地以园中园方式进行开发和建设，其文化和科技融合的企业几乎都可以归属创意产业。目前，区内已建成 260 万平方米的专业化产业楼宇，规划在 2015 年前达到 500 万平方米以上。已建成包括科技孵化器、生产力促进中心、公共技术研发平台、科技金融服务等在内的完善的科技服务体系。集成了包括国家、市、重庆两江新区及北部新区优惠政策于一体的政策体系。集聚了全市 60% 以上的软件企业，以及微软、霍尼韦尔、富士通、爱立信、华为、大唐等一大批世界 500 强企业，各类科技型企业超过 1000 家。已入驻华龙网、腾讯大渝网、猪八戒网、天极网、重庆云汉网络传媒有限责任公司、《课堂内外》杂志社、商界传媒、享弘影视、重庆维普资讯有限公司（简称维普资讯）、百度重庆分公司等具有全国知名品牌和业界影响力的骨干文化企业 20 余家。2012 年，文化和科技融合相关企业收入超过 80 亿元，各类文化及科技型企业从业人员近 10 万人，文化产业集群初具规模。

"十二五"期间，北部新区将以文化科技产业集群、人才保障、配套设施、科技创新服务体系、专项政策以及良好的园区环境六大优势，大力推动文化科技实现大融合、大发展。

三 北部新区国家数字出版基地

数字出版是人类文化的数字化传承，它是建立在计算机技术、通信技术、网络技术、流媒体技术、存储技术、显示技术等高新技术基础上，融合并超越了传统出版内容而发展起来的新兴出版产业。数字化出版在出版的整个过程中，将所有的信息以统一的二进制代码的数字化形式存储于光盘、磁盘等介质中，信息的处理与接收则借助计算机或终端设备进行。它强调内容的数字化，生产模式和运作流程的数字化，传播载体的数字化和阅读消费、学习形态的数字化。数字出版在我国虽然起步较晚，但是发展很快，目前已经形成了网络图书、网络期刊等新业态。数字出版作为创意产业的新兴业态正在北部新区蓬勃发展。

图 3 为重庆北部新区国家数字出版基地揭牌仪式。

图3 重庆北部新区国家数字出版基地揭牌仪式

重庆北部新区国家数字出版基地是全国第二家经新闻出版总署批准的数字出版基地，于 2010 年 4 月 26 日揭牌。揭牌 3 年多来，基地将数字出版产业作为重庆北部新区一个重要的经济增长点，采取多项务实措施，加强领导，科学定位，合理规划，以文化和科技深度融合为指导思想，坚持走差异化发展的道路，积极推进基地以及重点产业化项目建设，逐步树立了以"云服务"为特色的重庆基地形象，在公共技术与服务平台建设和传统出版行业转型升级方面取得了较好的成效。

　　北部新区是重庆两江新区的核心区，国家数字出版基地结合重庆市政府"云端计划"的发展思路以及重庆数字出版基地的现状，将基地建设定位为：以"云端结合"为特色、拓展"云"服务领域，突出数字出版产业"无线移动、交互性、个性化、跨媒体"的发展方向；形成基于"云服务"的平台运营及信息服务、基于"端"的软件及终端产品制造产业集群的产业结构，形成以重庆北部新区基地为核心的"1 + 2 + 10 + N"的发展模式，即：依托一朵"云"、打造两个"云"平台、重点培育十大产业门类、建设多个拓展园区。

　　为坚持走差异化发展路线，保持重庆市数字出版产业在长江上游的领先地位，基地采取了一系列措施保证其优势发展地位。一是创新体制机制。基地建立了领导小组办公室成员联席会议制度；重庆市新闻出版局设立了科技与数字出版处；北部新区组建了数字出版基地管理办公室加强基地管理。二是加强政策扶持。入驻基地的数字出版相关企业经认定，享受重庆市及北部新区关于文化、创意、高新技术、软件及服务外包、都市型工业产业的全部优惠政策，北部新区对入驻基地的数字出版相关企业减免 3 年房租。三是加大资金投入。2012 年基地兑现华龙网、猪八戒网、《课堂内外》杂志社等企业扶持资金 2537.2 万元。

　　目前，基地占地面积 20 万平方米，集聚了包括华龙网、腾讯大渝网、维普资讯、商界、天极网、课堂内外、享弘影视、百度奇异和重庆百度等 80 多家数字出版企业，从业人员 1 万多人，数字出版产业集群初具规模。

四　北部新区三个市级创意产业园

　　截至 2012 年年底，北部新区已拥有三个市级创意产业园，分别是上丁企业公园创意产业基地，海王星、水星创意产业基地，高科创意产业基地（包括财富园、木星、凤凰座）。这三个创意产业园享受重庆市创意产业的税收减免优惠政策，集聚了大量的创意产业企业，又与文化和科技融合基地、数字出版基地相互融合、互为交叉、相互促进，为区内创意产业企业的发展创造了一个优良的生态系统，创意产业企业在区内可以享受到各个基地出台的优惠政策、扶持资金、技术支持等。

图4为海王星、水星创意产业基地。

图4　海王星、水星创意产业基地

总之，北部新区创意产业的发展并不仅仅只是依靠政府政策、资金的支持，更重要的是企业要把创意产业这块蛋糕做大，成为市场的主体，形成一批生命力强、创新能力优的骨干企业，带动了创意产业的规模化发展。

以工业设计带动创意产业发展

——涪陵区创意产业发展概况

涪陵区创意产业办公室

"十一五"期间，在涪陵区委、区政府的领导下，按照《重庆市创意产业"十一五"发展规划》的总体部署，涪陵区的创意产业发展以工业设计、基地打造和动漫制作为重点，取得了较好的成绩。

一　涪陵区创意产业"十一五"期间发展概况

（一）工业设计初具规模

随着涪陵区工业经济的较快发展，涪陵区工业设计领域已具备一定的基础，为涪陵工业平稳较快发展提供了较为有利的支撑。目前从事工业设计业务的机构主要有：太极集团有限公司技术中心（国家级）、重庆川东船舶重工有限责任公司技术中心（市级）、重庆市亚东亚集团变压器有限公司技术中心（市级）、建峰工业集团技术中心（市级）、重庆市榨菜工程技术研究中心（市级）、中化重庆涪陵化工有限公司技术中心（市级）、重庆市涪陵辣妹子集团有限公司企业技术中心（市级）和重庆市古格科技有限公司、涪陵海翔船舶设计公司等专业工业设计企业。

图1为太极集团有限公司技术中心。

涪陵区拥有如下工业设计的优势领域。

1. 医药行业

具备化学药、传统和现代中药、创新药物、新型药物制剂、药用植物资源等研究方向。

图 1　太极集团有限公司技术中心

2. 食品行业

主要包括榨菜产业及其他酱腌菜食品的加工、包装、储藏、检测分析工艺及技术。

3. 装备制造业

主要是在船舶设计领域建立了中小型特种船舶以及相关新产品、新技术、新工艺研究开发、设计、试制、试验设计开发平台，攻克了 3000 吨~9000 吨级不锈钢化学品船建造关键技术难题，填补了不锈钢化学品船国内自行设计、自行建造技术的空白，220kV 级变压器、非晶合金节能型变压器、特种变压器开发与生产技术在西部处于领先水平。

图 2 为重庆川东船舶重工有限责任公司。

4. 化工行业

在磷复肥尤其是磷酸二铵的生产工艺开发领域处于全国领先水平，在大尿素装置及三聚氰胺生产工艺技术领域处于行业先进地位。

5. 生产性服务和创意设计

科创印务公司在包装设计、VI 设计、平面设计、广告设计方面具备一定的规模和水平；长美影视动画设计有限公司在原创动画的开发，以及影视动画、企业形象设计及推广、媒体开发、网页设计、环境艺术、数字绘画等数码艺术设计领域在除重庆主城以外的地区处于领先水平。

图2　重庆川东船舶重工有限责任公司

（二）基地打造取得突破

截至2012年年底，涪陵区成功打造了1个市级创意产业基地即涪陵金渠创意产业基地。基地拥有场地1.2万平方米，完成了金渠创意设计基地大楼的装修改造，设立了一站式服务大厅，新建设了基地企业形象展示厅。组建了创新产业服务中心，引进了会计师事务所、专利事务所、律师事务所、投资公司、项目咨询包装公司等中介服务机构，扩展服务能力和范围。目前基地有企业56家，其中创意设计类企业24家（动漫设计类企业2家、软件设计类企业15家、工业设计类企业4家、园林绿化设计类企业3家），培育出版权认证产品2个，专利产品7件。2011年基地所有企业实现产值3.26亿元，其中创意企业产值7200万元。

（三）重点创意项目进展顺利

由重庆长美影视动画设计有限责任公司承担的"三峡移民精神赞礼"系列动画片《巴蔓》项目和长江师范学院承担的"生态移民"系列动画片《巴方岛》项目已经通过了结题验收，目前已经进入市场运作环节。这两个动漫设计项目将文化创意娱乐产品与民俗文化、旅游风景、特色产品乃至移民建设和城市规划等内容有机融合，为动漫设计产业培养了一批专门人才，实现了发展模式的创新。

由重庆市科创印务有限公司承担的西南包装创意速成设计平台建设也基本完成，该项目主要针对西南地区独特的地理环境、人文、历史及物产情况，设计具有自主知识产权的企业包装创意产品，为本区域企业包装产品提供高质量的创意服务，提升服务企业产品品牌及地位；建立完善的创意人才储备机制；搭建现代化的创意设计平台；打造包装创意设计知名品牌；形成新的人才培育模式。

（四）推进创意产业与传统加工制造业融合

一批创意企业和重点企业研发中心将自身发展与传统加工制造业有机融合，实现了共同发展和壮大。如榨菜文化研究中心与榨菜集团新品研发机构密切合作，丰富了榨菜产品的民俗文化内涵；船舶设计中心为涪陵区川东船舶重工等船舶制造企业设计出造型现代、结构先进的新型船舶，有力地增强了企业产品竞争力，特种船舶得以出口欧洲和东南亚市场，同时创意企业也得到了较快发展。

（五）旅游休闲创意发展迅猛

"十一五"期间，涪陵区开发打造了以文化为主题的白鹤梁水下博物馆、北山道院，以军事为主题的816核军工洞，以休闲为主题的美心红酒小镇、大木花谷、石夹沟等旅游休闲项目。

图3、图4为重庆涪陵大木花谷、白鹤梁水下博物馆。

二 涪陵区创意产业"十二五"期间发展思路

"十二五"期间，涪陵区将抓住发展机遇，大力发展创意产业，使创意产业有效地推动涪陵区经济发展方式转变，成为涪陵区工业经济发展的加速器，并成为全区经济发展重要的新增长点。

图3　重庆涪陵大木花谷

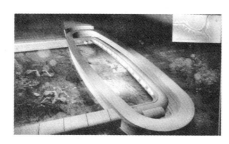

图4　重庆涪陵白鹤梁水下博物馆

（一）发展目标

加大政策与资金投入力度，推动工业设计产业的人才建设、装备建设及体制建设，加快发展工业设计产业，建成主城以外的重庆市工业设计副中心，辐射渝东南及三峡库区，积极服务支持三峡库区及渝东南地区产业结构调整，为打造江南万亿工业走廊核心区提供支撑。积极推进创意产业发展，着力打造建设长江师范学院、金渠创意产业基地等2～3个创意产业园区和集聚区。重点发展动漫、软件、设计、广告、策划、创作等创意产业。积极推进法国华侨华人会投资的"法国风情创意园"（龙潭镇）、"大顺中山创意农业产业园"的建设，完善"美心红酒小镇"和"大木花谷"等旅游、休闲创意产业的建设。力争到"十二五"末，全区创意产业产值达到 100 亿元以上，从业人员 3000 人以上，成为重庆市创意产业发展的重要组成部分。

（二）工作措施

1. 积极推进工业设计发展

积极鼓励企业建立技术中心。依托现有的 1 个国家级企业技术中心、6 个市级企业技术中心和重庆市古格科技有限公司、广州市海翔船舶设计有限公司重庆分公司等专业的工业设计企业，积极推进医药、食品、装备制作、化工和包装业的工业设计发展。

（1）医药行业。坚持"中药为本、西药快上"的发展战略，以培育有竞争力的超大规模品种为中心，实现以中成药保持行业优势地位、以仿创结合的西药品种及自主创新的生物药物推动企业的高速发展，立足中药，发展西药，大力发展优势突出的产品领域：呼吸系统、消化系统、内分泌系统及抗感染药物、解热镇痛药物、麻醉药物、抗肿瘤药物，并形成储备一代、生产一代、研发一代的良性循环；"十二五"期间研发投入将达 5 亿元，完成新项目立项 150～200 项，争取获得生产批件 50 个，新药证书 10～15 个。

（2）食品行业。力争将重庆市榨菜工程技术研究中心通过国家试验室认可，建设成榨菜行业内成果转化和技术推广基地、技术创新与技术支撑平台、学术交流中心，并大力开发其他地方特色农副产品的深加工生产工艺与技术。

图 5 为涪陵榨菜集团生产车间。

（3）装备制造业。船舶设计领域重点针对船舶及非船行业的前沿性技术、新领域技术等进行论证研究，开发万吨级不锈钢化学品船、重级油船、特涂船、LPG 船、LNG 船、海洋工程船等船舶产品，加大成套设备、环保产品、风电产品、大型钢结构等非船产品的市场开发力度，同时对现有产品技术方案进行优化和工艺技术改进，形成布局合理、结构优化、体系完备、环保节能的新型船舶制造企业，着力打造国家船舶出口基地和长江中上游特种船舶制造基地；提高高电压、大容量、节能、特种变压器产品的开发及生产技术，力争跻身国内一流行列。

图5　涪陵榨菜集团生产车间

（4）化工行业。加大对己二酸、PTA生产技术及下游产品、三聚氰胺下游产品、尿素下游产品等领域的重点研究开发；掌握高等级磷酸盐生产的关键技术，加强精细化工及生物化工产品和环保产品的研发，向"做精磷化工"的目标迈进，延长化工产业链，壮大产业集群。

（5）生产性服务创意设计。在该领域重点开发网络设计平台、网络营销平台建设，实现由工业品外包装设计向工业品外观设计的转型。

2. 大力培养和引进人才

培养和引进发展创意产业所需的人才，并重视教育培训，积极提高从业人员的创造性和创业能力。

3. 营造良好产业发展环境

通过法律法规和政策杠杆，鼓励区内各企业集团以及全社会支持创意产业发展，营造推动创意产业健康快速发展的外部环境。

4. 注重加大科技投入，增强创意产业发展后劲

2013年，涪陵区在文化产业上的投入就达1300万元。《重庆日报》报业集团充分利用新区优越的地理位置，坚持"文化立园、传媒导行、创意平台、产业集群"的宗旨，倾力打造涪陵文化创意产业园项目。该项目占地109亩，

总建筑面积为 22 万平方米，总投资约 10 亿元。该项目建成后，将极大地提升涪陵区创意产业发展的整体态势，增强创意产业的发展后劲。

5. 推动投资主体多样化

创意产业的发展依赖民营企业和个体人员的广泛参与，因此，涪陵区在推动创意产业发展的过程中，十分注重拓展创意产业投资主体的多样化，以使创意产业的业态能够更加丰富、门类更加齐全、发展更具效率。

6. 切实注重知识产权保护

创意产业能否持续发展，关键在于创意能否获得相应的知识产权保护，或者简单地说，创意能否给创意拥有者带来较好的收益。显然，在创意不能得到有效保护的环境里，创意产业是不可能真正得到发展的。因此，涪陵区非常重视对创意成果的知识产权的保护，积极开展知识产权保护的各种形式的宣传活动，并切实贯彻执行国家在知识产权保护方面出台的各项法律和规章制度，为营造创意产业发展的良好氛围奠定坚实的基础。

总之，在"十二五"期间，涪陵区政府将加大对创意产业的投入力度，制定切实可行的相关政策，积极引进创意型人才和创意项目，努力通过工业设计提升传统产业向研发和营销两端发展，从而提升产品的附加价值，并由此推动传统产业的升级和转型，使本地区的社会和经济真正科学、可持续地发展。

依托文化艺术资源　大力发展创意产业

——大足区创意产业发展概况

大足区经济和信息化委员会

创意产业具有知识密集、附加值高、整合性强的特点，发展空间巨大、前景广阔。近年来，大足区充分发挥世界文化遗产——大足石刻、自然原生态的龙水湖等资源优势，把发展创意产业作为落实"文化兴区"战略的务实举措，作为服务全区科学发展的重要手段，积极探索，真抓实干，促进创意产业大力发展并在引领全区经济结构提档升级方面发挥了重要的作用。

一　大足区创意产业发展现状

大足区创意产业从 2008 年开始起步，但产业集聚效应和经济带动功能尚未真正形成，主要表现在以下几个方面：一是对创意产业的认识不到位。创意经济属于知识经济和技术经济，是创新和研发领域中的一种经济类型，其形成和发展需要一个良好的氛围。作为一种新兴产业，不仅大足区民间对其认识模糊，而且相关部门也知之不多，既缺乏对创意产业概念和内涵的深入理解，又缺乏对创意产业特征、作用的充分认识和合理定位，因此需要政府和媒体的大力引导。二是创意产业规划滞后。大足区目前尚无创业产业发展规划，也没有相关的扶持政策，不利于创意产业的资源整合，难以形成完善的创意产业链，对周边区域的带动能力不强。三是创意专业人才缺乏。创意产业源于人才的创造力、技能与才华，其核心竞争力就是人才。全区创意高端人才稀缺，人才结构失衡，缺乏创意产业经营管理人才，这已成为制约大足区创意产业发展的重要因素。同时，涉足文化创意产业的企业还处于粗放经营、外围经营、低效益经营状态。

二 大足区创意产业工作推进情况

大足区创意产业在区委、区政府的高度重视下，目前有关各项工作正有序推进，具体完成工作如下：一是委托中冶北京设计院编制了创意产业园区20平方公里的总规和3.5平方公里启动区的控制性详规，该详规已经获得大足区政府的批准。二是逐步理顺与重庆大足创意产业投资公司的体制、机制等关系，完成对现有园区资产的清理。三是完成启动园区2条主干道和各10万平方米的拆迁安置房和经济适用房的规划设计。四是强力开展招商引资，已签订中国台湾纳米新技术应用等10余个入园初步协议。五是完成启动首批园区土地指标和临时占地报批工作。六是完成3.5平方公里启动区范围内的摸底调查，对规划区内严格实行"三封"（封地、封建、封户）。七是完成临时占地协议的签订及补偿工作。八是连续两年成功举办"大足杯"五金产品创意设计大赛，收到来自全国各地的设计作品700余件，并获得市政府的表彰。

图1、图2为重庆大足区市容和大足万古创意产业园。

图1 重庆大足区市容

图 2　大足万古创意产业园区

三　发展创意产业的基本思路

1. 总体思路

依托世界文化遗产，以科技为支撑、创新为动力、园区为载体、市场需求为导向，全面推进大足区创意产业发展，实现文化繁荣与经济提升的双重功效。通过制定规划、出台政策、搭建平台、落实重点项目等手段，扶持一批综合优势明显、发展潜力巨大、辐射能力强劲的创意产业企业，发展具有大足特色的创意产业园区，建设一批标志性现代创意产业发展重点设施，集聚一批有较强知名度的创意产业专业人才，使创意产业成为大足文化艺术、经济增长、社会和谐的新引擎。

2. 发展目标

（1）突出地方特色

大足区拥有几千年的佛教文化传统，形成了多元文化气质，各种不同风格的文化艺术在大足和谐共存、兼容并蓄，逐渐使大足具有一种海纳百川的城市个性。因此，大足区发展创意产业将注重城市个性的发掘，在传统文化中汲取灵感，融合各地的创意智慧，用开放的心态吸收来自先进地区的创新做法和先进经验，使大足的创意产业彰显与众不同的特色。

图3是开凿于晚唐景福元年（公元892年）的大足石刻。

图3　开凿于晚唐景福元年（公元892年）的大足石刻

（2）构建公共服务平台

积极吸收国内外创意产业发展基本模式的先进经验，搭建公共服务平台，制定与创意产业发展相关的各项政策并落到实处，努力为创意产业的研发设计、展示推广、销售交易、融资担保等提供完善的公共服务，营造良好的外部环境。研究制定鼓励优惠政策，吸引中介服务机构和创意高端人才入驻，引导创意消费，推动创意需求，打造成熟的创意消费市场，使大足的创意产业规模化、经济化。

（3）发展民俗文化产业

充分发挥大足石刻世界文化遗产的品牌效应，加快民俗文化旅游资源产业化，通过旅游开发更好地保护和传承民俗文化。全力挖掘民俗风情、山水生态、休闲娱乐等旅游资源潜力，重点推进石刻艺术博物馆、龙水湖风景区、民俗一条街、唐风宋韵等重点旅游项目建设。扩展、提升宝顶山核心景区，精心策划推出以大足石刻为核心的二日游、三日游精品旅游线路。深度开发民俗旅游产品，延伸旅游产业链条，促进旅游与文化的融合。创作与石刻、五金、宗教、美食、民俗（火烧龙、鲤鱼灯等）紧密相关的影视、动漫、戏剧、歌舞、文学精品，策划"千手观音"大型节目表演。以各种展会为平台，加大宣传力度，扩大对外影响，致力于将大足建设成全国优秀旅游城市。

（4）建设特色产业园区

全面抓好大足五金产业孵化园、五金科技园、聚光光伏产业园、循环经济产业园建设，进一步加强对园区的规划指导，围绕汽车及零部件、现代五金、农业机械、循环经济、电子信息产业，加大对园区产业、产品及企业形象的提升，全面提升园区产业发展水平和知名度。

四　发展创意产业的保障措施

1. 转变产业发展观念，树立全新发展意识

进一步解放思想，转变观念，拓展视野，树立新的产业发展观，提高对发展创意产业重要性和迫切性的认识，把创意产业作为大足新一轮大开放、大发展的支柱产业，将创意产业发展纳入政府产业发展的决策之中，努力提高创意产业在经济总量中的比重。

2. 完善产业发展机制，推进产业科学发展

建立创意产业发展推进协调机制，成立大足区创意产业领导小组，设立创意产业办公室，统筹协调全区文化创意产业发展。全面做好创意产业发展的调查研究和规划编制工作，制定促进产业发展的行动计划和优惠政策，将创意产业列入全区未来国民经济和社会发展专项规划，作为全区的支柱产业加以培植。完善和优化产业发展的内部与外部环境，加大资金、税收和投融资方面的政策扶持力度，推进投资主体和产权结构的多元化，激发文化创意企业的发展活力。

3. 实施人才支撑战略，强化产业智力支持

加强人才培养。有效利用重庆大学及市内的优质教学资源，加强对创意人员的培养，鼓励企业与学校之间建立产学研合作平台以及优化人才成长的体制机制。建立完善人才引进机制和多层次的人才培养体系，注重培养创意开发人才、创意经营人才以及创意产业管理人才，以适应创意产业链各个环节的人才需求。

发展特色旅游 建设美好家园

——黔江区创意产业发展概况

黔江区经济和信息化委员会

一 "十一五"期间创意产业发展基本情况

1. 发展现状

"十一五"期间，黔江区创意产业在市创意办的大力支持下，在区级部门大力协调配合下，在企业积极参与实施下，得到了较快的发展。2009年濯水古镇被重庆市政府授牌为市级创意产业基地，该基地位于黔江区阿蓬江流域中部，依托黔江最大的行政建制镇——濯水古镇。基地开发建设业主为重庆市黔江区旅游天地有限责任公司，基地总用地面积62.3公顷，利用阿蓬江水域40公顷。公司负责全区旅游景区建设和经营，黔江民情风俗挖掘、传播，承接全国各地旅游团队、组团旅游观光，为游客和当地政府提供集旅游服务、旅游景区经营、开发与建设为一体的综合性服务，获得国有旅游景区的门票收入和国有旅游资源收益。

2. 古镇新颜

黔江区旅游天地有限责任公司先后投入资金1.589亿元，逐步建设和完善了濯水古镇创意产业基地的办公与生活基础设施，配套了更为健全的服务功能，为古镇创意产业发展奠定了坚实的基础。

一是修缮古镇内街地面4735平方米，沿江步道地面1290平方米，入口集散广场1400平方米，停车场2000平方米，景观绿地面积16690平方米，风雨桥1座、内河桥2座、河堤2100米。

图1为濯水古镇生活风貌。

二是恢复李家老街、龚家大院建筑，新建芭茅岛旅游接待设施，建筑面积

图 1 濯水古镇生活风貌

42202 平方米。

三是重点建筑修复，建筑面积为 4504 平方米；一般保护建筑修复，建筑面积为 6036 平方米；新镇风貌整治，建筑面积为 58600 平方米；拆除建筑面积 8375 平方米。

四是新建无公害优质果园 24.3 公顷，果园内配套建设生产管理用房、储藏保鲜能力为 500 吨的气调保鲜库，建筑面积 800 平方米。新建优质高效桑园 16.7 公顷、淡水鱼养殖场 7.3 公顷。

五是完善基地场地、给水、供电、排水、通信、燃气、环保等基础设施工程。通过建设和打造，促进了创意产业的发展。

图 2 为濯水古镇风貌。

图 2 濯水古镇风貌

3. 基地打造

基地总投资 1.589 亿元，其中生态农业观光体验区建设及创意产业业态布置投资 1886 万元（果园投资 1286 万元，淡水鱼养殖场投资 350 万元，桑园投资 250 万元）；古镇建设投资约 1.1096 亿元（风雨桥及内河桥 960 万元，河堤及步道 1300 万元，给排水及管网 550 万元，征地拆迁 510 万元，老街恢复和改造 602 万元，恢复、新建建筑 7078 万元）；古镇创意产业业态布置投资 2708 万元（民俗酒店设施设备投资 1340 万元，游船、休闲竹筏投资 150 万元，亲水、戏水、水上拓展训练建设投资 300 万元，戏楼、旅游商品、茶楼、休闲会所、民俗酒吧投资 918 万元）；公共消防设施、标识系统、环卫设施、办公设施等投资 200 万元。

濯水古镇创意产业基地具有丰富的自然资源和人文资源，山清水秀，旅游基础较好，基地建设的各种基本条件均已具备。黔江区将以生态农业、渝东南古镇建筑风貌和丰富的人文景观为特色，以观光、休闲、文化艺术体验、农耕文化体验等活动为主要建设内容，以文化创意和旅游创意为手段，努力将濯水古镇打造成在重庆乃至国内知名的渝东南生态农业－古镇文化观光休闲型旅游景区、城乡统筹发展示范区和创意产业基地。通过基地资源的整合及产业结构的优化，形成整体合力，增强市场竞争能力，从而促进创意产业可持续发展，充分发挥创意产业的辐射作用和带动作用。

图 3 为濯水古镇风雨桥。

图 3 　濯水古镇风雨桥

4. 存在的问题

创意产业是文化艺术创意和商品生产的结合，具有知识密集型、高附加值、高整合性等特征，而创意产品具有需求的不确定性，加上黔江区创意产业还处在发展初期，"软环境"和"硬环境"都还有待完善，因此区创意产业发展存在的主要问题还是创意人才匮乏和民族特色文化有待提升两个方面。

二　"十二五"期间工作计划

1. 创意产业发展目标

通过政策推动，逐步形成创意研发，创意产品生产、推广销售等环节完善的创意产业链；以濯水古镇民族风情创意产业基地为载体，加大对基地建设的力度，不断完善基地基础设施，完善旅游接待功能，建成4A级景区；深度挖掘古镇历史文化，形成文化展示馆；开发古镇－农业观光园－蒲花暗河、三潮水等景点，形成旅游环线，吸引更多游客来观光旅游；打造一座专业化、生态型、集创意产业孵化园、科技产业园和文化产业园三大功能板块于一体的创意产业园区（重庆·梦谷——黔江创意产业园）；大力招商引资，让更多的企业入驻创意产业发展基地，形成产业链，实现城乡统筹共同繁荣的局面。围绕五个街道办事处培育产值超千万元、利税超百万元的创意产业龙头企业3～5家，力争形成一批具有黔江特色文化底蕴、影响力较大的创意品牌，培育一批在市内外有影响力的知名设计师，具备举办创意产业大型活动的能力。到2015年，全区创意产业实现总产值12亿元以上，增速达到25%以上。

2. 工作思路及发展重点

构建以主城区三个街道商贸区为重点的核心创意区和以正阳、舟白新城区及濯水创意产业基地为重点的创意产业集聚区，提升主城功能；各重点镇乡要立足产业基础、文化内涵和资源禀赋，错位发展，形成具有区域特色的创意产业，适度发展拥有独占资源并条件成熟的创意产业项目，作为主城区创意产业的补充，建成研发设计、时尚消费、会展创意、娱乐演艺、传媒印刷、工艺美术、文化旅游等创意产业培育基地，初步形成较为合理的产业结构和产业体系。

（1）研发设计创意。重点支持发展工业设计类创意产业，结合区内产业发展，加强印刷包装、工艺美术、服装针织、玻璃制品等产品设计，提升产品附加值。重点扶持正阳工业园区工业设计创意基地。一是做大广告业。在报纸、期刊、路牌、灯箱、橱窗、通信设施设备等媒介上为客户策划并完成有偿宣传活动，开展广告艺术创作。规范黔江广告市场，在主城区三个街道楼宇工业小区发展广告业。二是开展花画工艺品制造。以绢、丝、绒、纸以及鲜花草等为原料，制作花、果、叶等人造花类工艺品，并开展相关制作活动。三是开展天然植物纤维编织工艺品制造。以竹、藤、棕、葵等天然植物纤维为材料，制造以欣赏为主的工艺陈列品以及工艺实用品。

（2）文化传媒创意。大力发展文化产业，具体措施包括：一是鼓励原创性的文学艺术作品创作、传播活动，加强民间工艺美术创作、传播活动；充分利用职业学校和地方文艺工作者、民间艺人的资源，搞好书法、绘画、雕塑等文艺创作活动；挖掘民间楹联、墓碑等资源，推动群众文化全面发展。二是利用电视、电信等传媒机构资源，发展互联网等新媒体产业。三是全面发展会展服务创意产业。以大众广场会展中心、体育馆会展中心等为重点，加强对会展业的培育和调控；改善环境，增强吸引力，积极举办和引进各种展览会、会议，发展特色会展经济。

（3）时尚消费创意。围绕太平岗美食街、西山步行街、南海鑫城等主要商务区，积极推动时尚消费产业的集聚和发展。具体举措是：一是做大美食文化、艺术摄影、婚庆服务、休闲消费等行业，形成都市时尚消费的核心区域。二是以濯水古镇创意产业基地为核心，整合旅游资源，突出新、特、奇的开发模式，做好旅游产品创意和设计，塑造旅游品牌形象。积极开发工业旅游、企业旅游，在神龟峡、小南海、武陵仙山等风景区扩大和发展区内旅游产业规模。三是开展理发及美容保健、休闲健身娱乐服务。

（4）建筑设计创意。一是开展工程管理服务，加快组建各种工程管理服务机构，积极开展与建筑工程有关的服务活动。二是开展规划设计，围绕把黔江打造成渝东南区域性中心城市的目标，认真组织开展区域和城市、风景区、城市园林绿化、林业等规划设计活动。三是开展建筑装饰设计，加强黔江城镇建筑外立面的装饰、美化和维护，以及环保、管理活动。

（5）咨询策划创意。一是开展社会经济咨询活动，重点开展工业生产活动咨询、设计咨询、证券投资咨询、保险咨询活动。二是开展商务活动，为企业、个人形象进行包装设计，筹备、策划、组织各类大型运动会、龙舟赛、枇杷节等活动。三是开展科技中介服务，为科技活动提供社会化服务与管理，开展科技信息交流、技术资讯、技术孵化、科技评估、科技见证和科技咨询等活动。

三　保障措施

（1）加强宣传引导工作。积极发挥媒体宣传和舆论导向作用，加强区内创意产业的宣传工作，增强全社会的创新意识，营造全社会支持创意产业发展的良好氛围。

（2）加快创意产业基地建设。积极引导重庆鸿业实业集团有限公司加大对濯水古镇创意产业基地的培育力度，将该基地打造成为渝东南的一个品牌。

（3）培育创意产品市场环境。促进创意产品的消费和销售，形成创意引领消费、消费促发创意的良性循环。

（4）加大创意产业人才培养和引进力度。

（5）加强创意产业知识产权保护。强化知识产权社会中介服务，帮助企业建立知识产权保护机制，形成贯穿于创意产品创作、生产、流通和消费全过程的知识产权保护体系。

（6）加强产业指导和行业管理。加大服务和支持力度，建立共性技术开发平台，鼓励企业申报高新技术产品和高新技术企业，培育一批创意产业骨干企业，保障和促进创意产业健康有序发展。

B.17

利用工业设计促进中国西部
鞋都经济发展

——璧山县创意产业发展概况

璧山县经济和对外贸易委员会

一 产业发展现状

中国西部鞋都——重庆璧山制鞋产业有着悠久的历史。经过多年的不懈努力，制鞋产业从小到大，目前，璧山已经发展成为中国十大皮革皮鞋生产基地之一。2003 年年初，璧山县人民政府引进奥康集团共同打造中国西部鞋都，经过十多年时间的大力发展，中国西部鞋都建设已取得了巨大成功，在业内具有较高的知名度和美誉度。目前，中国西部鞋都朝着"努力提升工业设计水平，巩固提升制鞋产业"的发展目标而努力，以乘风破浪之势扬帆远航。

目前，璧山以独特的产业优势、良好的产业发展政策和完整的产业链所形成的产业集聚效应，吸引了红火鸟、金田、长庆、红土地等名牌鞋业生产企业和配套经营户 900 余家，年产皮鞋 1.33 亿双，产值达 200 亿元，占全县工业经济总产值的 16%。21 家皮革企业被中国皮革协会批准佩挂真皮标志，占重庆市皮革企业的 80% 以上；累计创重庆市名牌产品 8 个、重庆市著名商标 7 个、重庆市知名产品 4 个，注册商标累计达 806 件。全县鞋业产品出口到中亚、南亚、欧洲、美洲等国际市场，2012 年，皮鞋出口创汇超 5134 万美元，占全县外贸出口的近 40%，占全市鞋类产品出口的 80%。

图 1 为璧山中国西部鞋都工业园区。

图1　璧山中国西部鞋都工业园区

二　产业存在的问题

随着市场经济的发展，璧山县制鞋产业与国内先进地区相比还有较为明显的差距。具体而言就是产业内缺乏龙头企业，更缺乏知名品牌产品；产业设计水平不高，缺乏高端设计与管理人才等，这些问题在很大程度上严重制约和影响了制鞋产业的可持续发展。为此，璧山县委县政府审时度势，提出璧山鞋业必须上档升级，制鞋产业必须由过去的璧山制造向璧山创造转型的发展思路。而创造的核心就在于大力发展工业设计，工业设计以其投资少、见效快、风险小的优势，成为企业参与市场竞争和产业转型升级的重要突破口。

三　产业发展规划及举措

2010 年，由工信部联合教育部、科技部等 11 个部委起草的《关于促进工业设计发展的若干指导意见》正式发布，旨在加速推进新型工业化进程，推动生产性服务业与现代制造业融合，促进我国工业设计发展。为贯彻落实该意见精神，结合璧山县制鞋产业上档升级的产业现状，璧山县积极探索以制造业转型升级为导向，以提升工业设计能力和设计成果产业化能力为核心，以产业集聚区为载体，以加强工业设计人才培养为重点，加强公共服务体系建设，通过合理的政策引导、市场需求牵引，有效整合各种资源，大力培育发展具有特色的工业设计产业。产业发展将以市场需求为导向，瞄准制鞋产业发展趋势和市场需求，关注企业设计、开发瓶颈，加速制鞋产业业态由"璧山制造"向"璧山创造"跃升；以"工业设计成果转化"为核心，以"内联外引"和"产、学、研"结合为抓手，促进工业设计产业集聚区和公共服务平台体系建设。

图 2 为制鞋企业生产流水线。

图 2　制鞋企业生产流水线

1. 建立工业设计创新体系

力争通过实施工业设计创新工程，建立集创新成果、设计中心和产业集聚于一体的鞋业工业设计创新体系，推进工业设计在全县制鞋产业内的快速发展。引导企业加大设计创新投入，鼓励企业建立工业设计中心，提高企业自主设计的积极性。推动企业首先要转变观念，要把工业设计放在重要的地位加以重视。璧山县制鞋业中小企业居多，普遍缺乏雄厚的新技术开发资金，尤其适合运用工业设计所进行的集成创新和引进消化吸收再创新，促使企业加强与专业设计公司的合作，提高产品设计能力。

2. 加强工业设计基础工作

根据发展时机和产业比较优势，加强公共服务平台建设，吸引工业设计企业、人才、资金等要素向鞋都工业园集聚。

首先，组建设计服务中心。通过对分散的设计机构（人才）资源进行集中整合，组建新的设计开发团队，为璧山鞋业提供设计开发，设计技术研发，鞋样放样、优化下料技术研究等服务，逐步形成鞋业设计集聚效应。县政府策划、组织举办鞋类设计作品成果展或双年展，吸引和邀请全国优秀鞋类企业设计参展并与之进行深入合作，努力成为中国西部鞋类设计的展览中心，成为设计人才的集聚地。

2011 年、2012 年，在中国皮革协会、重庆市经信委的指导下，为营造西部鞋都工业设计领域"百花齐放、百家争鸣"的氛围，让时尚、创意和制鞋产业对接与融合，促进璧山鞋业工业设计事业的发展，璧山县成功举办了以"绿意·灵动·魅力"为主题的 2011"创意重庆"工业设计大赛、"璧山杯"鞋类产品设计赛和 2012 年"长江杯"国际（重庆）工业设计大赛鞋业设计单项赛等多项重大赛事，为产业发展和提档升级创造了良好的环境。

图 3 为第二届"西部鞋都杯"鞋类产品设计赛海报。

图3 第二届"西部鞋都杯"鞋类产品设计赛海报

其次，规划展览展示中心。拟为鞋业设计提供一个专业的展览展示中心，展馆要求区域划分合理、适应展示要求，能有效地陈列各种历史文献资料、企业展示材料、鞋类产品、制鞋工具、艺术作品等。

最后，充分运用设计信息中心。搭建鞋样信息网络服务平台，提供鞋业设计资讯服务。强调"工业设计的有效性""工业设计与生活"等理念，通过各种渠道搜集、整理、发布全球最新流行鞋样设计信息，向企业、设计机构提供有偿信息服务，为设计开发注入新鲜血液和灵感来源。通过政府和行业协会牵线，与广大相关企业合作，依靠集体力量，对设计成果实行区域化布局、专业化生产、一体化经营，加速设计成果的产业化进程。

3. 支持工业设计创新成果产业化

搭建鞋样设计电子商务平台，为成品鞋制造商和鞋样设计师（设计机构）搭建一个鞋样设计交易平台，推动设计成果转为经济效益。

"十二五"期间璧山县将继续引导企业，特别是中小企业广泛重视和应用工业设计，充分挖掘制造企业的工业设计需求，并坚持政府引导和市场调节相结合，为工业设计发展创造良好环境，努力把璧山打造成皮鞋制造领域先进设计理念的传播地、优秀工业设计人才集聚地、优秀设计产品展示地。

园区（基地）建设篇

Industrial Garden（Base）Development

B.18

突出产业优势　发展建筑设计

——大溪沟设计创意产业园区发展概况

渝中区大溪沟街道办

一　园区发展概况

2006 年，在新一轮经济竞争中，面对周边区域强势崛起带来的冲击，以及渝中区在重庆市原有区域经济领导地位的逐渐丧失，区委、区政府为提高城市新的竞争力，提升经济发展后劲，拓展新的发展空间，高瞻远瞩地提出了"一区一基地"的建设目标和"内陆香港"的城市理想。在此背景下，大溪沟街道办新一届领导班子成员认为，只有充分发挥街道办熟悉了解地区企业和发展状况的优势，强化街道服务经济发展的职能，并把其作为街道办工作的重中之重，变配角为主角，主动站在全区乃至全市的新起点上来谋划大溪沟地区经济发展，才能助推两大目标的实现。

为此，街道办提出敢为人先、开放创新的新思维，很快形成了凝心聚力、主动谋划的工作氛围。为挖掘地区优势，找准发展切入点，找准发展的位置和方向，避免"同质化"情况产生，街道办按照"唯一性、独特性和排他性"原则划定分片，由各位领导带着"我有哪些资源"的问题对地区开展了大量的实地走访、调研和论证，并对地区传统优势进行了梳理和整合，通过学习和借鉴其他城市发达地区创意产业发展的成功经验以及对区位传统产业优势与其他地区进行比较分析后，确定了把发展以建筑设计为主导的创意产业作为地区未来发展的战略目标，找到了一条具有差异化、突破性和可操作性的科学稳健的发展之路。

（一）提出打造设计一条街的基本构想

1. 提出构想

2007年3月，大溪沟街道办、重庆市设计院根据重庆市人民政府出台的关于加快创意产业发展的意见精神并结合自身优势和本地区的实际情况，率先提出了以建筑设计创意为主体，打造"人和街创意设计一条街"的基本构想。区委将此构想纳入了渝中区2007年重大项目前期工作计划，并明确了大溪沟街道作为人和街创意设计产业一条街前期工作的责任部门。

2. 组织落实

街道办把这项工作列为街道的重要工作，确定了办事处主任负总责、分管领导具体抓、相关科室人员协同配合的工作机构，并主动与市设计院加强沟通联系，共同确定工作计划，共同担负了人和街设计创意立项前期工作。该项重点工程受到了区委、区政府领导的高度重视，并对人和街创意设计的基本构想和规划思路提出了明确具体的要求，为顺利完成前期准备工作提供了有力的组织领导。

3. 可行性分析

通过组织机关干部和居委会相关人员成立了三支调查小组，分别对现有物业形态、人才资源、业态分布等开展了调查摸底，得出了在该地区打造创意产业具有独特优势的结论。街道联合市设计院向渝中区发改委提出了《关于创意设计一条街的立项请示》，并于2007年7月被发改委批复。

4. 规划实施

按照批复要求，大溪沟街道办事处、市设计院迅速启动了一条街打造的前期准备工作，初步拟定了整体规划、分步实施、编制可研、"示范段"建设的推进计划。并多次与区级相关部门协商、沟通，积极协调了将人和街小学教学区的改造方案纳入人和街整体打造规划方案的相关工作，提出了项目开工前及项目建设中需区相关部门协调解决的若干问题，如优惠政策、项目土地挂牌、拆迁安置等。完成了大溪沟街道办作为人和街创意产业一条街前期工作责任单位的主要工作。

图 1 为渝中区大溪沟创意产业园区。

图1　渝中区大溪沟创意产业园区

（二）由创意一条街到创意产业园区

2007 年 9 月 4 日，区政府决定将创意一条街上升为创意产业园区，并出台了关于人和街创意产业园（暂定）项目相关工作的会议纪要。

根据纪要精神，街道办与重庆宏大地产策划有限公司共同拟定了大溪沟地区创意产业园项目前期定位策划服务大纲，组织实施并完成了市场调查策划工作。市场调查策划显示，大溪沟地区以重庆钢铁集团设计院（简称钢院）、重庆市设计院、重庆中科普传媒发展股份有限公司等大型设计单位为龙头，集聚了建筑设计、工业设计、传媒、景观设计等一大批创意类企业，产业优势十分明显。因此，大溪沟地区被称为渝中区乃至全市的勘察设计产业基地也是名至实归的。

区委、区政府提出打造大溪沟设计创意产业园区后，据市场调查，市场支持率比较高，甚至过去从渝中外迁的勘测、市政、规划等类企业也表示有回归的意愿。特别是两大设计院积极行动，迅速开展了示范段的建设工作，并对未来发展战略做了新的调整。设计院综合设计大楼于2008年7月启动了拆迁工作，园区配合设计院于2009年1月完成了综合大楼1.2万平方米的居民楼拆迁工作。

（三）园区的建设发展步入正轨

1. 领导重视　方向明确

2008年8月，区委十届五次全委（扩大）会再次提出把"做强大溪沟设计创意产业园区"作为打造"内陆香港"的重点任务之一，区政府在上半年全区经济社会发展调度会暨第三次政府全体会上对园区的推进工作又一次提出了明确要求。

2008年9月3日，区四大班子主要领导、市级相关部门和区级相关职能部门的领导参加了大溪沟创意园区规划工作汇报会，会议对园区命名、核心产业定位、周界范围、城市设计及规划控制调整、机构设置、产业政策、项目包装以及在推进工作中的相关问题进行了布置和安排。之后，园区已初步完成了命名、范围调整并开始进行城市设计和规划控制调整相关工作。

2. 部门配合　大力支持

目前，园区管委会委托重庆市设计院编制的大溪沟设计创意产业园区招商引资策划方案经过多次讨论和修改，并经市规划局相关部门研究后已结题。该方案把依托核心形态、展现"三高"品质，与城市空间肌理、功能有机延伸及其赋予的文化内涵作为都市型创意园区规划的重要方向，并从规划思路、规划结构、道路交通体系、绿化体系、用地分析、空间体系、公共服务配套、经济效益估算以及分期发展策略等方面重点对园区核心区内7个规模化、组团式布局的功能分区进行了发展定位。这对园区未来的科学发展具有积极的指导和促进作用。在整个项目推进和实施过程中，市建委、市规划局、市经委、市科委等市级部门给予了高度的关注并提供了大力的支持。

3. 实体运作　富有成效

为了巩固优势，2009年上半年，区政府在全区经济社会发展调度会暨第三次政府全体会上对大溪沟创意产业园区的推进工作提出了明确要求。2009

年 10 月，区政府出台关于大溪沟设计创意产业园区规划工作汇报会的会议纪要，园区的建设进入了实质性的启动阶段。区委在创意产业园区规划工作汇报上明确提出了"四个一"的要求，即"有一个机构、有一支队伍、有一笔办公经费、有一个办公地点"，开始进行实体运作。同时区政府常务会成立园区管委会和建设领导小组，明确了办公地点和经费，要求结合畅通、森林工程建设尽快拿出园区的道路、市政绿化建设方案。

2009 年年底，创意大道及景观建设工程开工建设并于 2010 年上半年建成投入使用。区国资公司投入 700 万元对创意总部大楼（原市财政局办公楼）进行了整体装修后移交管委会作为办公和招商引资使用，2010 年不到半年时间，总部大楼全部出租给相关创意设计企业使用。设计院总投资为 1 亿元的综合设计大楼于 2009 年 3 月已开工建设，并于 2010 年春节后投入使用。中冶赛迪有限公司总投资 2 亿元的综合大楼也于 2009 年 4 月开工建设。2012 年社会投资共完成 25763 万元。

（四）园区发展三步走的目标

市政府在《关于加快发展服务业的意见》（渝府发〔2008〕126 号）中，明确提出把大溪沟地区打造成为市级建筑设计创意平台。2009 年重庆市创意产业调研组在对创意园区进行了实地考察和调研后认为：重庆市目前还没有像大溪沟地区建筑设计产业这样集中的创意产业园区，渝中区选择在大溪沟发展以建筑设计为主导产业的发展思路和决心是令人振奋的，把园区打造好，不仅是渝中区的一件大事，同时也是重庆市的一件大事，市经委和市创意领导小组会给予大力的支持和帮助。2009 年 11 月园区获得重庆市唯一以区域命名的创意产业基地称号。同时，区街道办结合市创意办和市级专家组的意见，提出了打造"市级创意产业基地""百亿产业基地"和"国家级创意产业基地"三步走的奋斗目标，为区域发展勾画出了美好的蓝图。目前，前两个目标已基本实现，下一个目标就是创建国家级创意产业园区。

二　园区建设规模

大溪沟设计创意产业园区规划面积为 1.32 平方公里，总投资约为 38.82

亿元。园区范围分为核心区和次核心区和辅助配套区，核心区按"一园三区"进行功能布局，产业定位为建筑设计业、工程设计业、咨询策划与传媒设计业、综合服务业等；次核心区定位为拓展区。核心区以市设计院为依托，重点发展建筑、景观、市政规划等设计业；次核心区以钢院为依托，重点发展工业设计及专项工程设计业等；辅助配套区以中科普为依托，重点发展广告传媒、策划咨询及酒店、会议、展览、旅游观光等综合服务产业。根据各阶段产业规模发展规划及各地块实际情况，计划一期开发市设计院、钢院现有在建物业及人民路与人和街交会板块；二期开发黄花园及罗家院板块；三期在人和街、双钢路纵深拓展。实际上核心区的功能布局目前已自然形成集聚。

图 2 为大溪沟人和街创意产业园区。

图 2　大溪沟人和街创意产业园区

三　园区发展成效

通过开展扎实有效的推动工作，园区发展实现了四个提升。

1. 促进了产业优化升级，提升了区域产业集聚效应

通过近两年的工作，园区在产业发展上，扩大了工程设计、勘察设计、广告设计、文化传媒、策划咨询、图文制作等创意设计产业的优势；在核心产业上，以工程技术、建筑设计、传媒三大主导产业为主的功能特色更加突出；在载体建设上，现有商务楼宇逐步开始提档升级，新建商务楼宇建设步伐加快；

在推进方式上，正在形成政府引导、市场运作、企业作主体的发展机制。工商和税务部门的统计数据显示，从 2007～2012 年，园区创意企业税收从 5600 多万元上升到 2012 年的 3.36 亿元，地区总产值从 80 多亿元上升到 179 亿元，园区企业从 894 家上升到 2012 年的 1434 家，其中创意类企业从最初的 130 多家上升到 394 家。创意产业在园区呈现出稳中攀升态势。

2. 促进了政企互动，提升了企业发展信心

在市、区两级政府的政策引导下，管委会通过充分发挥"政府投资助引导、市场参与作主体"的理念引导市场主体行为，带动了企业内部改革和战略调整。特别是两大设计院根据园区发展规划调整了战略定位，重新确立了未来发展目标，以设计产业为主形成了策划、规划、设计、工程监理以及图文制作等上下游产业链，形成了内外呼应的新格局，园区的集聚力、辐射力已经开始显现。

3. 促进了宣传交流，提升了园区的影响力

园区管委会通过征集标识、建立网站、制作路牌导视、制作推介光盘，参与全国性的会议以及借助网络、报刊媒体进行多方位宣传推广，不断提升园区的影响力。管委会在开展上述宣传工作的同时，还充分利用园区网站、政府网络平台、新闻媒体等多种媒介以及开展对外交流、举办论坛、作品展示等创意活动，多渠道多方式地宣传展示园区的形象，进一步加大了园区宣传力度，增强了园区企业的属地感和认可度。据不完全统计，全国几十家媒体先后报道了园区的推进情况，北京、深圳、成都等地的企业先后到园区管委会了解园区的规划和发展情况。

4. 促进了市政建设，提升了地区城市形象

目前，创意大道已全面建成通车，园区主次干道的立面整治也基本完成，总部大楼裙楼改造也完成立面综合整治项目，城市形象得到了极大提升，这都将进一步为园区提供优质发展载体和优美发展环境，一改大溪沟城市形象模糊的印象，大都市、创意之城正在呈现。

四　发展目标及主要举措

2011 年，区政府把创意园区的发展作为推动板块经济发展的重点项目，列入了渝中区"十二五"规划中，同时在渝中区服务贸易产业布局中，园区和上清寺互联网产业园区一道被确定为渝中区中部地区服务贸易中心。园区的发展目标是：依托重庆市设计院、重庆市钢铁集团设计院、重庆中科普传媒发展股份有限公司等龙头企业，按照"一园三区"布局打造大溪沟设计创意产业园区，集聚发展以建筑设计、环境艺术为主的设计创意产业，配套完善酒店休闲、会议展览等辅助性功能。到2015年，园区产值突破300亿元。

"十二五"期间，管委会将紧紧围绕"一区一基地"和"内陆香港"发展战略，更加充分发挥园区创意产业优势，使之成为落实功能定位，推动功能区建设，促进自主创新，实现区委、区政府战略意图的重要推动力量，努力做到在全市创意产业发展总格局中发挥龙头作用，并逐步扩大其国际影响力，实现创建国家级创意产业基地的目标，努力把园区建成重庆市乃至全国都具有影响力的"创意产业基地"和"西部创意产业中心"。

园区预期目标为：实现总产值300亿元（预期年均增长15%），增加值预期年均增长17%，达到200亿元，实现利税120亿元（年均增长16%），形成核心区内六个特色集聚区的产业布局；累计完成固定资产投资100亿元以上；新增就业3000人；培育拥有自主知识产权、主业突出、核心竞争力强的龙头带动企业3个；骨干企业研发费占销售值比重达到3%以上。

为进一步调整产业结构，实现产业结构优化和产业层级提高，园区的主要举措有以下几个方面：一是大力推进产业结构调整，促进产业优化升级。二是大力推进招商引资，提高优势产业聚合程度。三是大力推进规划项目落实，高标准、高起点推进区域发展。四是大力推进投资环境建设，营造"政策洼地，服务高地"。五是大力提升商务楼宇功能转换力度，打造创意特色楼宇。六是大力推进人才高地建设，形成人才集聚的新洼地。七是大力推进产学研结合创新体系建设，努力提高创意企业的创新力和竞争力。八是大力加强园区宣传力度，不断提升园区影响力和集聚力。

B.19

整合优势资源　构建全产业链

——重庆视美动画产业基地发展概况

谭　亮

近年来，受益于良好的外部环境，重庆动漫文化和动漫产业异军突起，原创精品不断涌现，动画、漫画、游戏、衍生品、教育培训等动漫企业达到100余家，建立了1个国家级动漫产业基地、1个国家动画教学研究基地，4家动漫企业通过国家首批认定，一个企业被授予国家文化出口重点企业，从业人员近10万人。作为西部动漫的龙头企业，重庆视美动画艺术有限公司（简称视美动画）在努力做大做强的同时，坚持技术创新与人才培养相结合、自主创新与借鉴国际经验相结合、社会效益与经济效益相统一、发展理念与产业实践相适应的发展之路，全力打造动漫全产业链，强有力地提升了品牌的核心竞争力。

一　稳步前进，运营平台初具规模

重庆视美动画艺术有限责任公司（简称视美动画）成立于2005年11月，由重庆广播电视传媒集团股份有限公司控股，注册资本金1500万元，主要致力于动漫产业发展及青少年文化产业建设。

自2006年起，视美动画原创动画年产量一直处于全国前列，代表动画作品有《麻辣小冤家》、《宝贝先锋》、《莫莫》、《缇可》系列、《月尘》、《夏桥街》、《弹珠传说》、《东方少年》、《梦月精灵》等，二维、三维原创动画作品多次获国家广电总局优秀动画片推荐及国内外专业大赛大展奖项。2007年8月，视美动画公司正式获得国家广电总局授予的"国家动画产业基地"称号。2008年6月，正式取得重庆电视台少儿频道代理运营权。2010年7月，视美动画基地获重庆市人民政府授予的"文化产业示范基地"称号。

图1、图2分别为动画片《缇可夏季篇》和《梦月精灵》的剧照。

图1　动画片《缇可夏季篇》剧照

截至2012年年底，视美动画拥有近300人的专业人才队伍，85%的员工拥有普通高等教育大学本科学历，95%以上人员年龄在35岁以下，能独立完成剧本编辑、人物设定、故事设定、后期特效、配音、音乐音效等多个重要环节的原创制作。迄今已完成原创动画片生产20余部，近两万分钟，迅速成长为西部地区最大的影视动漫产业基地。

2008～2012年，视美动画公司陆续打造了中国西部国际动漫文化节、六一儿童嘉年华等系列大型活动，全面提升了公司和频道的品牌形象，成功巩固了区域内动漫产业及少儿文化产业的"领头羊"地位，为视美动画的良性发展及全产业链的构建打下了坚实的基础。

图 2　动画片《梦月精灵》剧照

视美动画公司准确的定位和快速的发展受到了各界的高度关注。时任中央政治局委员、中央书记处书记、中宣部部长，现任中央政治局常委刘云山；时任中央政治局常委李长春；时任重庆市委书记，现任中央政治局委员、国务院副总理汪洋；中央政治局委员、重庆市委书记孙政才等领导先后莅临视美动画公司，就公司业绩及产业链的打造予以充分肯定。

通过视美动画人的不懈努力，以品牌为核心打造的集"动漫产业"和"青少年文化产业"于一体的综合型服务运营平台已初具规模，完成了"动画片原创生产 – 频道播出平台 – 动画营销网络 – 衍生产品开发 – 动漫人才培训"的完善产业链建设，成为区域内文化产业拓展的生力军。

二　厚积薄发，生产经营亮点频现

1. 动画生产领先西部

截至 2012 年年底，重庆视美动画公司自身投资逾亿元，生产原创动画作品 20 余部，近两万分钟，多部原创作品在国内外专业大赛中获得奖项。

早在 2006 年，视美动画就与中央电视台、北京电视台等国内多家有绝对影响力的电视台签订了动画片售卖合同。截至目前，公司已与四个国内优秀成熟的专业动漫播出平台——中央电视台少儿频道、北京卡酷少儿频道、上海炫动卡通频道、湖南金鹰卡通频道签署了动画节目的制播合作协议；此外，还达成了与江苏、福建、西藏、河北、吉林等多家省市级电视台的合作，取得了一定的市场份额。同时，视美动画进一步开拓多元化的市场发展空间，除传统的电视台播出售卖外，还开发了网络点播等新媒体发行方式，为原创动画片打开了更广阔的市场。

近年来，视美动画在探索动画生产与产业搭建相结合方面做出了重大尝试。2010年，视美动画与常州天贝动漫玩具有限公司合作的52集动画片《弹珠传说》，成为当年中央电视台少儿频道的收视冠军，两年内实现玩具销售6亿元，成为视美动画第一部独立市场化运作并实现单部赢利的原创动画作品。2012年，视美动画与广州梦龙动漫公司联合推出商业合作动画片《梦月精灵》，该项目在生产环节即实现成本回收，并享有全球后续版权长期收益，标志着视美动画与动画衍生产业的合作、研发和市场推广正逐步走向成熟。2012年6月，视美动画成功与广东奥飞动漫公司携手，打造大型精品动画《神魄》，为公司迄今为止投资额最大、品质最高的作品。该片确定于2014年春季在日本富士电视台播出，该项目的欧美市场开拓也在进行中，有望成为中国第一部在日本及欧美主流平台运营的中国原创动画作品。

2. 频道运营收视强劲

视美动画于2008年6月1日正式接手运营重庆电视台少儿频道。2009年1月1日，频道进行全新改版升级，推出了易被少年儿童识别和记忆的卡通形象识别系统，频道形象"TICO"一经推出，便受到了重庆地区广大小朋友的喜爱；改版后，频道在节目编播、安全播出、传播导向上狠下功夫，致力于传播积极、健康、有益、向上的节目内容。

面对日趋激烈的竞争环境，频道在全力加大节目引进力度、创新编排策略、升级频道形象包装、确保安全播出的同时，利用地缘贴近性优势，大力推广线上互动活动和线下品牌活动，使得频道多年来持续占据地面少儿专业频道第一位。2009年频道平均收视率为0.44%、平均收视份额为3.09%，首播国产动画片达到107675分钟；2010年频道全年平均收视率为0.56%、平均收视份额为3.58%，首播国产动画片达208675分钟；2011年频道全年平均收视份额 3.47%，平均收视率 0.39%，首播国产动画片 229200 分钟；2012 年全年平均收视份额 3.28%，平均收视率 0.52%，首播国产动画片 214200 分钟。

图 3 为重庆少儿频道《TICO 家加油》栏目走进社区开展活动。

图 3　重庆少儿频道《TICO 家加油》栏目走进社区开展活动

3. 产业开拓稳步前进

在努力做好主营业务运作及创新的同时，视美动画公司积极开拓市场空间，逐步完善公司多元化产业链。

（1）加强产业合作，建设终端卖场

2012 年 5 月 19 日，由少儿频道和重庆天子之歌钢琴公司联手打造的"重庆少儿频道 TICO 天之歌艺术学校"及"重庆少儿交响乐团"正式揭牌，视美动画在拓展产业合作模式之余，也为重庆少儿艺术教育的发展贡献了一己之力。

2012 年 6 月 1 日，视美动画打造的首家"TICO 玩具旗舰店"在重庆市南岸区万达广场开业，"TICO 玩具旗舰店"采用与商场、供货商利益一体的联营模式，以 TICO 品牌为核心，以高品质玩具产品销售为主营业务，半年内销售额超过百万元。作为西部首家电视媒体运营的专业连锁卖场，借助少儿频道强大的播出平台和影响力，将动漫成品引入终端卖场，成为视美动画产业链建设的又一里程碑。

（2）拓展儿童剧、儿童电影市场

鉴于国产儿童剧、儿童电影在这几年取得了良好的市场反响，视美动画从2012年开始在儿童剧、儿童电影市场方面进行了内容制作及营销推广模式的新探索。2012年4月，视美动画自制的大型魔幻题材儿童剧《彩虹小镇》完成制作，该剧共52集，每集22分钟，主要演员由频道旗下五位主持人及特邀小演员担任，于2013年5月在重庆电视台少儿频道首播；2013年年初，视美动画与广州奥飞动漫公司联合出品的《巴拉拉小魔仙》大电影，在当年的春节档期间取得了超过150万元的本地票房。

（3）中国西部动漫文化节

在巨大品牌影响力的号召下，视美动画公司有针对性地打造了一系列以少儿动漫为主题的大型活动。自2009年以来，公司已连续4年成功承办了"中国西部国际动漫文化节"，开展了动漫创意竞技活动、动漫高峰论坛、动漫产品推介等多项活动，在2012年9月29日至10月4日举行的第四届中国西部动漫节上，创下了重点合作签约项目金额达100亿元的佳绩。中国西部动漫文化节已逐步发展成为中国西部动漫企业面向世界的交流平台，有力地奠定了"东有杭州，西有重庆"的中国动漫产业格局的坚实基础。

图4为2012第四届中国西部动漫文化节开幕式现场。

图4　2012第四届中国西部动漫文化节开幕式现场

（4）大力推进视美动漫产业园

为了加快促进西部地区特别是西南地区产业集群的建立，在 2012 年 10 月的中国西部动漫节上，重庆市三个产业园项目签约落地，其中，就包含铜梁县政府与重庆视美动画艺术有限责任公司、重庆昊德文化投资有限责任公司联合开发的视美动画产业园一期项目。作为 2013 年市级重点在建项目之一的视美动漫产业园，立项投资额 30 亿元、占地 1000 亩。该项目的有效推动，将使视美动画突破传统媒体运营的限制，打造新的收益模式——集教育生产、娱乐购物、休闲旅游和城市功能于一体的复合型文化产业园。该项目的落地发展，延伸了视美动画的动漫产业链，搭建了一个文化产品商品化、资产化平台，推动了重庆动漫产业的发展格局，使动漫产业成为拉动重庆市经济发展、促进产业结构调整的又一重要力量。

近年来，通过动画生产、频道运营、衍生产品开发等主营业务的不断发展，视美动画公司的年产值已达到了 4500 万元以上，保持着每年 10% ~ 15% 的增长速度。在经济效益取得突飞猛进的同时，视美动画并没有盲目地扩大生产以追求利益最大化，而是仍然秉持着"以品牌为核心"的战略思想，把提升原创动画质量和公司品牌形象作为公司发展的重中之重。

未来几年，视美动画在积极推动"视美动画产业园"（基地）项目运营的同时，将全力打造公司自身的实体内容、品牌运营、产业拓展。一方面优化频道创收模块构架，另一方面要完成动画生产团队的扩建，但最终目的是要以市场为导向，拓展包括动漫文化节、玩具旗舰店、品牌幼儿园、动漫电影推广平台、儿童实拍剧舞台剧运作等在内的各个少儿产业项目，完成复合型全产业链的打造。

附表 1　公司动画片获奖情况

序号	主要动漫产品名称	获奖情况
1	《麻辣小冤家》	2006 年　第 12 届上海电视节白玉兰奖"最佳中国动画片创意奖"提名 2006 年　中国动漫游戏原创大赛"优秀专业团队动画奖" 2007 年　第 13 届上海电视节"最佳中国动画片创意奖"提名

续表

序号	主要动漫产品名称	获奖情况	
2	《缇可》系列作品	2009 年	《缇可》获国家广播电视总局 2008 年度全国推荐播出优秀动画片
		2009 年	《缇可》获第五届中国国际动漫节"美猴奖"中国动画系列连续片提名
		2009 年	《缇可》获重庆广播影视奖优秀动画片奖
		2009 年	《缇可春季篇》获年度少儿精品发展专项资金及国产动画发展专项资金项目优秀国产动画片三等奖
		2010 年	《缇可讲故事》获国家广电总局第一批国产优秀推荐动画片
		2010 年	《缇可》获重庆市第十一届精神文明建设"五个一工程"优秀作品奖
		2010 年	《缇可春季篇》获中国广播电视协会"2010 全国青少年优秀电视节目"动画作品系列类三等奖
		2010 年	《缇可春季篇》获第 25 届中国电视金鹰奖青少节目三等奖
		2010 年	《缇可春季篇》获广电总局 2009 年度原创动画作品及创作人才扶持项目最佳编剧奖提名奖
		2011 年	《缇可春季篇》获 2009～2010 年度重庆市广播影视奖电视动画节目优秀奖
		2011 年	《缇可春季篇》获 2011 第三届中国西部国际动漫文化节"最受观众喜爱动漫形象""最受观众喜欢动漫歌曲"奖
		2012 年	《缇可之暑期里的危机》获 2012 年第四届中国西部动漫文化节最佳新锐奖
		2012 年	《缇可夏季篇》在第 26 届中国电视金鹰奖重庆地区评奖活动中荣获动画片节目类优秀奖
3	《莫莫》	2009 年	获第五届中国国际动漫节"美猴奖"动画系列连续片提名
		2009 年	获第五届中国国际动漫节入围奖
		2010 年	获重庆市第十一届精神文明建设"五个一工程"优秀作品奖
4	《月尘》	2009 年	获 OACC 第六届金龙奖原创漫画动画艺术大赛入围奖
		2010 年	获中国广播电视协会"2010 全国青少年优秀电视节目"动画作品长篇类三等奖
5	《叽里咕噜和巴巴猫》	2007 年	获重庆创意产业活动周动漫设计大赛"最佳原创电视动画片奖"
		2008 年	获第 24 届中国电视金鹰奖青少节目三等奖
6	《同构》	2008 年	获第四届国际动画节(杭州)"美猴奖"提名
7	《Norm and Trevor》	2008 年	获亚洲青年动漫大赛提名奖
8	《宝贝先锋》	2010 年	获重庆市第十一届精神文明建设"五个一工程"优秀作品奖
9	《米多的涂鸦日记》	2010 年	获第 25 届中国电视金鹰奖青少节目三等奖
10	《夏桥街》	2010 年	获中国广播电视协会"2010 全国青少年优秀电视节目"动画作品长篇类一等奖
		2011 年	获广电总局 2010 年度少儿精品发展专项资金及国产动画发展专项资金项目优秀国产动画片鼓励奖
		2011 年	获 2009～2010 年度重庆市广播影视奖电视动画节目优秀奖

续表

序号	主要动漫产品名称	获奖情况	
11	《弹珠传说》	2011 年	获 2009～2010 年度重庆市广播影视奖电视动画节目提名奖
12	《东方少年之击斗战车》	2012 年 2013 年	获 2012 年国家广电总局第一批国产优秀推荐动画片 获国家新闻出版广电总局 2012 年度少儿精品及国产动画发展专项资金项目评审二等奖

公司自成立以来获得荣誉及奖励一览（不含动画片获奖）

2007 年 8 月，视美动画正式获批"国家级动画产业基地"；

2007 年，视美动画正式获批"重庆创意产业基地"；

2007 年，视美动画公司被重庆市版权局授予首批"版权保护工作先进单位"；

2007 年，视美动画公司被授予九龙坡区"文化工作先进单位"；

2007 年，视美动画正式成为重庆市动漫协会理事单位；

2008 年，视美动画正式成为中国动画学会会员单位；

2009 年，视美动画正式获得中共重庆市委宣传部授予的宣传系统"文明单位"称号；

2010 年 2 月，视美动画获得重庆市人民政府授予的"产业振兴重点培育成长型小巨人企业"称号；

2010 年年初，视美动画获得重庆团市委颁发的市级"青年文明号"称号；

2010 年 7 月，视美动画基地获重庆市人民政府授予的"文化产业示范基地"称号；

2011 年 7 月，视美动画获重庆市委宣传部颁发的全市"优秀文化企业"称号；

2011 年 12 月，视美动画获重庆团市委颁发的市级"优秀青年文明号"称号；

2012 年 3 月，视美动画获重庆市人民政府颁发的"重庆市未成年人保护工作先进集体"称号；

2012 年 4 月，视美动画获 2011～2012 年度全国"青年文明号"称号。

B.20

传承民俗文化 发展创意产业

——洪崖洞民俗文化风貌区发展概况

重庆小天鹅投资控股（集团）有限公司

一 发展概述

1. 洪崖洞的前世今生

重庆小天鹅投资控股（集团）有限公司（简称重庆小天鹅集团）是一家长期致力于文化产业的发展、潜心于民营经济与民族文化传承的探索与创新建设的大型民营企业。2003 年重庆小天鹅集团通过竞投标，获得渝中区洪崖洞传统民俗文化风貌区项目的开发权。随后全资投入 3.85 亿元修建了 6 万余平方米、市中心唯一——片融合巴渝传统民俗和时尚文化的重庆洪崖洞民俗文化风貌区。

重庆洪崖洞民俗文化风貌区位于重庆解放碑沧白路，地处渝中区解放碑核心商圈 500 米半径辐射范围内，处于重庆市解放碑 CBD、江北城 CBD、弹子石 CBD 所构成的两江三岸大型 CBD 区域的核心枢纽地带。洪崖洞在悠长的岁月中，形成了江隘炮台、东川书院、天成巷街等众多历史遗迹，还为世人留下了洪崖滴翠、嘉陵夕照、两江汇流等巴渝十二景中的三大景观。洪崖洞民俗风貌区在整体规划设计过程中，大胆采用创新的理念把古老的巴渝吊脚楼建筑艺术注入全新的文化理念，将民族建筑艺术推向了一个新的境界，成为重庆一张独特靓丽的城市名片。2008 年，重庆洪崖洞民俗风貌区被国家文化部评定为国家文化产业示范基地。

图 1 为重庆洪崖洞民俗文化风貌区一角。

2. 产业园区的发展数据

截至 2011 年年底，洪崖洞民俗风貌区有 320 家商户，年平均游客达 350 万人次，创造了 18 亿元营业收入，缴纳利税 4 亿元，为 4600 余人提供就业，

图1 重庆洪崖洞民俗文化风貌区一角

形成了一个旅游与文化产业共同发展的产业链，带动了景区及周边区域的经济发展，取得了显著的社会效益和经济效益。

图2为重庆市渝中区洪崖洞部分景色。

图2 重庆市渝中区洪崖洞部分景色

3. 产业园区的综合社会影响力

洪崖洞园区作为4A级旅游景区，已成为老重庆"历史文化游"和"都市魅力一日游"的指定景点，成为集文化创意、餐饮娱乐、旅游购物、名特小吃、高档酒店、巴渝剧院于一体的大型民俗风貌区。洪崖洞园区利用重庆传统的历史文化资源，在半山坡上打造了一个高信息密度的人文旅游商业功能区，是名副其实的"城市价值再造"形象工程，也被誉为"中华第一悬崖城"。

图3为洪崖洞夜景。

图3　洪崖洞夜景

开市以来，洪崖洞民俗风貌区每年接待中外游客超过1000万人次。中共中央前总书记江泽民、人大常委会副委员长顾秀莲和成思危、香港特区前首长董建华、中央政治局常委贺国强、中央政治局委员汪洋等同志到重庆时，都到过洪崖洞视察、观光游览。他们为洪崖洞所体现的巴渝吊脚楼风采而赞叹不已，并题词留念。

以文化为特色、以创意思路带动文化产业的蓬勃发展是洪崖洞民俗风貌区的发展思路。洪崖洞的文化创意产业及经营链共划分为四大体系：中外特色美食文化产业、民俗旅游及工艺文化产业、巴渝剧院的演艺文化产业和文化创意产业。

二　特色美食文化

以重庆地道特色美食为基础，容纳包括具有"重庆火锅第一品牌"的标志性名店"重庆小天鹅·洪鼎美人美火锅"、中国餐饮第一品牌"全聚德"在内的各地名特美食是洪崖洞特色美食的显著特点。洪崖洞特色美食的第二大特点是展现了丰富多彩的各国美食文化，洪崖洞目前已经入驻了包括美国嫩绿茶廊、星巴克、赛百味、DQ冰雪皇后、COSTA COFFEE、日本"富一"料理、韩国"雪岳山"烧烤、香港沙嗲王时尚餐饮、爱尔兰酒吧、墨西哥酒吧等在内的15家异国风情餐饮名店。洪崖洞第三大特点是紧紧围绕民俗为中心点，客人来此可以品味150种巴渝名小吃的独特风味。

图4为洪崖洞民俗文化街景。

图4　洪崖洞民俗文化街景

2007年11月，洪崖洞被评为"重庆市创意产业基地"；同年，商务部烹饪协会将"中华美食城"荣誉称号授予洪崖洞；2008年又获重庆市商委"市级美食城"、国家旅游局"国家AAAA级景区"、文化部"国家文化产业示范基地"等殊荣。

洪崖洞"中华美食城"年营业额超过1.5亿元，解决就业1200余人。

215

三　民俗工艺文化

洪崖洞三层民俗百业工坊，是3000年巴渝民风市井风情及手工艺的浓缩；二层是重庆市政府倾力打造的重庆旅游商品展销中心，该中心荟萃了重庆40余个工艺区县的名优工艺品和名特商品，满足了"一层逛遍重庆"的旅游购物需求。漫步于三层民俗工艺品街市，可以看到各种人文民俗小店为游客提供的旅游商品、民俗饰品、地方土特产，人们在购买各具特色的产品时，可以感受到传统文化带来的古朴风貌。

2012年，景区商品实现销售额9065万余元，解决就业700余人。

图5为洪崖洞工艺品展示区。

图5　洪崖洞工艺品展示区

四　巴渝剧院及演艺文化

洪崖洞项目的一个最高追求就是浓缩3000年重庆历史文脉。为此小天鹅集团在洪崖洞投资 6000 多万元，打造了现代时尚与古朴典雅相结合的巴渝大剧院，同时还全额投资 1200 万元排演了大型原创情景式歌舞剧《巴渝情缘》。该剧自 2006 年 6 月 18 日正式在洪崖洞公演以来，上演场次达到 320 余场，中外游客约 16 万人次观看并领略到了巴渝风情，极大地带动了景区及周边相关产业的发展，特别是文化相关产业的规模化发展。2008 年由小天鹅集团和重庆市歌舞团联袂精心打造的反映本土人文艺术表演的大型时尚歌舞剧《渝·美人》，也在洪崖洞巴渝剧院隆重上演；2008 年由重庆广电集团重视传媒投资 600 多万元独立打造的大型多媒体情景式歌舞剧《幺妹》在洪崖洞巴渝剧院正式公演。不一样的文化，不一样的风情，洪崖洞已成为老重庆的"城市地标"和新重庆的"文化名片"。2012 年，巴渝剧院被重庆文化广播电视局所属红岩联线文化发展管理中心看中并收购，现在的巴渝剧院已成为整个重庆市创意文化及演艺文化的中心，成为重庆一个重要的演出舞台。开业以来，承担了包括重庆文化艺术节、重庆政府主办的春节联欢晚会等众多重要演出任务。至今，洪崖洞巴渝剧院共承接演出 620 多场次，实现场租收入 780 万元。

图 6 为洪崖洞巴渝剧院，图 7 为歌舞剧《渝·美人》剧照。

图 6　洪崖洞巴渝剧院

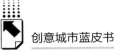

图7 歌舞剧《渝·美人》剧照

五 文化创意产业

文化创意作为一个产业需要形成规模，示范基地的作用在于模式效应。重庆洪崖洞景区运行五年多以来，产生了强大的社会影响力，特别是成为国家级文化产业示范基地后，洪崖洞以建筑风格为导向的民居式商业楼宇设计和装饰，以雕刻艺术超前与怀古的运用，以民俗风情为演艺基调的文化阵地等运行模式，得到了社会各界的高度认可。

2010年，借助洪崖洞成功模式，洪崖洞通过与各个地方政府合作，成功地输出了洪崖洞景区的文化创意产业模式。目前，重庆合川区文峰塔历史街区改造工程已经完成；规模和体量巨大的兰州徐家湾旧城综合改造工程也如期开工；其他的输出项目正在洽谈。这是洪崖洞民俗旅游景区文化创意产业发展的新方向，也是小天鹅集团未来几年工作的重点，这将把文化产业基地的示范效应在全国范围内推广。

1. 合川文峰塔历史街区改造

2009 年，适逢合川区将对文峰塔街区进行全面综合改造。按照该区发展文化特色商业的规划，2009 年 12 月，经过小天鹅集团与重庆市房地产企业 50 强锦天地产集团多次洽谈，决定全面引进洪崖洞模式对文峰塔历史街区项目实施整体开发建设。

文峰塔历史街区项目以合川家喻户晓的地标性建筑——文峰塔为核心，地处合川区南屏片区北部滨江地带。总占地面积近 500 亩，总投资约 5 亿元，建设规模约 25 万平方米。项目以重庆著名地标建筑"洪崖洞"为蓝本，打造集旅游、餐饮、休闲、文化、娱乐于一体的巴俗古韵商业街区，成为合川区城市旅游的新亮点与历史人文的新地标。

2010 年文峰塔改造项目一期全面建成，成为提升合川区城市形象的一个标志性文化地产项目。

2. 百里黄河风景线上的城市再造

2010 年重庆高交会上，兰州市市长袁占亭到洪崖洞吃饭。洪崖洞景区的商业气氛和建筑特色给他留下了深刻印象。一个星期之后，兰州市一名副市长带着 9 个人的代表团来到重庆，通过甘肃重庆商会找到小天鹅集团总裁何永智女士，隆重地邀请她前往兰州考察，并洽谈如何利用洪崖洞品牌效应，引入洪崖洞成功商业模式，参与被誉为百里黄河风景线的兰州城市超大型、综合性城市的再造工程。

在为小天鹅提供的四个候选项目上，何永智总裁最终选定了徐家湾旧城综合改造工程。2010 年 8 月 19 日，兰州市市长袁占亭带领兰州城建、规划、土地、工商税务相关职能部门一行 20 多人到洪崖洞与小天鹅集团领导召开联席洽谈会，并最终达成共识，项目于 2010 年 10 月全面启动。

兰州徐家湾城市综合再造工程总建筑面积 60 万平方米，总投资近 40 亿元，其中商业面积 18 万平方米。作为功能完善的兰州大型 CBD 中心，项目全面运营后，将解决就业 20000 人左右；三年市场培育期内，年上缴利税达 1 亿元左右；经营稳定后年上缴利税可达到 2 亿元；将为兰州的城市社会和经济发展创造一个重要的增长点，成为一个崭新的兰州城市新地标。

洪崖洞以上四大创意文化产业链及其经营项目，仅在洪崖洞景区，自开办以来营业收入已达 6.2 亿元，利税超过 1.2 亿元，解决就业人口达 4200 余人，同时带动了景区及周边区域经济的同步发展。

六　洪崖洞的社会经济效益情况

2008～2009 年，小天鹅集团向文化部申报洪崖洞景区为"国家级文化产业示范基地"并获批后，景区秉承国家级文化产业示范基地的实施原则，在景区现有文化产业成就的基础上，进一步开拓和发掘了更多的文化性产业产品种类，丰富了洪崖洞民俗风貌区的文化内涵，提振了文化与经济融合发展的能力，推动了景区文化向社会渗透、影响的发展，取得了比获批前更加良好的社会及经济效益。具体表现如下。

1. 大力培育和扶持洪崖洞"郭选昌雕塑馆"

将郭选昌雕塑馆作为 2008～2009 年洪崖洞景区文化产业的重点发展项目。通过郭选昌雕塑馆创作团队的共同努力，在新中国成立 60 周年前夕，承接了代表重庆参加国庆阅兵游行的大型彩车——"三峡移民"组雕，以及其他雕塑工作，这些震撼人心的创意项目及生产制作均在洪崖洞负二层工作间完成。

2. 调整商业结构，着重发展具有文化渗透力和影响力的经营项目

兴建了"洪崖洞异国美食文化街"，继引进世界三大快餐业之一的美国"赛百味"店、美国著名的冰雪皇后 DQ 冰淇淋店后，爱尔兰酒吧、日本富一料理、美国嫩绿茶廊也全面入驻 9、10 楼异国美食街，现在已经成为在渝工作的外国友人流连忘返的聚会地。

3. 整合重庆特色旅游商品资源

在 4A 级旅游景区上大打旅游文化牌，将洪崖洞二层整层租赁给市政府并由重庆市旅游局、重庆市旅游控股集团和重庆小天鹅集团具体承办了"重庆市旅游商品展销中心"，吸纳了重庆市 40 个区县的 1300 余个旅游特色商品入市。

历经 30 个春秋的重庆小天鹅集团在洪崖洞民俗风貌区的建设经营上累积了成功的商业文化地产运作经验。洪崖洞文化产业示范基地下一步的发展重点包括：一是景区内部产业结构的不断充实和调整；二是运营模式的输出和示范效应的扩张。作为文化产业示范基地的价值，从重庆合川区政府到兰州市政府看中的都不是洪崖洞建筑本身。洪崖洞输出的，不仅仅是文字表现的品牌，更重要的是其中包含的品牌效应和成熟的商业赢利模式，即一整套定位、开发、招商、后期运营和维护的方法，奉献给当地的不仅是富有特色文化的建筑，更是活跃的商业气氛。文化要形成产业，最重要的就是商业运作和赢利模式的建立和输出。

洪崖洞民俗文化风貌区通过产业结构的调整和升级，2012 年营业收入24927 万元，利润2600 万元，当年新增就业人数 700 余人。由此在洪崖洞景区周边形成了一个旅游与文化产业共同发展的经济链。

B.21

弘扬抗战精神　凝聚民族文化

——两江新区民国街开发建设概况

两江新区民国街开发办公室

民国街是两江新区建设"全市新兴文化产业发展的策源地和示范区"的启动项目，选址位于两江新区龙盛片区中心区域，地处明月山与铜锣山之间的漕谷地带，紧邻龙兴古镇、龙湾森林公园。项目规划面积 480 亩，建筑面积 12 万平方米，建筑风格以民国建筑为主、巴渝建筑为辅，点缀名人故居，并整体贯彻重庆山水文化的设计理念，做到兼南济北、涵东蕴西，既保有南方小桥流水的温婉余韵，又兼具北方建筑粗犷豪迈的雄浑大气，是各地建筑文化相互交融的结晶，遵循"传承历史文化、沿袭民间习俗"的理念，打造成为一座讲述重庆老故事、传统与现代和谐共融的商业古镇，带动两江新区城市核心区"商景旅文"和谐共生、多元互动、持续发展。项目开发按照总体规划、分期建设的原则推进，计划 2015 年全面建成。

一期项目于 2011 年 7 月启动，2012 年 3 月竣工，总投资 1.3 亿元，占地约 120 亩，建筑面积约 15000 平方米，复建了由国泰戏院、《新华日报》营业部、心心咖啡馆、白玫瑰餐厅等 66 栋典型建筑构成的陪都建筑群，囊括了包括政府、银行、客栈、报社、酒吧、咖啡厅、戏院以及各种餐饮、杂货商铺等在内的多种建筑形态，设计独到、考据扎实、工艺高超、装饰精美，生动再现了陪都的历史文化风情，整体还原了老重庆社会生活空间，成为两江新区城市建设的一大亮点。街区建成后，冯小刚电影《一九四二》在街区取景拍摄并首映，引起国内外的广泛关注。

图 1 为两江新区民国一条街街景。

2012 年 11 月 26 日，一期项目开街运营，推出影视创意、文化培训、展览博览、特色影院、餐饮住宿、休闲娱乐等多种业态，并成功植入国风堂、国

图1　两江新区民国一条街街景

学堂、国美堂、国艺堂等国字号系列品牌。目前，街区已与近300家商户进行洽谈，签约商户47家，开业商户21家，累计接待市内外游客逾100万人次，已成为重庆市知名文化旅游景点。

民国街拓展区规划设计已于2013年年初正式启动，围绕一期增建面积约10万平方米，针对性加强创意商业、艺术商业、休闲旅游、高端住宅板块建设，与一期连成一片后，民国街整体规模、业态功能、容纳能力将大幅提升，文化要素更加丰富，加上同步建设到位、日益完善的配套设施，民国街将在新区文化产业发展及城市建设过程中发挥更大的示范作用和集聚扩散效应。

B.22

BLUE BOOK

充分发挥高校集群优势
大力推动创意产业发展

——钓鱼城创意产业基地发展概况

合川区创意产业办公室

一　基地创意产业发展概况

重庆钓鱼城创意产业基地，由重庆邮电大学移通学院和合川区政府联合打造，2009 年 12 月获"重庆市级创意产业基地"授牌。

1. 基地发展方向确定，架构基本成型

钓鱼城创意产业基地的建设与发展，主要是依托和整合以重庆邮电大学移通学院为主的合川地区八所高校丰富的创意人才资源，确立钓鱼城为主题，把游戏软件开发、动漫设计、产品造型设计、软件外包服务作为主要发展方向。2011 年 3 月，基地下设的工业设计研发中心成立。2011 年 7 月，移通学院在钓鱼城创意产业的基础上又成立了重庆市高校首家"微型企业文化创意产业孵化园""微型企业创业指导站"，并获合川区政府授牌。

图 1 为重庆邮电大学移通学院校园风光。

2. 文化创意企业引进取得进展

基地从创建到现在已经吸引了 12 家创意类企业相继入驻，其中包括重庆钓鱼城游戏软件开发有限公司、重庆五洲龙新能源汽车有限公司、重庆市金考拉服饰有限公司等，企业大部分以自主创业的在校及毕业大学生为主体，涵盖了动漫、软件、电子商务、工业设计、书法等各个业务领域。

3. 基地配套设施逐步完善

为满足基地发展需要，已经开始全力动工修建大型文化创意艺术中心"缤

图1　重庆邮电大学移通学院校园风光

果城"，其中艺术区中心是一幢造型独特的创意产业大厦，并建设有创意创业中心、创意多媒体中心、缤果创意剧院。为满足艺术家以及旅客生活需求，艺术区内将建立创意餐饮、创意娱乐、创意休闲、创意住宅等生活区，以丰富创意艺术中心区域内容。建筑面积达5000平方米的创业产业大厦开始兴建，2013年10月主体工程已经全部完工。同时，为了给入驻企业提供足够的高质量创意人才，基地建设了大学城教育培训园。培训园位于合川高校区，总面积近6000平方米，充分发挥大学集群优势和资源优势，成为合川地区规模最大、影响力最大的综合性文化教育培训特色街，成为综合性教育培训产业孵化器和大学生自主创业的重要实践基地。目前，培训园已有10余所教育培训机构入驻，涉及研究生、公务员、计算机、外语、美术书法、舞蹈和音乐等近20个培训项目。

4. 基地管理服务平台基本形成

基地组建了管委会，下设综合管理处、商务处、技术服务处。一方面开展有针对性的招商引资活动，引进涉及动漫制作、游戏软件开发、电脑软件及外形包装等研发设计、电子商务、工业研发设计、旅游文化产品研发设计等企业入驻基地。另一方面，为入驻企业搭建交流和资源共享的平台，通过建立基地项目储备库，协助入驻企业将一批具有知识产权的原创作品及科技含量高、附加值高、效益好的项目开展包装、论证及申报工作，帮助企业争取政府优惠政策，获得国家相关扶持资金，解决企业资金短缺的困难。同时，基地还组织开展定向性企业培训指导讲座以及组织企业负责人外出考察学习，提高其管理水平和发展意识。

5. 基地打造"钓鱼城文化博物馆"

"钓鱼城文化博物馆"是钓鱼城创意产业基地的重点建设项目，也是基地重点打造的展示钓鱼城在中国和欧洲历史发展过程中所扮演的重要角色的项目。在这里能够了解宋代合川的生产、生活情况及衣食住行，能够了解钓鱼城之战的全貌以及对中国历史、世界历史的影响，将成为合川一个新的参观旅游景点。基地组织专人，从历史资料收集、历史研究、多媒体展示、现场实景拍摄等多方面开展工作，已经取得了初步成果。

图 2 为改变欧洲历史的合川钓鱼城古迹。

图 2　改变欧洲历史的合川钓鱼城古迹

二　基地发展的资源基础

1. 基地发展的文化历史资源和人才资源优势明显

基地位于"钓鱼城"，有着极丰富的文化与历史内涵，既使基地发展主题明确，又为入驻企业提供了丰富的产品创意源泉。另外，基地由重庆邮电大学移通学院参与打造，又依托合川地区八所高校雄厚的师资力量、丰富的创意人才资源，使基地发展方向清晰，未来发展后劲很大。

2. 配套管理服务完善

在硬件方面，基地已经建成或正在修建各类孵化基地、产业大厦、艺术中心，以及商业、服务、娱乐设施，同时配套了为基地持续提供人力资源的教育培训园，新建咖啡厅、休闲娱乐室、运动室、超市等服务设施，为企业创造优越的工作环境。在软件方面，管委会实施平台搭建、项目筹划、资源协助等措施，使企业更能实现其发展目标；同时，基地计划建立项目投资公司，为企业获取资金提供便利。

3. 基地优惠政策吸引力强

基地为扶持企业发展，制定了相关优惠条件，如租金减免：企业第一年入驻基地，房屋资金减免到 5 元/平方米；免费宣传：搭建基地专属网站，免费介绍各企业情况；为企业出谋划策，招商引资：协助包装项目、打造项目，制作企业项目简介，吸引投资人参观；等等。

三　基地发展规划

基地在合川区经信委领导下，制定和完善了"十二五"规划，为基地未来发展制定了方向。基地以创新孵化投资、管理、生产性服务和产权交易等活动为载体，依托大学优势和人才优势，遵循市场法规和产业发展规律，提供设施和人才信息服务，实现差异性发展，形成特色化的经营模式，力争到"十二五"末，基地建设规模达到 70000 平方米，投资达 3 亿元，入驻企业 200 ~ 300 户，基地产值达到 60 亿元，税收达到 3000 万元。

B.23

完善配套设施　吸纳创意企业

——金渠创意设计基地发展概况

涪陵区金渠企业孵化器有限责任公司

"十一五"期间，金渠创意设计基地在市经信委、区经信委的大力支持和指导下，以科学发展观为指导，以市场经济为导向，以涪陵区产业布局和结构转型为着力点，着力改善创意设计基地环境，创新服务模式和服务方式，大力培育创意设计类企业，切实为入驻企业提供了有效服务。

一　金渠创意设计基地基本情况

金渠创意设计基地于 2006 年年底正式运营，由重庆市涪陵区金渠企业孵化器有限责任公司专业负责经营管理。"十一五"期间，基地以扩建完善创业服务场地及功能设施、整合服务资源、深化服务开展为工作重点，完成了金渠创意设计基地大楼的装修改造，设立了一站式服务大厅，新建设了基地企业形象展示厅；组建了创新创业服务中心，引进了会计师事务所、专利事务所、律师事务所、项目咨询包装公司等中介服务机构，扩展服务能力和范围。在公司全体员工努力下，金渠创意设计基地被认定为重庆市级创意产业基地、市级科技孵化器，被评为市级优秀都市工业楼宇。截至目前，基地面积达到 1.2 万余平方米，有创业企业 56 家，其中：创意设计类企业 24 家（动漫设计类企业 2 家、软件设计类企业 15 家、工业设计类企业 4 家、园林绿化设计企业及其他设计类企业 3 家），培育出版权认证产品 2 个，专利产品 7 件，基地所有创业企业在"十一五"期间实现产值 7.5 亿元，其中创意企业产值 2.1 亿元。

二　"十一五"期间主要工作措施

1. 改扩建基地环境，配套服务功能设施

"十一五"期间金渠创意设计基地投入大量资金改造基地环境，包括以下方面。

（1）建设完善了水、电、空调、通信网络等硬件基础设施，为企业提供环境优越、价格优惠的经营办公场所。

（2）配套建设了综合服务大厅、展示厅、商务服务部、会议室、停车场、职工餐厅、创业服务网络平台等共享服务设施。

（3）绿化基地环境，改造大门、大厅，增添标识、标语，提升了硬件形象。

2. 整合各类服务资源，营造良好发展环境

第一，争取了上级有关政策的支持。基地在发展过程中，积极争取了重庆市经信委、重庆市中小企业局、重庆市科委等上级有关部门的大力支持和指导，除重庆市创意产业基地外，还争取成为了国家级科技企业孵化器、重庆市中小企业创业服务重点机构、重庆市市级都市工业楼宇等。并通过这些牌子带来的相关上级资源为企业提供相应政策及项目资金扶持。

第二，整合与利用各类社会服务资源。建立专家管理服务团队，常年聘请一批专家为基地及企业提供咨询服务，与西南大学、重庆大学、浙江农科院等多家高校和科研院所的专家建立了合作关系，扩大技术、成果服务范围。引进中科院成都技术转移中心涪陵分中心、重庆市科技资源共享服务涪陵分中心、重庆市特种船舶数字化设计制造工程技术研究中心、三农电子商务聚合交易与多维服务平台、西南包装创意设计协同工作平台等技术服务机构与平台进入基地，提升专业服务能力。积极引入包括科技风险投资公司、商业银行、律师事务所、会计师事务所、专利事务所、项目咨询服务公司、劳动力中介服务机构等金融与社会服务机构并建立合作关系，现常年与10家以上服务机构保持合作，有效地扩大了基地的服务范围。

3. 提升服务能力，深入开展企业发展服务

第一，加强内部管理，提升自身业务能力。通过摸索实践，建立了较规范的管理制度。组织职工参与国、市组织的各类业务学习与培训，有 10 人获得了相关服务资质，提升了基地自身的管理与服务能力。

第二，组建创新创业服务中心，扩大服务团队。与区生产力促进中心、科技服务中心合作，共同组建了"涪陵区科技创新创业服务中心"，整合三方服务力量，扩大服务团队，对外实行一站式服务，有效地拓展了为企业服务的广度与深度。

第三，创新服务模式，深入开展各项服务。针对基地内企业的不同条件、不同发展阶段，尽力为企业创建、发展、壮大的全过程提供创新创业服务。现可为企业开展的服务包括创业培育辅导、技术创新、成果转化、项目论证推介、信息资讯、咨询决策、市场推广、中介代理、科技金融、培训、物业商务等方面。通过这些服务，努力为企业解决在发展过程中遇到的各类难题，让企业在发展过程中少走弯路，提升了企业的生产经营效率。

三　存在的问题

通过几年对涪陵创意设计企业的培育，基地起到了较好的引领和示范作用，但横向比较存在差距，特别是与主城几个区县、市外的发达地区相比存在较大差距，总体来看突出存在以下几个方面的问题。

1. 产业链尚未建立

目前进入基地从事创意设计的企业项目相对比较独立，个性化明显，基本是一家企业对市场调研→创意构思→产品设计→营销方案制定→销售全过程大包大揽，在衍生产品开发上还没有建立起产业链模式。

2. 龙头企业需要进一步培育

行业的发展需要龙头企业的带动。当前基地创意设计企业没有发展很突出的领头羊，基本还处在单家独户、分散经营阶段，普遍存在规模小、抵御市场风险能力差的问题。

3. 创意企业融资难

创意产业前期投入比较大，创意产品市场需求评估偏差比较大，资金投入风险确定比较困难，造成大多数投资商及银行难以对创意产业提供资金供给，致使创意设计企业融资难。

4. 环境不够宽松

地方政府在创意产业发展上，未形成可操作性强的扶持政策，基本按照传统产业政策指导创意产业发展，没有针对性的激励措施和鼓励发展政策。另外，社会舆论对创意产业的发展还没有跟上，创意虽多，用创意实现创业的却很少，发展氛围有待进一步营造。

四　"十二五"期间的发展构想

以科学发展观为指导，在市创意产业办、区经信委的指导下，按照"扩容、提能、增效"的工作思路，进一步扩大基地面积，提升基地的服务水平和能力，推动创意产业的发展。重点开展的工作如下。

1. 进一步改善基地环境

"十二五"期间，力争扩建基地面积达到 2 万平方米以上，建设完善硬件设施，营造更舒适的创新创业、加速成长环境。到 2015 年基地引进和培育企业达到 80 家以上，其中创意设计类企业 40 家。配套建设好功能服务设施。主要建设好培训中心、成果转化展示厅、公共服务平台等功能设施，满足企业发展过程中更多的服务需要。建设完善创意基地网络服务平台，增加功能模块，实现基地与培育企业的信息互动，并扩大对外宣传影响和展示。

2. 推进技术创新

与校地合作的大专院校、科研机构及区内科技专家建立联系与合作关系，启动建设虚拟大学园，与有技术创新需要的企业进行对接，引进技术与人才。建设完善科技资源共享服务平台涪陵分平台、专利咨询服务平台、科技专家网等公共服务平台，为企业提供研发手段和专家资源，助推企业技术创新。开展科技成果的引进、发掘、论证，通过联合开发、转让、技术入股等形式，让培育企业对其进行转化，使之尽快产业化利用。

3. 争取科技金融支撑

积极引进和参与科技风险投资，招引投资机构来涪陵区考察企业，为其推介有条件的企业或项目，为企业提供投资服务。积极与涪陵区银科担保公司、工商银行、重庆银行、深圳发展银行等融资担保机构和商业银行建立联系或进行合作，组织开展融资培训与咨询。为引进培育企业开展融资服务工作，积极为企业开展知识产权质押贷款、融资补贴申请等服务工作，扩大企业的融资渠道和科技金融政策的享受面。

4. 提升服务能力

建设完善综合服务大厅，发挥好科技创新创业服务中心的作用，实现一站式对外服务。加强基地自身服务队伍建设，强化学习和对外合作与交流，积极参加各种学习培训班，提高人员的服务能力和水平。进一步整合社会服务资源，深入开展好创业培育辅导、技术创新、成果转化、项目论证推介、信息资讯、咨询决策、市场推广、中介代理、科技金融、培训、物业商务等方面的服务。

5. 培育龙头企业

培育重点企业，重点围绕船舶设计、包装创意设计、动漫设计这三大行业进行重点培育和加速推进发展，力争每个行业有1~2家龙头企业来带动行业发展。开展重点引进企业的培育与加速发展。每年选择3~5家重点企业，进行重点培育和加速服务。积极争取和利用政府相关政策支持，同时大力宣传基地成功企业的成功项目，为创意产业发展营造良好的政策发展环境和社会舆论氛围。

工业设计产业集聚形成
推动传统产业上档升级
——重庆市五里店工业设计科技园发展概况

五里店工业设计科技园管委会

一　科技园简介

重庆五里店工业设计科技园位于重庆市江北区五里店地区，是由江北区政府和重庆市科委从重庆及西部地区老工业基地制造业水平提升、品牌产品创造、产业结构调整、经济发展方式转变的现实需求出发，借鉴发达国家把发展工业设计作为创新成本最低、产品附加值提升最快的重要手段的做法，结合区域经济发展的实际，为推进"重庆制造"走向"重庆创造"，在国家知识产权局的大力支持下，于2008年开始着力打造的西部唯一的以工业设计产业为重点的国家生产性服务业集聚区。科技园拥有专利服务、成果转化、企业孵化、人才培育、投融资担保、共性技术平台及公共服务等八大功能。

图1为五里店工业设计中心。

科技园自建设以来，在科技部、国家知识产权局、市科委等各级政府部门的大力支持下，获得了前所未有的发展机遇。目前，科技园已顺利通过了"国家工业设计知识产权试点园区"验收工作，正积极申报国家知识产权示范园区，被中央电视台新闻频道专题报道。目前科技园已被授予"国家科技企业孵化器""重庆市创意产业基地""重庆市科技企业孵化器""青年就业创业见习基地"等称号，获得国家发改委"国家研发设计服务体系建设"专项资金640万元的支持，是全市现代服务业集聚发展"215规划"的重要组成部分和市政府重点工程。2010年，科技园建设被写入黄奇帆市长政府工作报告；

图 1　五里店工业设计中心

10月，被确定为两江新区"1心4带"产业布局规划中的核心平台，与江北嘴金融核心区、观音桥商贸核心区、人和总部基地共同组成产业规划中的"金融服务中心"。

二　园区现状

1. 园区建设

中心一二期规划建筑面积 10 万平方米，主要建设五大专业园区。一期光华工业设计园 1 万平方米已于 2008 年 12 月建成投入使用，目前已引进汽车设计、产品研发、结构优化、外观设计、动漫制作、建筑设计等 20 家工业设计类企业。二期北岸创意设计园、星月信息技术服务园 2 万平方米已基本建成投入使用。其中北岸创意设计园目前已引进汽摩设计、产品研发设计、广告策划、新媒体、建筑设计、新能源研发、动漫类 70 多家企业；星月信息技术服务园重点引进信息安全、电子商务、系统集成、数字媒体、电子物流工业设计类企业；巴蜀建筑艺术园重点引进建筑设计、市政交通设计、建筑景观艺术设计类企业；东方生活创意园重点引进服装、家居、照明设计类企业。

2. 平台打造

为充分发挥研发设计服务对产业的促进和提升作用，增强园区的核心竞争力和凝聚力，打造西部领先的工业设计产业，在一期建设中，采取政企合作等模式，独立或政企共同投入，打造了产品研发、外观设计、快速成型、专利成果展示及交易、产品策划包装、投融资服务等一系列从产品研发到投产所需的较完整的共性技术及服务链，构建了专业服务力和核心凝聚力。在一期建设中，成功打造了八大共性技术服务平台。

（1）快速成型中心。中心核心平台之一，拥有 CNC 精雕机、三坐标扫描仪等大中型设备，由市科委、中心和重庆真好科技有限公司共同投资建设，为全市工业设计企业提供全面、快速的样品和小批量生产服务，让设计师图纸上的思想变成现实中的产品。

（2）设计师创业坊。建筑面积 600 平方米，配备高端电脑和 UG、CATIA、ACM、3DMAX、COREDRAW 等正版工业设计专业软件，架设高速网络，免费提供给拥有设计头脑、科技成果，但没有足够注册资金，没有固定经营场所，不熟悉财会知识、经济法规及经营常识的大学生、高校教师、科技人员、留学归国人员使用，并提供重庆独创的"峡光模式"（法人代理）创业服务，不断催生孵化工业设计科技型人才和企业。

（3）创意产品展示交易中心。建筑面积为 400 平方米，主要建设内容包括工业设计、创意产品展示交易厅、室内外 LED 全彩电子显示屏、多功能会议厅等。通过举办各种创意产品展示专场、时尚周、新产品及设计潮流信息发布、文化沙龙等活动，打造重庆工业设计、文化创意时尚新天地。

图 2 为创意产品展示交易中心。

（4）新材料新产品新工艺展示中心。建筑面积 500 平方米，提供制造、建筑、家居等行业国内外新材料新工艺及新产品展示，帮助设计企业、设计师紧跟高新技术产业及业界国内外发展动态，不断提升工业设计水平。

图 3 为新材料新产品新工艺展示中心。

（5）色彩纹理研究中心。建筑面积 350 平方米，由四川美术学院、中国长虹集团和中心联合组建，为工业设计、建筑设计提供产品设计专业化色彩纹理服务。

图2　创意产品展示交易中心

图3　新材料新产品新工艺展示中心

图 4 为色彩纹理研究中心。

（6）成果查新推广中心。在国家和市知识产权局的支持下，免费开通了"中国外观设计专利智能检索系统""专利信息检索服务平台"，为全市企事业单位开展专利活动提供优质服务，促使专利技术市场化和产业化。同时和重庆市科委合作，利用中心外墙 LED 显示屏和查询专用电脑，将历年来已登记的科技成果和重庆市高交会成果在中心进行展示，为成果寻找市场、资本寻找商机搭建最便捷的桥梁。

图 4　色彩纹理研究中心

（7）设计师培训招募中心。建设 200 平方米专用场地，购置高端电脑和正版工业设计专业软件，积极与重庆大学、四川美术学院等高等院校及 UG、CATIA 等专业工业设计软件供应商合作，开展全市工业设计人才继续教育公益培训和工业设计人才各种认证资格培训，是未来各类工业设计师成长的摇篮。

（8）公共服务及管理中心。集科技中介、专利代办、投融资担保、公共服务及管理等于一体，为企业包装项目，申报国家、市各类科技计划，申请专利，转让成果，投资融资等提供一条龙技术服务，同时开展工业设计信息综合服务，建设专业型网站，面向中小型工业企业开展业务，促进成果的推广与交易。内设"设计机构落地服务中心"，为希望拓展重庆市场的国内外机构提供各项协助，包括对优惠政策的了解，重庆商机的配对介绍，专业设计人员的招募，办公场地的选择等。

3. 氛围营造

中心在片区启动了创业设计街区建设，通过改善市政设计，打造工业设计"大师步道"雕塑等主题景观和标识等设计街区。政府加大基础设施建设，营造工业设计氛围，以大力营造创新、创意环境和氛围，有效促进研发设计集聚区的形成和发展，使片区既成为设计研发产业集聚区，又成为新产品新工艺新创意展示区。

4. 资源整合

为充分整合集聚各方力量，中心一是引进、成立了重庆工艺美术协会、重庆市科技协会、江北区老科技工作者协会等有关行业协会组织，利用行业协会的影响力和号召力，使各方资源向中心集聚。二是与四川美术学院、重庆大学、重庆工学院、重庆工商大学、重庆交通大学、重庆邮电大学及市外高等院校等开展合作，构建产学研基地。三是开展横向合作，采取请进来、走出去等多种方式，邀请中国香港、挪威等地区的知名工业设计专家讲学，组织园区企业赴外考察交流，促进园区的国际化，提高园区工业设计的整体水平。

三　建设成效

科技园的建设填补了西部地区工业设计产业的空白，经过几年的运行，成效初步显现。

1. 园区建设初具规模

一是建成投用光华工业设计园、北岸创意设计园、星月信息技术服务园30000平方米专业园区；二是创意街区建设稳步推进，创意设计氛围逐渐形成。

2. 产业集聚初步形成

园区聚商选资工作稳步推进，目前一期光华工业设计园已入驻完毕，引进重庆宇杰汽车设计有限公司、重庆真好科技有限公司、重庆斯沃德光电设备设计制造有限公司等20多家工业设计企业；二期北岸创意设计园、星月信息技术服务园已引进上海同捷科技股份有限公司、重庆金竺汽车设计有限公司、重庆沃德工业设计有限公司、重庆富邦科技有限公司、重庆烽峦科技发展有限公司、重庆京天浅层地热开发有限公司等工业设计、产品研发设计、平面设计方面的70多家企业，研发设计年产值达10亿元，工业设计等研发设计产业集聚规模效应初步形成。

3. 产业提升初见成效

首先，推动制造业水平提升。重庆宇杰、上海同捷（重庆）等与重庆长安工业（集团）有限责任公司、重庆渝安创新科技（集团）有限公司、东风渝安车辆有限公司等知名企业签订了"长安C201工程化项目""渝安K5轿面车正向逆向设计"等多个整车自主开发的重中之重开发项目，设计年产值达5000多万元。金竺汽车设计、瑞意汽车设计、真好科技等公司也与力帆汽车、隆鑫集团、川汽集团等进行了汽车整车设计及改型等深度合作开发。

斯沃德光电设计公司与德国Laser line公司、香港科艺仪器有限公司达成合作协议，自主开发设计了大功率激光加工系统，获得6项实用新型专利授权，申报发明专利4项，并着手申报国际专利。该公司将专利技术运用到焊接、切割等制造业领域，用工业智能激光机器人柔性加工系统代替传统焊接、切割等工艺，大大提升了轨道交通、船舶制造、输油管道焊接、切割等现代制造业水平，目前已成功与长安汽车集团、隆鑫集团、秋田齿轮、大足五金等开展了激光加工技术合作，年产值达6000多万元。

其次，推动传统产业上档升级。为了充分发挥园区企业在外观设计方面的优势，园区积极组织企业与重庆市区县传统产业对接，针对传统产品外观简朴、质地粗糙、色彩单一的现状，将现代时尚元素、创新理念融入传统产品设计前端，设计出专利产品，占领市场，培育新的经济增长点，为解决重庆三峡库区产业空心化问题、促进库区新兴产业发展做出了一定的贡献。如园区企业W&D公司、三亿斋等企业分别与重庆市非物质文化遗产梁平竹帘、大足五金、荣昌夏布等传统产业进行合作，开发出30多款旅游专利产品，申请外观专利130余项，新增效益上千万元，让传统产品重新焕发了生机。

最后，推动低碳经济发展。园区企业京天浅层地热开发有限公司自主研发污水源热泵、浅层地热发电、太阳能、风能、光导入集成等专利技术，拥有发明专利2项，实用新型专利12项。为大力推动该企业专利成果转化和低碳经济发展，园区支持该公司利用其专利技术在全国建设低碳节能示范工程。目前该公司已经完成或正在实施的低碳节能项目有人民银行重庆分行、涪陵大剧院、兴业银行重庆分行、山西意大利花园建材城、成都黄和投资有限公司等，大大推动了低碳经济发展。

4. 大学生就业创业取得实效

园区通过搭建"设计师创业坊"及"人才培训招募中心"等人才孵化平台、配备正版工业设计专业软件、与高校共建"大学毕业生就业实习基地"、提供"峡光模式"法人代理服务等方式，为大学生、高校教师、留学归国人员就业创业提供贴心式保姆服务，不断催生孵化科技型人才和企业。试点二年多来，园区成功孵化了星皇动漫、贰乘叁设计等研发设计企业7家，归国留学生创办企业4家，500多名大学毕业生在园区就业创业，取得了很好的社会效益，中央电视台、重庆电视台均进行过专题报道。

整合人才、金融、信息资源
推动工业经济发展

——工业服务港发展概况

重庆工业服务港

"十一五"期间，重庆工业服务港作为市级创意产业基地之一，积极发挥生产性服务业集聚示范区和全市中小企业综合服务创新大平台的功能，以大力推进创意产业发展、全方位促进生产性服务业与制造业的深度融合为工作目标，以企业融资超市、工业技术超市、工业人才超市、产业地产超市四大服务平台建设为工作重点，以完善580信息化平台建设为技术支撑，全面推动创意产业基地的各项工作，并取得了阶段性成果。

一　基地建设简介

重庆工业服务港创意产业基地位于重庆市江北区观音桥商圈，总面积约20000平方米，设有平台服务区、会议活动区、商务洽谈区、展示陈列区、机构办公区和呼叫中心等功能区。工业服务港创意产业基地不断进行改造升级投入，添置了一批室内显示屏和终端设施，更新了室外"创意广场"外墙全彩LED及桁架、展架、展板等展示设施，使基地的服务功能更加完善。

作为市级创意产业基地，工业服务港以良好的硬件设施、创新的服务模式、灵活的运行机制、强大的服务引擎全面集聚了优势资源和服务机构，通过完备的线上线下网络以及专业的运营团队，高效、有力地推动了服务机构与工业企业的对接。

图1为重庆工业服务港外景。

图1　重庆工业服务港外景

目前，工业服务港创意产业基地集聚了市内外生产性服务机构近2000家，包括金融服务机构、科技服务机构（含院、校、所）、产业地产机构、人力资源服务机构、教育培训机构等单位。基地自身目前已有重庆市工业设计协会、学大教育重庆分公司、智联招聘重庆分公司、重庆中科智担保投资有限公司、重庆楚讯科技有限公司、重庆市巨邦科技发展有限公司、重庆伍略企业管理咨询有限公司等35家机构入驻。为了更好地服务入驻的客户，重庆工业服务港创意产业基地还制定了基地大楼管理制度、客户季度联席工作会制度、消防定期培训制度、节假日值班等一系列行之有效的制度。同时工业服务港的四个主要平台及各业务部门还为入驻客户提供一系列配套服务。例如，融资超市为客户提供创业扶持贷款服务；工业技术超市提供技术创新和进步的指导服务；工业人才超市为入驻客户提供人才招聘、人才培训等服务；大楼管理部同时也为客户提供企业管理及相关政策咨询及会务等多方面综合服务。

二　基地主要工作及成效

重庆工业服务港创意产业基地几年来着力打造了企业融资超市、工业技术超市、工业人才超市和产业地产超市，不断提高服务产品的创新能力与有效供给水平，各平台良性运转，共同促进生产性服务业与制造业的深度融合。

（一）工业技术超市

重庆工业服务港工业技术平台是以市场需求和企业需求为导向，以加速技术成果转化、优化和调整产业结构为目标，整合工业领域、教育领域、科研领域的资源，紧密围绕政府产业发展方向，为工业企业、高校、科研院所、投融资机构、个人及社会团体等搭建的推动技术创新成果对接转化的服务平台，推动企业技术进步和实力提升。

平台建立了以设计资源、加工设备、检测设备等为主要内容的共性技术资源协作系统，依托重庆科研院所、行业技术中心、行业检测中心、技术成果转化中介服务机构等，搭建起技术成果孵化体系，着力解决技术孵化过程中的瓶颈和难点，提高技术孵化的成功率，建成国内重要的区域性技术成果信息集散地和技术交易中心。

1. 支撑体系建设初见成效

（1）技术创新体系建设。技术平台整合以科研院所和企业技术中心为主的技术创新资源，建立以企业为主体、市场为导向的技术创新体系。目前已与重庆科学技术研究院签订了战略合作协议并在双方挂牌成立"工业技术转移服务中心"，举办院企对接会1次，国际交流讲座2次，并成功孵化了医药领域和节能环保领域专利技术产业化项目，均取得了较好的经济效益和社会效益。

（2）产学研合作体系建设。通过整合市内外重点高校资源，依托工业服务港园区工作站对企业的辐射能力，打造"满足企业需求，符合高校特色"的产学研服务体系，目前已与重庆大学、西南大学、重庆交通大学、重庆师范学院、重庆邮电大学、重庆工商大学、重庆理工大学、重庆科技学院等高校建立了联系，与重庆交通大学建立"技术转移及服务工作站"，并联合重庆长安民生物流股份有限公司、重庆大足三鑫制品有限公司等企业开展了多次技术对接。

图2为重庆交通大学与重庆工业服务港战略合作签字仪式。

图2 重庆交通大学与重庆工业服务港战略合作签字仪式

（3）技术服务联盟体系建设。通过整合技术领域服务机构和企业打造技术服务聚合体，满足工业企业全方位的技术需求。目前已招募会员81家，其中深度合作32家，合作范围包括技术服务、知识产权、工业设计、信息服务、质量管理等多个方面。

（4）工业技术圈体系建设。打造技术人士的专属圈子，集聚技术专家、技术经纪人、技术人员和科技爱好者工业技术领域相关人群，实现技术资源、资讯共享。目前已通过技术圈发展技术专家110人。

2. 技术服务平台建设

（1）科技信息资讯服务平台建设。一是初步建立了以专利库、项目库、成果库、专家库和共性资源库为主的基础数据库；二是完善了以重庆市工业技术超市网为核心的工业技术信息服务系统。

（2）专利技术展示交易平台建设。经市知识产权局批准，建设国家专利技术（重庆）展示交易中心工业服务港分中心，打造知识产权展示交易体系和保护体系。分中心自获批以来已召开知识产权融资对接会1次，并成功承办了"第五届中国专利周重庆专利展示交易会"。分中心还初步建成技术展示大厅，成为优秀专利成果展示孵化平台，不定期举办专利主题展等活动。

3. 技术中心协作应用平台建设

重庆工业服务港工业技术超市通过整合市内国家级、市级企业技术中心服务资源，搭建企业技术中心展示推广系统、企业技术中心交流合作系统和企业技术中心管理监测系统，形成政府、企业、企业技术中心、服务机构一体化产业协作服务体系。目前已初步确定应用平台建设方案，正在积极筹建中。

4. 国际技术交流合作平台建设

积极搭建国际产学研交流合作平台，先后与联合国贸发署，加拿大、英国领事馆以及国外企业、机构建立了联系，并与加拿大滑铁卢地区高新科技三角洲经济发展署结成战略伙伴关系，已开展两次加拿大与重庆企业的经贸与高新技术对接会。以此为契机，旨在与更多国际组织、机构或企业进行实质性合作，建立更为畅通快捷的国际技术交流通道。

（二）企业融资超市

重庆工业服务港企业融资超市以"集聚融资资源、集合融资产品、集中无缝对接"为宗旨，紧密携手融资超市金融服务团队，面向广大中小企业提供资金通、资产管理、融资中介、融资配套、政策性资金申报等专业化服务。截至2011年11月，融资超市共计为1883户企业成功对接贷款28.7亿元。

1. 集聚上游资源，组建阵容强大的金融服务队伍

截至2011年11月底，融资超市共招募金融及金融服务机构达146家，其中各大银行的分行、支行共计70家，担保公司、小额贷款公司、投资公司、典当公司、评估公司、财务咨询公司、会计审计服务机构等76家，包括中、农、工、建、交等五大行，重庆本地三家银行及中信、浦发、华夏、招商、兴业等股份制银行，以及瀚华担保、中科智担保、蓝洋担保等国内知名金融服务机构，加上东亚银行、渣打银行、花旗银行、哈尔滨银行、成都银行等也纷纷加盟，形成了阵容强大的金融服务队伍。

2. 集聚融资信息，建立全覆盖的区县联络员网络体系

搭建覆盖全市的中小企业融资超市区县联络员体系，确定了联络员工作制度，为融资超市的服务功能延伸进区县以及融资供应与需求信息的快捷交互对接奠定了基础。截至2011年11月底，区县联络员渠道上报的有效需求信息占

总需求数量的 25% ，需求金额占总需求额度的 36% 。

3. 集合各方力量，打造五大优势

通过大胆的创新和务实的探索，企业融资超市着力打造了五大优势：一是金融产品丰富，100 余家机构、1078 种金融产品可满足企业多样化、个性化的融资需求，包括直接上市融资的辅导培育等；二是服务手段先进，实现线下2000 多平方米的现场服务大厅与线上中小企业融资超市网的复合服务；三是管理规范，建立了准入、跟踪、评价三项制度，确保服务质量，树立品牌；四是活动方式多样，如持续不断举办"金融服务日"活动，金融产品特色推介活动，以及融资服务直通车进区县、进园区、进市场等活动；五是综合配套服务完善，在解决企业融资的同时，融资超市依托工业服务港全覆盖、无盲点的服务平台和体系，注重一揽子解决企业的人才、设备、厂房、技术、管理、营销策划等问题，让企业十分方便地享受到综合配套服务。

4. 创新融资手段，探索融资服务新模式

（1）开展"融资服务直通车"品牌活动。"融资服务直通车"是组织银行、担保、小额贷款、金融租赁公司、专家团队等超市金融服务团队，主动走进区县、走进市场，为企业提供上门融资解决方案和服务途径的品牌活动。"直通车"以优秀的服务机构、丰富的融资产品、直接上门的对接方式、个性化的融资服务手段为不少中小企业解决了实际困难，同时对当地金融服务环境的改善起到了一定的促进作用，受到了区县及广大企业的热烈欢迎。一年来融资服务直通车开进了酉阳、云阳、秀山、万盛、涪陵、合川等 8 次，初步统计，通过直通车方式共为区县中小企业成功对接贷款 17 亿元。

图 3 为重庆工业服务港为小企业办理融资服务。

（2）联手行业协会和商会探索新渠道。融资超市为更好地服务商会和协会会员企业，积极与各行业协会商会沟通，与银行一起联手探索融资服务新渠道。一方面通过协会商会为企业设计专属融资方案，解决企业融资难题，如举办大足县龙水镇商会企业融资服务活动，与 19 户企业达成了融资意向 7000 多万元；另一方面通过行业协会、商会宣传推广银行创新的金融服务产品，如"中国邮政储蓄银行微小企业贷款产品推介会"，从而高效缓解了融资不对称的矛盾。

图3　重庆工业服务港为小企业办理融资服务

（三）工业人才超市

重庆工业服务港工业人才超市基于制造业产业集群企业需求，集聚知名专业服务机构组建专注于工业领域操作类人才、技术类人才和管理类人才服务的细分化人力资源公共服务平台，是全市各人才市场和人力资源服务机构的工业领域人才供需信息的集中发布和对接平台，同时将创新求职者和用人单位的综合评价体系引进第三方认证系统，以更专业、更精准的标准为企业提供包括人才招聘、培训测评、人员测评、人事代理和人事外包在内的全方位服务。

1. 横向资源集成

结合工业服务港平台的集聚与辐射功能，工业人才超市不断夯实内功，吸引市内外优秀的知名人力资源服务机构和具有创新潜力的人力资源服务机构，梯度打造、不断完善工业人力资源服务链，最终实现有效闭合。目前，工业人才超市合作机构已经超过30家，并借助平台积极开展人力资源服务需求与供应的对接。

2. 服务产品集中

工业人才超市致力于为全市工业企业提供多层次且丰富的人力资源产品，

集中高、中、低端人力资源服务，形成完整的服务产品链。集中途径主要有三类：一是工业人才超市自主开发的人力资源服务产品；二是符合工业企业需求的人力资源服务机构的现行成品；三是针对工业企业需求由人才超市和服务机构订制开发的服务产品。

3. 培训体系拓展

在服务输出的同时，工业人才超市从企业可持续发展角度出发，着力建设培训体系，目前已经与大渝人才网、北大纵横、华制国际、军歌嘹亮、上海肯耐珂萨等人力资源服务机构共同搭建了培训体系，向企业提供智慧输出服务。

4. 活动塑造品牌

全年组织 HR 沙龙、工业人才招聘会、人力资源培训、大学城双选会等活动 8 次，活动内容包括人力资源的各个层面，同时可贯穿各行业、各规模企业在创业期、成长期、发展期、成熟期等阶段的需求，受到了企业的热烈欢迎。通过工业园区、工业企业、院校技校、工业人才等的人力资源运作，多层次、高密度地策划并组织实施人力资源系统活动，打造品牌形象，扩大影响力，实现品牌活动的雪球效应。

（四）产业地产超市

产业地产超市以产业园区、工业地产和商业地产为服务客体，通过资源提供、投资交易、项目合作、趋势研究四大平台功能聚合各类企业、开发商、投资商、供应商、服务商，搭建合理高效、资源互动的价值平台。

产业地产平台集工业园区、工业地产、总部基地、创意产业基地、创业孵化基地等产业地产项目的展示推广、营销策划、招商代理、配套服务于一体进行综合运营，旨在提升产业地产的资源集聚度和效益贡献度，打造以服务为核心的产业地产新模式，解决供需双方信息不对称问题，以全新的机制和手段整合生产性服务业资源，为入驻企业量身打造伴随终生发展的配套服务体系，助推入驻企业快速发展。

1. 园区招商引资初见成效

通过地产超市积极的前期联络、中期衔接及后期跟进，2011 年实现清创机械落户武隆白马工业园区，协助明川科技落户九龙坡高新区含谷镇。

2. 整合资源升级园区服务

一方面强化产业地产相关各方的资源整合，为园区服务提供强大的供应保障，并导入实质的服务流程，发挥平台对接功能，如博鼎设计院与合川钱塘镇工业园区标准厂房设计项目；另一方面依托工业服务港园区经济研究咨询中心为各大工业园区提供规划研究、编制、送审，截至目前，工业服务港已成功为南川、石柱、丰都、荣昌、城口等园区编制了园区产业规划。

3. 项目代理拓展探索

确立了"布点式发展与重点项目深度合作介入"的拓展模式，即招商代理项目的拓展采用布点式发展，全案策划代理项目的拓展采取深度合作介入方式。在两种模式的牵引下，产业地产项目代理拓展成功启动，先后与茶园新区昊石置业的100亩开发项目、两路台商工业园区的木林森六木创意产业园3万平方米楼宇工业、合川工业园区御志置业160亩开发项目、空港工业园区内奥兰集团56亩奥投现代工业园项目、珞璜工业园区重庆出版集团3000亩现代印刷包装基地、西永工业园公路养护集团34亩土地项目、珞璜工业园区创丰投资300亩项目建立了良好合作关系。

4. 供需对接创新圈层策略

通过利用现有企业需求资源和发掘潜在企业需求资源两种途径，创新"圈层营销"策略。一方面打造工业地产中介圈层，发展中介代理机构共享信息资源的模式，分别与钢运、腾嘉、景艺、尚居等工业地产招商代理企业进行合作，建立联动机制提高信息供应量；另一方面组织企业沙龙，积累客户资源，全年开展活动3次，组织对接201组。

5. 产业地产服务模式升级

产业地产超市依托工业服务港全覆盖、无盲点的服务体系，为入驻企业提供资金、技术、人才、信息等专业服务，营造良好的成长环境，有效促进产业地产、中小企业和生产性服务业的融合，探索地产载体与服务内核互动的企业成长价值模式。如"华雄两江时代中小企业助力计划"、港城园区一站式服务平台建设等。

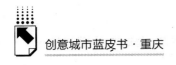

三　工作思路

重庆工业服务港作为市级创意产业基地，2013 年拟从两方面充分发挥和显著提升基地的功能。一是通过政策扶持和市场运作相结合形成生产性服务业最具影响的高地，从而吸引市内外最具实力和影响力的创意产业服务机构入驻，从而产生集聚效应；二是在既有基础上，强调创意产业的平台孵化功能，从微观的供需对接出发至宏观的产业融合，做实创意产业基地的平台。

（一）探索创意产业服务

结合工业服务港"服务中间"的特色，创意产业本身也是工业服务港的服务对象。鉴于该定位，公司将依托现有的各子平台，分类搜索各领域内的创意产业，根据产业领域内各创意行业的市场资源、对接渠道等，探索创意产业服务的新路子。在工业服务港内部体系形成创意产业的横向联合，进一步整合资源，落实创意服务产品开发与创意服务网络拓展。产品开发包括供需对接、创意孵化、项目合作、创意园区等；网络拓展包括工业服务港企业服务网络、合作机构网络、园区工作站网络等，从而实现对创意产业的支撑功能。

（二）着力强化平台功能

根据建设创意产业基地的要求以及重庆创意产业的发展现状，重点发展研发设计创意、软件设计创意、建筑设计创意、咨询策划创意、文化传媒创意、时尚消费创意等，重庆工业服务港则依托现行平台着力强化前四大创意产业。

1. 研发设计创意

依托工业技术超市，结合重庆工业设计协会、重庆合作院校、专家团队、合作机构、企业技术服务中心等资源，在工业设计、产品设计、包装设计、研究与实验等方面集中突破。搭建研发设计创意展示平台与交易平台，策划组织专题品牌活动。

2. 软件设计创意

依托工业技术超市的高科技企业孵化与产业地产超市的"云计算"园区

服务，一方面整合供应资源，一方面整合需求资源，进行无隙的供需对接，策划组织专题品牌活动。

3. 建筑设计创意

依托产业地产超市，主要为工业园区、总部基地、标准厂房等产业地产领域的建筑设计创意，整合知名设计机构与设计师，除对接外，通过联盟或活动形式，针对当前重庆产业地产设计现状，结合重庆产业发展需求，与国际设计趋势接轨。

4. 咨询策划创意

依托各平台的企业服务网络，整合战略、管理、HR、制造、营销等咨询策划创意，强化对接功能及为企业"输智"功能。

（三）继续完善平台建设

根据今后的工作重点，继续搭建完善以下三个平台。

1. 企业质量管理服务平台建设

依托市经信委科技处，建立企业质量管理服务平台，帮助工业企业运用先进的质量管理方法，提高质量管理能力和水平，以提高工业产品质量。

2. 企业信息化云服务平台建设

依托 CSIP 信息服务资源，整合通信营运商、信息技术公司、软件开发公司、科技企业，为企业提供信息化建设的咨询与相关方案，开展与中小企业信息化有关的讲座、演示会、推介会等各种活动。目前已整合包括电子商务协会在内的各类信息服务机构 20 余家。

3. 工业设计创新服务平台建设

依托重庆工业设计协会，整合工业设计领域资源，为企业提供工业设计研究与开发、高端设计人才培训、共性设计资源共享等高品质工业设计及配套服务。

（四）打造高效运行机制

结合工业服务港平台功能与创意产业发展实际，加快推进现有重点项目，对于战略性、龙头性、领先性、示范性的项目，实施专人负责制，尤其是强化与本地有市场、有规模、有影响力和竞争力的创意产业企业的合作与服务。在公司建立起高效、长效的运行机制，从战略部署到整体推进再到完善提高，做到兼顾市场纵深发展与网络横向联系，形成闭合运转。

"十一五"期间，重庆工业服务港创意产业基地虽然取得了一些成绩，但是仍然存在基础支撑不足、对接效率不高、政策争取不够等问题，需要在今后的工作中尽快加以解决。面对"十二五"，重庆工业服务港创意产业基地将以务实的态度、创新的精神努力进取，为重庆创意产业的发展做出新的、更大的贡献！

深入挖掘巴渝文化
创建中国历史名镇

——磁器口古镇创意产业基地发展概况

磁器口古镇管委会

2007 年 5 月，经重庆市创意产业发展领导小组批复同意，磁器口古镇九家载体被授予"重庆市创意产业基地"称号。2010 年 5 月 24 日，市政府常务会明确南滨路文化产业长廊、黄桷坪艺术园、磁器口古镇为首批重庆市文化产业示范园，并以市政府的名义进行了命名。

磁器口古镇园区所辖面积 1.5 平方公里，年接待游客 600 万人次，是国家 4A 级旅游景区，也是中国唯一位于大城市都市核心圈的历史文化古镇。自 2009 年磁器口古镇管委会成立以来，管委会着手深度挖掘文化，着力规范管理，全面提升服务，园区发展取得明显实效。

一 突出古镇特质，明确工作思路

为加强磁器口古镇保护、建设、开发力度，沙坪坝区成立新的磁器口古镇管委会，由区委常委兼任管委会主任，统领磁器口古镇和紧邻磁器口的童家桥街道的旅游开发建设。新管委会确立"三层次推进"工作思路：一是核心区，提高管理标准，改善风貌环境，提升形象档次；二是协调区，加快拆迁改造，推进项目前期工作，实现提档扩容；三是拓展区，做好策划论证，统一整体规划，打造文旅园区。

图 1 为重庆市沙坪坝区磁器口古镇。

图1 重庆市沙坪坝区磁器口古镇

二 深度挖掘文化，发展创意产业

（一）在文化挖掘上下功夫

1. 深度挖掘古镇文化

"十一五"期间，管委会坚持以文化为核心、以创意为动力的发展理念，成功将古镇打造为十大"中国历史文化名街"、重庆市三大文化产业园区、重庆市九大创意产业基地。2010年5月，中国历史文化名街专家评选组专程实地考察磁器口，对古镇建筑风貌、原住民文化及保护规划工作给予充分肯定，认为磁器口古镇体现了历史风貌的完整性和历史遗存的真实性。

2. 创办文化刊物

创办了集文化、旅游、时尚、生活于一体的《文化磁器口》旅游文化专刊，以磁器口为核心载体向外拓展，让读者通过磁器口重新发现原汁原味老重庆的魅力，乃至这座城市的人文价值。专刊为季刊，发行量3000册，以广大游客和本地高端人士、喜爱古镇文化、关心古镇发展的外地人士为主要读者，向党政相关部门、机场、港口、轻轨、图书馆、旅游景区、酒吧客栈定点投放。

（二）在品牌形象上下功夫

倾力打造古镇品牌文化形象，从各类文化要素中提炼古镇品牌，提升景区在游客心中的美誉度与附加值。图 2 为磁器口古镇一条街。

图 2　磁器口古镇一条街

1. 统一品牌形象

投资 50 万余元，开展古镇 VI 品牌文化形象设计与运用，确定标识和"古镇在城中，城在古镇里"形象推广语，引导商家按照统一规范设置店招、店牌、旗幡等；完成古镇景区旅游导识系统包括古镇简介、景点介绍、景点指示、安全疏散、街巷指示和温馨提示六方面含中英日韩四种语言共计 150 块导示牌的全面更新和安装，安装仿古风貌路灯；制作古镇形象宣传片，设立独立门户网站，成立政务接待解说队伍；修建磁器口地标性景观雕塑。

2. 维护品牌风貌

投资 110 万余元，引入市场化管理体制，聘请一流物管公司对街区环境秩序实施企业化管理。按照"统筹与执行并重、全面与定点并重、突击与常治并重、净化与美化并重、环境与风貌并重、宣传与执法并重"的理念，维护街区环境风貌。修复龙隐门牌坊等标志性建筑；投资500万元，按照"修旧如旧"原则还原景区商业店铺古朴风貌，完成临街门面恢复重建工作；投资300万余元，启动核心保护区房屋立面整治工程，古镇形象风貌得到进一步美化提升。

（三）在节庆活动上下功夫

结合磁器口古镇旺盛的人气和鲜明的文化特色，策划实施能产生较强影响力的系列节庆活动。以传统佳节为切入点，选择符合磁器口文化特点的主题，大力传承古镇民俗文化。

例如，举办清明节"品茶斗鸡会"、忆丰子恺在磁器口、端午节"我们的节日·重庆磁器口端午日"、中秋节"千年古镇迎中秋、丹青再续红岩魂"、国庆节"品重庆·磁器口精品江湖菜展销会"和"磁器口茶馆小调欣赏周"、春节"春联写民生、祝福进万家"等20多场大型传统节庆活动。外国友人到古镇体验中国节日，重庆知名漫画家、书法家齐聚一堂，或泼墨作画，或挥毫抒情，民俗文化得到了传承和彰显。

图3为磁器口茶馆小调。

图3 磁器口茶馆小调

（四）加强旅游服务与管理

1. 实施精细服务

启动"网格化管理服务古镇商家"，向商家发放温馨联系卡，实行分片包户网格服务，回应商户诉求并详细记录网格化服务工作日志；强化商家培训工作；举办了品牌文化形象研究座谈会以及古镇商业营销、商家服饰配置等多次研讨会，培养商家在商业经营中渗透古镇文化底蕴的强烈意识。

2. 加强经营引导

启动"磁器口古镇最美店铺"评选活动，评选园区十佳最美店铺。

3. 强化安全监管

高度重视、统筹做好古镇安全监管各项工作，制定突发公共事件应急处置预案，定期组织防拥挤踩踏、消防应急疏散演练。对园区的安全隐患开展拉网式排查和全面整治。

（五）在生态环境治理上下功夫

将环绕古镇两条溪流（凤凰溪、清水溪）流域的环境治理工作纳入"宜居沙坪坝"建设内容，努力改善景区外部环境。

三 推进规划建设，打造重庆客厅

（一）古镇核心保护区以内，推进重点整治项目

1. 确定 10 处重点修缮院落

在排查危房的同时，重新考虑文化馆、图书馆和博物馆等场馆的功能业态，使之既体现古镇传统遗韵与民俗风情，符合中国历史文化名街的内涵要求，又符合当代游客追求都市怀古休闲体验的消费需求。投资 600 万元，完成重点院落宝善宫修缮整治，目前正开展招商引资与功能业态设计，拟打造为民俗文化集中展示地。正布置其内的丁肇中陈列室并按业态规划对外进行招商。2012 年投资 500 万元修缮禹王宫，近年将陆续修缮核心区内共 10 处重点院落，改变古镇文化馆、图书馆和博物馆等场馆使用效率低、功能发挥不明显的

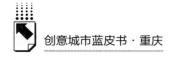

现状。

2. 启动"磁器口历史文化街区保护设施项目"

争取中央与地方配套资金 1320 万元,实施街区路面、堡坎、消防设施和管网改造,改变核心区管网混乱、路面坑洼、通道拥堵等现状。涉及路段 1300 米,临街商户 330 户,切实改善古镇公共设施条件。

3. 完善公共设施

协调自来水、燃气公司实施自来水、燃气改造工程,新装管网、铺设燃气管道,解决核心区居民气压过低、商家无气可用的难题;投资 2400 万元,新建磁童路停车场、下河公路停车场等 2 处停车场,新设滨江路限时占道停车点,扩增停车位近 300 个,有效缓解了多年来景区停车难的顽疾;投资 5 万元,新增核心区防火、防拥挤、防踩踏应急照明系统,确保突发状态、人流高峰和夜间景区游客安全。

(二)古镇核心保护区以西,推动"巴渝老街"建设项目

与上海豫园签署关于合作开发建设磁器口古镇"巴渝老街"项目的框架协议,目前正就具体合作细节进行深入谈判。委托重庆大学规划设计院编制巴渝老街城市设计,拟在更大区域内打造巴渝人文情怀旅游休闲胜地,兴建以"巴渝老街"为主题的标志性旅游文化载体,使磁器口古镇真正成为"老重庆缩影、新重庆客厅",成为领略巴渝文化、沙磁文化、红岩文化、抗战文化等多元文化的旅游休闲胜地。

(三)古镇核心保护区以北,打造以抗战风情街为代表的陪都文化

与古镇核心区隔溪(凤凰溪)相望,拟由社会单位投资修建抗战风情街。

(四)古镇核心保护区以南,打造渝派风格建筑街区

投资 8500 万元,对古镇景区主入口前的磁童路 1000 米主干道实施综合改造,整治临街建筑 22 栋共 11.2 万平方米,实施 1.5 公里架空线统一下地、移除部分变电箱工程。竣工后,为广大游客呈现了一条极具巴渝风情的渝派建筑风格示范街区,市委领导在磁童路现场作出重要指示:"磁器口已是全国知名

的古镇、名街，与王府井、大栅栏、南京路齐名，要越办越好，有条件还要向外延伸。要让人们在这里吃得有特色、看得有特点，能感受咱巴渝文化，不虚此行。"

（五）以古镇为核心向外拓展，带动片区联动发展

以千年古镇的保护与开发为主，向西拓展，连接红岩革命教育基地；向南拓展，打造"沙坪坝区文化旅游产业园区"并完成城市设计，支撑沙坪坝区文化旅游产业大发展，实现建设 3 平方公里文化旅游经济圈的目标。

四　园区经营现状

古镇示范园区内现共有 455 家企业，其中从事字画、工艺品、宗教、场馆等文化业态的企业有 247 家。2010 年园区全年总收入 3500 万元，实现利润 455 万元，解决就业人数 2266 人。

在区委、区政府的坚强领导下，磁器口古镇正以老树发新芽的迅猛态势，获得各方认可。古镇管委会将顺势而为，乘风破浪，为古镇保护与旅游开发工作做出更大贡献。

传承光大民间艺术
大力发展版画产业
——綦江农民版画创意产业基地发展概况

綦江农民版画产业发展有限责任公司

一　綦江农民版画概述

文化产业作为一个新兴产业，被称为 21 世纪的朝阳产业。根据联合国教科文组织的界定，文化产业是指按照工业标准生产、再生产、储存以及分配文化产品和服务的一系列活动。文化产业在各国经济社会发展中的重要作用日益凸显，发展文化产业成为提升我国综合国力、维护民族文化安全以及全面建设小康社会的客观需要。国内经济受到国际金融危机影响尚未完全复苏的情况，反而为文化产业的发展带来强劲的势头，中央及地方领导都高瞻远瞩地为文化产业的发展作出了战略部署。重庆文化产业虽初具规模，但由于起步晚、竞争力不强、产业化程度不高等问题，必须从文化发展观念、发展动力、发展机制、发展战略、安全保障等方面进行创新，为我国文化产业的发展廓清道路，这也是推动重庆文化产业大发展的根本出路。在此背景下，綦江农民版画产业发展有限责任公司通过实施綦江农民版画产业化基地建设项目来加快自身的发展。

图 1 为綦江农民版画作品《炒茶叶》。

"这里的版画家太幸福了！农民版画真精彩！"一位来自中国宝岛台湾的版画家在参观完第二届中国重庆·綦江农民版画艺术节开幕展览后由衷地感叹道。虽然这位版画家在话语中对綦江版画创作环境的赞叹自是题中应有之义，而其背后折射出的对新中国成立 60 多年来，农民美术发展取得成果的惊叹更值得深思。

图1　綦江农民版画作品《炒茶叶》

虽然中国美术界对"农民画"的内涵和外延尚缺乏清晰的界定，但农民画以其对农村生产、生活场景为表现内容，以色彩艳丽、构图饱满的绘画表现形式为特点区别于主流的中国美术创作。在当今快速城市化、信息化和科技化的发展进程中，这些仍然保留着中国传统文化内容和工艺特征的乡村画作，无疑将在一定程度上满足众多都市收藏爱好者对版画艺术品的需求，并引起众多海外藏家及艺术机构的兴趣，从而使得农民版画成为真正意义上的文化创意产业发展的新项目。有鉴于此，一些地方政府更是下大力气，为农民开办工作室，请专业美术教师指导创作，建设农民绘画专业展示场所等，努力将农民画打造成一张特色鲜明的当地文化名片。这就使农民版画具有了"文化搭台，经济唱戏"的属性,而农民版画产业化的发展就成为不可回避或者说是一个早已注定的发展方向。作为一个产业,农民画不仅需要一个完整的产销链条,而且需要建立一整套完善的营销体系。各地政府、各地美协以及专业的营销公司在其中应该扮演什么角色值得我们深思。

图 2 为綦江农民版画作品《荡秋千》。

图 2 綦江农民版画作品《荡秋千》

二 綦江版画产业化的兴起和发展

綦江农民版画产业发展有限责任公司成立于 2004 年,2006 年 4 月被綦江县政府重点企业办公室确定为 2006 年度綦江县重点企业，现有职工 45 名，其中创作设计、研发人员 40 名，其中重庆市工艺美术大师 1 人、重庆市优秀工艺美术师 1 人、重庆市民间艺术大师 1 人、重庆市优秀民间艺术家 1 人、重庆市美术家协会理事 1 人、重庆市美术家协会会员 5 人、重庆市民间艺术家 26 人。公司集綦江农民版画作品及其衍生产品的创作研发、生产销售于一体，现建有 6000 平方米的版画广场一个，4000 多平方米的版画展销大楼一幢。公司内驻有綦江农民版画院、綦江农民版画协会、綦江农民版画培训学校、綦江农民版画人才培养基地、桂焕勇版画创作室、李成芝版画创作室、黄袁媛版画创作室等 12 个单位团体及企业。2006 年 5 月綦江农民版画产业发展有限公司被国家文化部命名为"国家文化产业示范基地"，2008 年 8 月被重庆市创意产业发展领导小组授予"重庆创意产业基地"称号。

图 3 为綦江农民版画作品《打糍粑》。

图 3　綦江农民版画作品《打糍粑》

创意产业基地的建设充分依托和发挥綦江农民版画产业发展有限责任公司的领导和龙头作用，以綦江农民版画院、展览大楼和广场为基地，大力实施公司＋基地＋农户的产业模式，逐步将基地打造成为以綦江农民版画为主体，兼有各地民族民间艺术品的创作及制作的集聚地和经营集散地，进一步将目前基地内入驻的版画院、版画协会、版画培训学校、版画创作室等单位团体及企业发展壮大。

放眼全国，农民画产业化刚刚起步，问题自然不少。农民画创作队伍不难建立，难的是如何搭建一个产销平台，如何建立起"拳头产品"形成区域优质品牌。这远非政府一己之力所及，我们需要专业的经纪公司，需要优秀的营销包装队伍，需要专业的设计团队将农民画转化为高附加值的产品。这里更牵涉一个核心问题，让农民画产业化首先要让农民发家致富，而农民画的产销利润如何分配，在将农民画延伸为工业产品后，农民的利益如版权如何保证，也需要切实可行的政策依据和相关的法律保障。

图 4 为綦江农民版画作品《磨豆浆》。

图 4　綦江农民版画作品《磨豆浆》

綦江农民版画创意产业基地的建设为綦江农民版画产业的发展注入了新的活力和动力，提升了綦江农民版画在全国乃至世界范围的知名度，建立起较为完善的集版画创作、加工、销售为一体的全方位、综合性发展的农民版画文化产业链，促进重庆文化产业的发展，带动当地经济的发展，保护、继承和发扬中华民族传统文化，创作一系列在全国较有影响力的版画作品，并培养出一批在版画领域较有影响、得到全国及全球销售市场好评、具有市场深度开发潜质的农民画家，逐步探索出一条具有重庆特色的本土文化作品产业化道路，提升重庆本土文化的水准以及在全国的知名度。

三　存在的问题和困难

（1）缺少拔尖人才和精品力作。现有的主要创作者大都年事已高，出类拔萃的领军创作型人才匮乏，创作群体后继人才断层现象日渐突出。

（2）发展资金严重不足。目前綦江农民版画公司的销售收入几乎全部用于作者稿酬、装帧装框、包装运输等费用，公司资金积累不多，缺乏买断版权、扩大生产等必需的资金投入。

（3）立体式宣传持续不够。綦江农民版画虽然有过不同形式的宣传高潮，但要进入广阔的文化艺术品市场和千家万户，还需要不断引导和激发市场对农民版画的消费热情。

（4）市场营销拓展乏力。虽然公司在销售方面做了很多的尝试和努力，但由于销售网络不健全，缺乏一支高素质的营销队伍，缺少覆盖国内外的营销网点，綦江农民版画产与销难以保持同步发展，在很大程度上也制约了该产业的发展进程。

B.28

积聚当代艺术原创 发展文化创意产业

——102 艺术基地创意产业发展概况

102 艺术基地

一 102 艺术基地创意产业发展概况

102 艺术基地是在市区产业政策的引导下，在国有仓储企业、文化创意机构的积极参与下，经过两年多的努力建成的，是国有仓储企业对接发展创意产业，进行产业转型探索的结果。102 艺术基地由 2 个国有仓储企业的空间构成（重庆港务物流集团下属重庆金属材料股份有限公司小额站仓库、原重庆煤炭第一建筑安装工程公司新市场仓库），两仓库总体空间面积 17495.4 平方米，已转入创意产业空间面积为 12720 平方米，转型面积达 73%。目前 102 艺术基地拥有 2 个创意产业基地。

图 1 为 102 艺术基地。

图 1 102 艺术基地

1. 艺术基地完成空间改造以及周边设施建设

几年以来，艺术基地不断将闲置的仓库空间进行调整，通过分割改造成艺术家工作室、美术馆等适合艺术创作及展示、交流的场所。同时，打通了通往黄桷坪"涂鸦街"的通道，拉近了四川美术学院到仓库的距离，改造了艺术基地的周边环境。

2. 艺术基地获批 2 个市级创意产业基地

102 艺术基地已获市级创意产业基地 2 个：青年艺术家创作基地和当代艺术西部原创产业基地。102 艺术基地目前已入驻青年艺术家创作室 34 个，占空间面积 4700 多平方米；入驻中青年艺术家近 60 人；其中有造诣的有沈桦、羊烈、黄小平、黄淋、闫颜等中青年艺术家。引进艺术机构"501 美术馆"总占用面积 8020 平方米，已经建成"西部当代艺术原创产业基地""黄桷坪美术馆"和相关机构办公用空间。102 艺术基地已成为黄桷坪创意产业集聚区的重要组成部分。

3. 艺术基地的各类节庆活动持续开展

从 2007 年开始，102 艺术基地配合基地建设与招商，分别组织举办或参与了"黄桷坪新年（国际）艺术节""艺术仓库开放日""各界人士同绘美好家园——黄桷坪社区群众涂鸦活动"等，其中很多活动受到了包括中央电视台在内的国内主流媒体的关注，取得了很好的品牌推广效应。

图 2 为首届黄桷坪新年（国际）艺术节现场。

图 2　首届黄桷坪新年（国际）艺术节现场

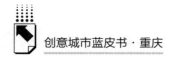

二 102 艺术基地创意产业发展特点

1. 物流产业转型模式探索

102 艺术基地以物流业空间转型为载体，引进文化创意机构进行运作，实现利益平衡、资源共享，探索了发展创意产业的全新途径。新兴的产业业态与物流仓库空间对接，不但使老企业焕发出青春，而且使文化创意产业形态得以呈现和发展。用活跃的、创造性思维来打造一个具有时代意义的、新的艺术基地模式，从战略上调整经济结构，走新型文化产业发展道路。

2. 创意产业集聚效应正在形成

102 艺术基地依靠四川美术学院丰富的艺术创作资源，吸引了大量教师和学生、艺术机构的入驻，目前拥有市级创意产业基地 2 个，其中西部当代艺术原创产业基地已成为"黄漂"学生创作就业之地。102 艺术基地已成为黄桷坪创意产业集聚区的重要组成部分，是重庆市文化产业示范园区的核心载体，推动了黄桷坪艺术园区的发展。

三 102 艺术基地未来发展展望

102 艺术基地，经过几年的发展，各方优势资源不断整合。

2012 年后，基地逐步退出仓储物流业，大力发展文化创意产业。引进更多的艺术工作者来基地创业、创作、交流，创造更多的经济利益和社会效益，为推动黄桷坪文化产业园区建设起到模范带头作用。

B.29

搭建校企合作平台
开展创意教学活动

——九龙创意产业基地发展概况

九龙创意产业基地（重庆广播电视大学　重庆工商职业学院）

一　九龙创意产业基地基本概况

九龙创意产业基地位于九龙坡区国家级高新技术产业开发区九龙园区B区华龙大道（重庆广播电视大学、重庆工商职业学院院内），占地230亩，环境优美，教学、办公、生产、交易等综合服务设施齐全，具备培养创意人才，进行创意产业的研发设计、生产、交易及举办大型活动的良好条件。

基地自2009年秋季成立以来，依托重庆广播电视大学、重庆工商职业学院的教育资源，开展了富有成效的校企合作，搭建了人才培养平台。近年来先后引进了重庆贝思动画有限公司、重庆巴旗文化有限公司，自主创建了重庆海酷动漫制作有限公司、$\sqrt{2}$（根号2）设计工作坊、龙卡集动画工作室等企业，建设了动画制作实训室、动漫图形工作室、雕塑工作室等实训基地，开展了富有成效的校企合作。目前，入驻基地的各种创意产业企业已达35家，如表1所示。基地精心培育市场环境，积极构建市场通道，着重培养生产和制作一线技术人员，积极参与各类创意产业交易、交流活动。基地中的重庆工商职业学院被国家动漫游戏产业振兴基地授予"最佳合作院校"，基地在2010年12月被重庆市创意产业发展领导小组授予"重庆市创意产业基地"，被重庆市九龙坡区命名"文化创意产业示范基地"。

表1 九龙创意产业基地入驻企业一览

序号	公司名称	负责人	性质	业务方向(范围)	学生规模(人)
1	重庆贝格菲斯动漫制作有限公司	王大愚	公司	原创动画、二维动画片制作、后期编辑、动画外包制作	32
2	重庆海酷动漫制作有限公司	张捡秀	公司	原创动画、二维动画片制作、后期编辑、动画外包制作	30
3	天津美幻动画公司	杜金梅	公司	原创动画、二维动画片制作、后期编辑、动画外包制作	29
4	重庆巴旗文化有限公司	齐杨	公司	影视制作、动画漫画制作、广告业务代理、主题公园与娱乐活动策划、会展策划、文化创意地产项目策划、艺术酒店策划、文化产品销售、文化艺术中介活动、文化产品制造、文化产业人才培训、体育产业与赛事活动策划	25
5	重庆贝思动画有限公司	易坚	公司	三维动画片制作、动画外包制作	16
6	重庆龙卡集动画工作室	冯启晏	工作室	二维动画片制作、动画外包制作	27
7	重庆育奇动画工作室	文育其	工作室	合作项目制作、动画外包制作	12
8	重庆云彦创意工作室	郑云	工作室	原创动漫、动画外包制作	4
9	重庆赫墨卡通工作室	谭贤琼	工作室	三维动画片制作、动画外包制作	13
10	重庆锐翼卡通工作室	吴青兰	工作室	三维动画片制作、动画外包制作	28
11	重庆尚景极致电脑图像工作室	何跃东	工作室	电脑图像设计制作	14
12	重庆地景建筑模型设计制作工作室	郑勇	工作室	模型设计制作	5
13	重庆 IAM（凹马）设计事务行	金操	工作室	图文设计制作、户外媒体设计制作、平面设计人才培训、电脑辅助设计培训	11
14	重庆视听影视传媒工作室	杨静	工作室	摄影摄像拍摄制作、影视后期编辑、影视后期包装	5
15	重庆卡娜 Color 工作室	曾邦益	工作室	二维动画片制作、后期编辑、动画外包制作	5
16	九龙坡区九龙园区天利来建筑景观艺术设计工作室	廖显容	工作室	景观工程设计、施工	6
17	华图数字背景工作室	张楷	工作室	动画数字背景制作	12
18	坤杰景观设计工作室	李永久	工作室	景观规划设计、施工	7
19	杰夫建筑室内工作室	邓杰夫	工作室	建筑室内设计、施工	20

续表

序号	公司名称	负责人	性质	业务方向（范围）	学生规模（人）
20	在路上工业产品造型设计工作室	刘合轩	工作室	工业设计	15
21	大河雕塑工作室	陈顺科	工作室	各种类型雕塑设计	5
22	$\sqrt{2}$（根号2）设计工作坊	王杰	工作室	平面广告、VIS 设计、产品包装设计、书籍装帧设计、会展策划、地产策划、文化创意项目策划、文化产品设计、网页设计	22
23	2080 艺术工作室	李江	工作室	油画、壁画、国画、漆画	14
24	翠墨方中景观设计工作室	王杨	工作室	景观设计	7
25	哆啦美工作室	王崏	工作室	动画片制作、动漫读物出版等	8
26	重庆智禾社广告设计工作室	谢恋	工作室	平面广告、VIS 设计、产品包装设计、书籍装帧设计、会展策划、地产策划、文化创意项目策划、文化产品设计、网页设计	18
27	十九新媒体艺术设计工作室	毛琬月	工作室	新媒体设计、影视包装、广告设计	9
28	唐倩新媒体艺术设计工作室	唐倩	工作室	新媒体设计、影视包装、广告设计	6
29	圈点·视觉设计工作室	吴月	工作室	VIS 设计、产品包装设计、书籍装帧设计	6
30	徐利兵装饰油画工作室	徐利兵	工作室	油画产品生产制作	5
31	曹睿陈列设计工作室	曹睿	工作室	会展策划、地产策划、文化产品设计、包装设计	7
32	天贻环境艺术设计工作室	杨格	工作室	建筑室内设计、施工	10
33	光圈影视工作室	李昆	工作室	摄影摄像拍摄制作、影视后期编辑、影视后期包装	4
34	立方体影视工作室	段批	工作室	摄影摄像拍摄制作、影视后期编辑、影视后期包装	3
合　计					440

图 1 为重庆工商职业学院学生获奖平面创意作品。

在基地从事创意产业的工作人员中，有多名在国外甚至国内顶尖动画制作公司任职的人员，其中有在动漫行业一线工作经验的占员工总人数的 92%。基地的发展具有源源不断的人才支撑，并可以满足入驻基地企业的人才需求。

图1　重庆工商职业学院学生获奖平面创意作品

二　现实基础与发展状况

1. 地理环境

基地位于重庆主城核心区西部、面积432平方公里的九龙坡区，是重庆都市发达经济圈重要核心区和重庆市"城乡统筹发展综合改革先行示范区""市区共建科学发展开放型经济示范区"。

基地地理位置优越，交通便利。重庆内环高速、成渝高速在此交会；距城市副中心杨家坪商圈仅八公里，与位于九龙坡区的创意产业基地（园区）四川美术学院坦克库·当代艺术中心、501当代艺术基地等相呼应，仅15分钟车程。比邻佛教圣地华岩寺、巴国城时尚消费创意产业基地、魔幻山大型游乐园、国家级历史文化名镇走马镇；紧连丰田汽车、格力电器、宗申摩托、隆鑫摩托等知名企业。

2. 历史文化资源

历史文化资源丰厚。九龙园区有佛香已逾300载的名刹华岩寺，西南佛教名校重庆佛学院即建于此，华岩寺蕴涵着丰富的宗教文化。此外，九龙园区内的巴国城以重庆 3000 年前的根性文化"巴文化"为魂，是一座吸纳了中国传统建筑精华的仿古官式建筑群。巴国城占地 350 亩，是重庆唯一的纯商业大型宫廷建筑的生态旅游古城，是巴文化教育基地、研究基地、传播基地。比邻的"历史文化名镇"走马镇有着悠久的民间文化传统和丰富的民间文化资源，被国家列为非物质文化遗产，是重庆市人民政府命名的"民间文学之乡"。较为丰厚的历史文化底蕴蕴藏了巨大的市场价值，也为发展九龙文化产业基地提供了较为雄厚的文化基础。

3. 人才资源

基地依托重庆工商职业学院的教育资源，开展了富有成效的校企合作，搭建了人才培养平台。近年来通过打造爱岗敬业、教学业务精通、产学研结合的教学团队，并引进文化行业优秀人才，业已形成文化产业人才培养（培训）基地。目前动漫、环境艺术设计、视觉传达设计等专业在校学生达 1400 多人，学生在全国高校文化创意类专业技能竞赛中多次夺得金、银、铜等各种奖项。在基地工作的文化产业员工中，包括多名在国外甚至国内顶尖动画制作公司任职的人员，其中有在动漫行业一线工作经验的占员工总人数的 92%。基地的发展具有源源不断的人才支撑，并可以满足入驻基地企业的人才需求。

重庆工商职业学院被国家动漫游戏产业振兴基地授权为永久性合作院校，共同参与动画产业的开发研究、学生职业资格证书的考试等，可随时掌握国际国内动漫产业的发展动态。该校已成为"CEAC 电脑艺术设计应用工程师""NACG 动漫游戏设计制作工程师"等职业资格的认证机构。

图 2 为重庆工商职业学院学生获奖造型创意产品。

4. 文化服务基础

同时，重庆工商职业学院多年来形成了一支由教授、副教授、教师及摄制人员、技术人员组成的集研究、摄制、教学于一体的巴渝文化团队，出版了《巴渝文化概论》，并获得重庆市人民政府颁发的第五次社会科学奖；摄制的六集电视教学专题片《重庆市情》成为全市的公务员培训教材，并建成了重庆高等学校市级精品课程"巴渝文化"。巴渝文化教学团队可为基地的文化企业提供文化咨询及拍摄、制作等服务。

图2　重庆工商职业学院学生获奖造型创意作品

5. 技术服务基础

近年来基地已投资 3000 万元，先后建设了动漫图形工作室、二维动漫工作室、二维动漫创作室、三维动漫工作室、动漫后期编辑室、配音室、动漫演播室、雕塑工作室、天际线工作室、105 工作室、109 工作室等专业生产车间。为教学和生产购置了国际一流的后期制作设备——动漫图形工作站，采用了当今世界最先进的 SGI Octen2 图形工作站，全套系统设备直接从美国引进；可运用 USA nimation 系统，进行动漫后期编辑、制作生产，搭建的影视动漫后期制作平台处于国际国内领先水平。基地的研发及生产制作平台，既能满足文化创意产业不同层次的技术需求，如创建和孵化新的技能培训项目，又能为企业降低制作成本、提升制作水平。

6. 市场主导优势

基地精心培育市场环境，积极构建市场通道，着重培养生产和制作一线技术人员，积极参与各类创意产业交易、交流活动。目前，在基地入驻的各种创意产业企业已达 21 家。基地还与国家动漫游戏产业振兴基地签订了长期合作协议，参与国内外知名动漫画展览，先后有近 10 部动漫片被中央电视台等多家电视台播出。

7. 政策和资金保障

基地的建设和发展得到九龙坡区人民政府的大力支持，已纳入该区发展创意产业的中长期规划，成为该区在政策上重点扶持的新的创意产业基地。重庆市教育委员会也大力支持学校成为创意类人才培养（培训）及推进产学研结合的重点示范院校。

基地依托重庆工商职业学院（重庆广播电视大学），以及合作办学的美国筑艺国际投资集团、天津美幻科技有限公司、重庆贝思动画有限公司、卡图动画公司等企业，可为未来发展提供充足的资金来源。

三　九龙创意产业基地"十二五"发展规划

根据中共中央、国务院的有关政策、法规和《国务院关于推进重庆市统筹城乡改革和发展的若干意见》，按照重庆市委、市政府对文化建设提出的"建设西部地区的文化高地，与长江上游经济中心相适应的文化中心，城乡统筹的文化强市"目标，对 2009～2015 年九龙文化产业示范基地的发展做出如下规划。

1. 总体思路

坚持科学发展观，根据重庆市委、市政府文化建设目标，挖掘九龙科技园区的人文历史资源，结合本地区的产业和文化基础，依托九龙科技园内高校，即重庆工商职业学院（重庆广播电视大学）的人才教育、研发生产，创建九龙文化产业示范基地，积极推进九龙坡区文化产业发展，为实现九龙坡区经济结构优化升级，全面提升城市综合竞争力，为全区经济更快、更好的发展和全面建设小康社会，为重庆社会经济发展做出贡献。

2. "十二五"发展目标

到 2015 年，基地将构建文化产业公共服务平台，建设以文化传媒创意为核心的集文化产业人才培养、文化产业人才技能培训和鉴定、文化产品研发设计生产交易于一体的文化产业基地。

总体目标是把九龙科技园区打造成两个"名区",即"工业名区"与"文化名区","文化名区"就是要加强对九龙科技园区文化资源的保护开发,同时要建设具有时代先进性的现代文化产业名区。

3. 发展规划

第一,建设文化产业人才培养(培训)基地,培养造就高素质的文化产业人才队伍。

依托重庆工商职业学院(重庆广播电视大学),构建以校企合作为依托,以工作过程导向为切入点,以订单式培养为突破口,以工学结合、校内学习和实际工作的一致性为基本理念的人才培养模式,培养文化创意产业应用型高级人才。到2012年,形成涵盖创意产业的相关专业群,达到年培养各类创意产业急需人才3000人的规模。

第二,建设文化产业技能培训与鉴定基地。

依托重庆工商职业学院(重庆广播电视大学),建设文化产业职业技能培训和鉴定示范基地。如动画的NACG技能培训(国家动漫游戏产业振兴基地的考试认证)等,以满足各类文化创意企业对技能人才的需求,促进文化创意高水平技能型人才、复合型人才培养,为打造文化创意基地起到积极的推动作用。2012年以后,力争实现每年为社会提供职业技能鉴定超过5000人次。

第三,建设文化产品生产制作基地。

在已经引进的21家影视动画等企业基础上,创建和引进视觉传达设计、环境艺术设计、装潢艺术设计、产品造型设计、人物形象设计、电视节目制作、展示设计等创意人才和企业,2012年基地内入驻企业达到50家以上,共同组建创意产业联盟,形成一批校企结合、以时尚设计为特色的创意产业集聚区,依托九龙科技园区,布局以工业产品外观设计、数码模具设计为重点的工业设计创意产业基地,以影视动画、环境艺术、装潢艺术、电视节目摄制为主的传媒艺术产品推广和制作基地。

第四,新建"九龙文化产业大厦"。

利用学校现有空地,采取多种渠道筹措资金,投资1亿元,于2012年在华龙大道旁，建成"九龙文化产业大厦"，打造文化产业楼宇经济。同时，对学校现有周边环境进行调整，突出创意产业的特点，形成文化产业氛围。

第五，发掘文化资源，发展历史文化业、佛教文化精品、民间文艺品牌，建设九龙文化名区。

在已经开发打造了巴国城的基础上，配合九龙坡区政府，积极引导文化企业结合资源进一步发掘巴文化内涵，对巴国城巴渝文化展示基地按照"研究、整合、利用、开发"的思路，以巴文化为脉络，挖掘历史文化内涵，收集整理古代巴人的生活状态、人居环境和兴衰历史，构建"文化展示、产业运作、宣传推广"体系，把巴国城建设成特色浓郁的九龙名片。

依托华岩寺名刹，引导文化企业开发和推出佛教文化、森林风光、宗教朝觐等文化产品，打造区域佛教文化精品。

积极引导文化企业，开发利用历史文化名镇走马镇的非物质文化遗产，开发民间故事等民俗文化资源，发展民间文艺，在故事采集的途径和内容上拓展创新，建立丰富的"故事库"，将"走马民间故事节"打造成文化品牌。

B.30

凸显旅游优势资源
建设历史文化名镇

——龙兴古镇创意产业基地发展概况

龙兴古镇创意产业基地

一 "十一五"期间基地发展简介

龙兴镇位于重庆市渝北区，是重庆市小城镇建设试点镇、重庆市经济百强镇、重庆市历史文化名镇，全国重点发展的五百个中小城镇之一，2005年获得建设部"中国历史文化名镇"称号，是国家3A级旅游景区。为了更好地保护和利用龙兴古镇深厚的历史资源，发展好地方旅游经济，推动渝北区旅游品牌的整体发展，在渝北区和龙兴镇政府的大力支持下，以重庆市渝北区龙兴古镇旅游发展有限公司作为基地的建设业主，开发建设了龙兴古镇创意产业基地。

图1为渝北区龙兴古镇街景。

1. 基地一期工程建设已竣工并投入使用

重庆市龙兴古镇创意产业基地规划建设占地面积103.68平方公里，建筑面积11.5万平方米。其中一期工程总投资6000万元，历时一年，已竣工投入使用。一期工程项目对"明清民居、禹王庙、华夏宗祠、龙藏宫"等部分重点建筑进行了修复，并根据不同的建筑风格，对古镇内非重点建筑进行适当的调整、修葺，使所有的建筑形成了古色古香的整体氛围。新添的民俗文化街（月老祠、财神庙、饭庄、客栈、戏楼及三十余间商铺）功能设施齐全，布局合理，环境优美。同时，对旅游区内的基础设施、道路进行了相应的修整。新添了部分垃圾桶、电话亭、公用厕所、座椅、休息亭等便民

图1　渝北区龙兴古镇街景

辅助设施。

图2为龙兴古镇街景。

2. 特色商业业态逐步进驻

基地开设了多家特色茶馆、戏楼等文娱场所，宣传推广具有浓郁地方特色的巴渝文化，展现丰富多彩的人文历史，传递山城人民乐观的生活态度。

3. "龙兴古镇"品牌形象推广取得初步成效

基地对刘家大院、贺家寨子等民居进行整体品牌打包推广，形成具有地方特色的旅游名片。对古镇旅游名片宣传采用了网络、电视、杂志等多种方式，形成立体的、全方位的渗透传播。公司与政府合作开展了一系列旅游产品推广活动，并联合相邻的风景旅游区开展联合推广，进行整合营销。在"2009重庆古镇旅游年"举办了古镇旅游文化节，吸引了重庆及周边的上百万游客，缩短了基地进入市场的时间；2010年，龙兴古镇已经成为渝北区和重庆市著名的古镇旅游休闲地。

图3为龙兴古镇居民的休闲生活面貌。

图2　龙兴古镇街景　　　　　　　图3　龙兴古镇居民的休闲生活面貌

二　创意基地发展特点

1. 探索创新古镇保护与开发模式

首先，积极探索古镇保护与开发的发展模式。即在对古镇的历史和文化资源进行保护、抢救、挖掘、提升的基础上，以旅游发展为线索，科学合理地对古镇土地进行开发和利用。

其次，坚持"在保护中利用，在利用中保护"的发展原则，注重对古镇文物的保护与古镇旅游开发的协调发展，并通过旅游发展带动古镇保护；同时，注重生态环境和人文环境的同步发展，在可持续发展的基础上，实现龙兴镇经济、环境和社会效益的协调发展。

2. 以文化创意推动龙兴古镇第三产业和社会经济的和谐发展

龙兴文化创意基地兴建以来，增加了就业机会，提高了当地居民的生活质量，吸纳了很多高素质专业人才来此居住和消费，发挥了旅游业对社会经济的统筹作用，减少了旅游对古镇核心保护区及周边环境的影响，增加了城市公共休闲空间。通过发展旅游，实现了古镇保护与发展的和谐统一，从而带动了龙兴基础设施及景观环境的改善，营造出了"宜居、宜游、宜乐、宜享"的城镇良好环境，大大地展现出龙兴古镇独特而有魅力的文化品位，促进了文化产业的发展和精神文明的建设，展现了新兴的"龙兴古镇"风貌。

3. 基地发展形象定位清晰——隐逸都市的明代田园古镇

基地发展品牌形象定位的具体表述是：隐逸都市的明代田园古镇。所谓隐逸都市，是指龙兴古镇位于喧嚣闹市之中的人文"静"土和世外桃源，田园与山水景观相得益彰，自然与人文和谐统一，勾勒了一幅都市之中的田园山水画卷。而所谓明代，则特指古镇建筑所表现出来的明代历史遗迹和文化，如当年古镇繁华的旱码头遗址、古寺的传说、龙兴镇名的来历等，构成了古镇与众不同的"明代"主题与个性。而所谓田园古镇，是指古镇中稻香竹屋的自然环境、朴实醇厚的民俗民风，让这个都市围合的巴渝小镇在朴实中渗透着恬静和怡然自得。

图4为龙兴古镇牌坊。

图4　龙兴古镇牌坊

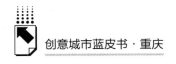

三 基地发展资源

1. 历史资源

龙兴古镇距今已有 600 多年的历史，古建筑及历史文化遗址极其丰富，最具代表性的有明清民居、禹王庙、龙藏宫、刘家大院、华夏宗祠、贺家寨子等，它们的建筑风格及布局独具特色、穿斗结构、彩绘雕刻、竹木土墙壁，整个古建筑群高低层叠、错落有致。古街内的历史建筑保存基本完好，具有较高的历史价值和人文价值。

2. 文化资源

周边田园及村寨资源良好，还保留了许多传统文化活动，如川剧、评书等，具有鲜明的巴渝地区的人文精神和民俗传统。

四 基地未来发展前景展望

1. 基地发展目标

将龙兴古镇建设成为自然生态与历史文化旅游产品特色相结合，集观光游览、文化体验、度假休闲、游憩娱乐于一体的巴渝古镇文化深度体验旅游目的地；国家 4A 级景区。

2. 发展理念

（1）宏观层面。"跳出古镇看龙兴"，以旅游为先导，激活人文历史文化资源，综合发展古镇各产业链，实现龙兴从"传统农业乡镇"到"新型旅游大镇"的转型。

（2）微观层面。①开发理念：提供可持续的发展框架和循序渐进的开发策略，创造具有生机和活力的历史文化体验空间和旅游休闲场所。②保护理念：延续并发扬古镇的传统空间美感，扩大古镇整体历史环境与生态环境的保护范围。激活历史记忆，活化历史，延续传统文脉。③发展理念：全方位、多角度思考问题，寻求本地区在经济、文化、社会及自然环境条件上的持续改善。

彰显民俗风情 打造魅力名镇

——濯水古镇创意产业基地发展概况

濯水古镇创意产业基地

一 "十一五"期间基地发展概况

濯水古镇民族风情创意产业基地，位于黔江区阿蓬江流域中部，依托黔江最大的行政建制镇濯水古镇，由重庆鸿业实业集团有限公司为开发业主单位，整个基地项目总占地230亩，利用阿蓬江水域40公顷。其中，核心区建筑面积5.3万平方米，协调区建筑面积5万平方米，项目总投资2.5亿元。经过恢复和改造的濯水古镇，成为黔江区现代农业综合开发示范区，被国家旅游局评为"国家级农业旅游示范点"，荣获"2009年度中国最具魅力名镇"称号，被重庆市少年宫定为青少年户外写生基地，被重庆市摄影家协会定为摄影基地。

图1为濯水古镇街道实景。

1. 项目主要建设工程已基本完工

目前，基地项目建设已累计完成投资约2.5亿元，建设内容包括老街恢复整治，新建小广场戏楼及李家大院、龚家大院，风雨桥及河堤护岸工程，芭茅岛酒店，绿化景观、综合管网等。2011年，基地建成无公害优质果园24.3公顷，桑园16.7公顷，淡水鱼养殖场7.3公顷；完善基地场地、供水、供电、排水、通信、环保等基础设施工程，完善景区的旅游接待功能，完成重点建筑修复，并完成了濯水污水处理厂的建设。

图2为濯水古镇全景。

2. 基地招商工作逐步展开

据初步统计，濯水古镇创意产业基地引进入驻企业十余家，其中武陵一合

图 1　濯水古镇街道实景

图 2　濯水古镇全景

会馆、古镇映象、天涯客栈、遗忘酒吧、老盐行酒楼、半边街酒楼、濯水古镇水上游乐项目等各具特色，充分体现了民族风情创意产业基地的内涵。

3. 成功举办各种节庆活动

为展现古镇魅力、弘扬古镇历史文化，公司聘请专业的文化创意公司，组织举办了各种活动，也充分展现了古镇风采。如正月十五的武陵山年货博览会、三月初三的阿蓬江盘歌节、五月初五的阿蓬江龙舟赛以及常年演唱的后河古戏等一系列文娱活动，都极大地丰富了民间的民俗文化，展现了古镇的魅力。

图3为濯水古镇举办的节庆活动场景。

图3　濯水古镇举办的节庆活动场景

4. 逐步完善游乐设施项目

为了能够吸引游客和满足游客的需要，为游客提供较好的旅游环境和旅游服务，公司出资百万余元，购买了高级画舫船、快艇、普通画舫船、水上自行车等，实现了游乐观光的多样性。

二　创意基地发展特点

1. 借助重庆市"一圈两翼"的发展战略快速发展

基地作为重庆的"东南翼"所在，借力重庆的"一圈两翼"发展战略，在招商引资、吸引游客等方面都得到了快速增长，当地经济也得到了快速发展。

2. 创意基地发展思路明确

基地打造之初，依托黔江区土家族、苗族聚居，少数民族风情浓厚的人文优势，明确以"民族风情"为创意产业内涵，并围绕民族风情进行规划、设计与建设；商业业态的引进也以凸显民族风情为重要指标。

3. 古镇文化资源的挖掘与整合工作初见成效

基地在完善旅游配套设施的同时，重点投入恢复李家老街、龚家大院等老街建筑，其中重点建筑修复面积达 4504 平方米，一般保护建筑修复面积达 6036 平方米，最大程度地挖掘和恢复了濯水古镇的传统建筑资源。在招商引资方面，重点吸引与古镇风貌吻合、反映民族风情的商业业态。同时，为推广古镇策划的节庆活动，基地建设也紧紧围绕整合古镇文化资源展开，充分展现古镇民族民俗文化内涵。

三　基地未来发展前景展望

1. 发展目标

根据黔江区委、区政府"十二五"规划，以及市委 36 号文件对黔江旅游的定位要求，重庆鸿业实业集团旅游天地公司将继续在市经委、区委的指导下，以濯水古镇民族风情创意产业基地为载体，加大对基地建设的力度，不断完善基地基础设施，完善旅游接待功能，建成 4A 级景区；深度挖掘古镇历史文化，形成文化展示馆；开发古镇－农业观光园－蒲花暗河、三潮水等景点，形成旅游环线，吸引更多游客观光旅游；大力招商引资，让更多的企业入驻创意产业发展基地，形成产业链，实现城乡统筹共同繁荣的局面。

2. 发展措施

按照市委 36 号文件的要求，利用各种渠道、多种措施，逐步推动基地建设。

第一步，开通融资渠道，解决建设资金困难、工程推进乏力的问题，争取为濯水古镇民族风情创意产业基地的发展注入更多的血液。

第二步，整体包装宣传，提高濯水古镇民族风情创意产业基地的对外影响力，可请专门的策划公司或者宣传媒体进行策划宣传。

第三步，放宽投资环境，引进投资企业来基地创业发展。主要包括税收优惠政策、房屋租金优惠政策、享受创意产业基地政策等。

第四步，实施人才队伍建设，培养更多优秀人才在基地发展创业。

3. 近期发展任务

以基地建设开发为核心，继续推进濯水摆手舞广场的建设，实施景区灯饰景观工程，以及正在进行论证的"水上音乐喷泉"，进一步完善基地的基础设施，使濯水民族风情创意产业基地协调发展。

附　　录

Appendix

B. 32
《重庆市创意产业"十一五"发展规划》

渝办发〔2006〕284 号

　　创意产业，又叫创意工业、创造性产业、创意经济等。创意产业是在全球产业分工背景下发展起来的，1998 年英国对这一概念进行了定义，称为"源自个人创意、技巧及才华，通过知识产权的开发和运用，具有创造财富和就业潜力的行业"，广告、建筑、艺术和文物交易、工艺品设计、时装设计、电影、互动休闲软件、音乐、表演艺术、出版、软件、电视广播等 13 个行业被确认为创意产业。创意产业推崇个人创造和技术创新，强调设计、文化、艺术等为产品或服务提供实用价值之外的文化附加值，从而提升其经济价值，是国际公认的 21 世纪最有发展前途、最具增长潜力的朝阳产业。

　　在我国进入第十一个五年规划发展的新时期，创意产业正在走向全球，成为以知识经济为基础的新经济的一大支柱，成为许多城市经济增长与自主创新的重要动力。目前，全世界创意产业每天创造的产值高达 220 亿美元，并正以 5% 左右的速度增长。"十五"期间重庆市经济社会发展取得巨大成就，经济结构不断优化，经济总量、质量、效益同步提高，工业化、城镇化进程加快，全市人均地区生产总值跨进基本小康门槛。在这样一个新的历史条件下，积极扶持发展创意产业，必将为全市转变经济增长方式，实现经济结构优化升级，全面提升城市综合竞争能力注入新的动力。

一 重庆创意产业发展的现状

20世纪90年代初期，重庆市第一个动漫企业的诞生标志着创意产业的萌芽，经过十多年的缓慢发展，目前以研发设计、软件设计、建筑设计、咨询策划、文化传媒和时尚消费等为支撑，以创意设计工作室、创意产业园区和文化创意体验区为载体的创意产业已具雏形，发展势头较好。总体上看，重庆市创意产业处于起步阶段，需要政府积极引导和大力扶持。

（一）以动漫为代表的创意产业起步较早，具有较大的发展潜力

重庆市动漫企业诞生较早，但近几年才逐步形成产业雏形，目前企业数量少、规模小、影响弱。概括起来有以下几个特点。

一是门类齐全。重庆视美动画艺术公司是一家综合性的动漫研发生产企业，主要生产影视动画片；重庆易动影像公司主要从事以广告、营销、宣传为主的商业动漫；重庆享弘电视艺术公司主要生产电视动画片；重庆渔夫影视动画工作室主要生产电影动画片；重庆漫天下科技公司主要从事动漫平面媒体；重庆宏信软件公司以开发动漫游戏为主。涉及动漫产业多个领域，门类齐全。

二是产权多元化。重庆视美动画艺术公司为重庆广电集团和四川美术学院合资，同时吸收了宏信软件等民营企业参与，是以国资为主的股份制公司；漫天下公司为中科普公司与四川外语学院组建的股份制公司；易动影像公司、神马卡通动画公司等是纯粹的民营企业；渔夫影视动画工作室通过电影动画片的制作实力实现了与港资的合作。

三是适应市场能力强。重庆市民营企业成立时间最早的易动影像公司有13年的历史，最短的正大动漫科技公司组建只有几个月，有土生土长的重庆企业，也有来渝发展的外地公司，都以自己的方式站稳了脚跟。易动影像公司

完全靠自身滚动发展，原创卡通形象达 15000 多个；渔夫影视动画工作室是西部唯一获得影视动画资质的企业；享弘电视艺术公司的"乐乐熊"通过中央电视台播出后，在全国已有一定知名度，《魔盒与歌声》获 2006 年第二批推荐播出的国产优秀动画片。

四是具有后发优势。四川美术学院动画专业创办于 1995 年，随着影视动画学院的建立，其发展规模、招生计划从原有的 100 人/年扩至 400 人/年，在动漫人才方面，已具有成熟的教学理念和教学体系，在专业设置上细分为影视动画、动画产品设计、动漫读物、影视（动画）编导、互动媒体（游戏）设计、影视美术（动漫模型）等多个专业方向。依托四川美术学院深厚的艺术渊源和造型艺术、雕塑艺术、广告、环境艺术、工业设计、服装设计等设计艺术学科，影视艺术学科、视觉文化策划与管理等完善的视觉艺术学科背景，重庆市在影视动画、商业动画和动漫周边产业研发生产上具有独特优势。2005 年四川美术学院与重庆广电集团共同打造的重庆视美动画公司，2006 年将达到 3000 分钟的能力，占全市的 80%；最近，成功向国家广电总局申报了两年 10000 多分钟的生产计划，将占全市的 80%，西南的 70%，在全国居 6~8 位，并正在准备申报国家级动漫生产和教学基地，具有很大的发展潜力。

（二）一大批创意设计工作室、创意产业园和民俗文化体验区正在建设之中

重庆是一个老工业城市，从洋务运动、抗日战争到三线建设，布局了大量的工矿企业（军工企业），这些老厂房、老仓库是近代工业文明的摇篮，蕴涵着丰富的历史文化，容易激发创作者的灵感，成为创意设计类企业十分乐意进驻的场所。如坦克库·重庆当代艺术中心、501 艺术创意仓库、东和地产创意产业园等，都是利用闲置厂房和楼宇建设起来的。同时，洪崖洞、磁器口、巴国城等，一批以展示巴渝建筑风貌、传达巴渝文化内涵为特色的民俗文化体验区也逐步发展起来。到目前为止，主城九区拟建、在建和已建成的创意产业载体约 30 个，产业门类涉及研发设计、软件设计、建筑设计、咨询策划、文化传媒和时尚消费六大类创意产业领域。

二 重庆创意产业发展的可行性分析

（一）创意产业发展的战略意义

1. 增强城市功能，提升重庆形象

创意产业集信息、技术和文化多种要素于一体，广泛渗透于工业制造、金融、商贸物流、科技文化等产业。从某种意义上讲，创意产业的发展与繁荣，体现了一个城市的素质和层次。重庆市正在努力打造"三中心两枢纽一基地"，成为长江上游经济中心。实现这一宏伟目标，必须推动重庆由单一的制造业中心向综合服务型城市功能转型，这种转化，有赖于一批研发设计、文化传媒、咨询策划等为代表的现代新型创意企业的直接参与和推动。创意产业的持续发展，对提升重庆城市综合竞争力，增加重庆产品和服务在世界性市场的认同度，塑造时尚、创新和开放的重庆城市新形象将提供有力的支撑。

2. 落实科学发展观，推进科技创新

要落实和推进"科教兴渝"战略，必须大力推进科技创新和科技成果在实际生产中的转化运用。创意产业是高度知识密集型、知识产权型产业，创新和创造是它的核心内涵。大力发展重庆创意产业，让创新理念、创新思维和创新活动贯穿于城市生产与生活的全过程，推动城市科技创新集成度和科技成果有效转化，为重庆经济社会可持续发展提供源源不断的创造力，是落实科学发展观、推进科技创新的重要内容和具体表现，也是重庆建设创新型城市的必由之路。

3. 转变经济增长方式，实现产业结构优化升级

随着重庆工业化和城市化进程的加速和高级化，在全面建设小康社会和建设节约型社会的前提约束条件下，产业结构必须要由资源型工业向高附加值的先进制造业和现代服务业转化。目前，重庆市第三产业中，传统的商业和低附加值的服务业还占据了相当大的份额，重庆市大力发展创意产业，必将充实现代服务业内容，丰富现代服务业内涵，为经济增长直接贡献巨大财富。并且，通过创意产业对重庆传统产业的渗透和改造，进一步轻化重庆的产业结构，降低单位产出的能耗，增加产业的技术含量，大幅度提高产业的劳动生产率，推动传统产业向高级化、技术密集型方向更新升级，实现重庆向经济集约型增长方式转变。

（二）创意产业发展的机遇

1. 发达国家创意产业发展提供了经验

进入知识经济时代后，创意产业的迅速成长已经成为发达国家和地区产业发展的一个突出趋势，全球不少发达国家和地区都已把创意产业列为本国重要的战略性产业，不遗余力地积极推动其发展。重庆凭借良好的产业基础和区位优势，完全有可能发挥后发优势，承接全球创意产业的转移和辐射，培育出一批特色创意产业集群，迅速做大做强重庆创意产业规模。

2. 国内创意产业发展营造了环境

重庆地处中西部地区的交叉地带，是西部大开发战略的桥头堡，与沿海等发达城市经济社会交往联系紧密。上海、深圳等沿海城市创意产业的迅速发展壮大，为重庆市发展创意产业提供了很好的参照、借鉴、交流的平台和机会。重庆可以近距离地吸收国内其他城市发展创意产业的有益经验，降低发展中的学习成本和创业风险，低成本地吸纳一批创意产业项目和创意人才来渝发展，缩短重庆市与先进城市的发展差距。

（三）创意产业发展的基础条件

1. 经济社会快速发展

创意产业是产业高级化和经济高速发展的产物，反过来，创意产业的崛起又会促进经济社会更快更好地发展。根据国际经验，当人均 GDP 超过 3000 美元时，第三产业特别是知识型、智能型现代服务业会得到蓬勃发展。2005 年，重庆市主城九区实现 GDP1294.73 亿元，同比增长 11.3%，人均 GDP2480 美元，这一区域的经济发展正由投资驱动型向创新驱动型转变。因此，依托重庆都市发达经济圈，大力发展以研发设计类、动漫软件设计类、文化传媒及会展类等为主体的创意产业正当其时。

2. 高度发展的产业基础

重庆市是传统的重工业城市，二、三产业占全市 GDP 的 84.9%，特别是重庆以汽车、摩托车、装备制造业等为代表的现代制造业，基础雄厚、产业配套能力强，在全国都占有极重要的地位。重庆这些支柱性产业正面临着高新技术改造和工艺革新，而金融、商贸、物流等生产性服务业为了更好地服务于重庆制造业发展，也迫切需要进行工作流程创新、切实提高工作服务效率。这些任务的完成，必须有研发设计等数字化、智能化、网络化创意产业的深度参与和配合。这一过程蕴涵着大量创意产业商机，给创意产业带来了巨大的市场成长空间，可以说，重庆发展创意产业潜力巨大、天地广阔。

尤其是动漫产业，通过近几年的发展已经具备了一定的基础。诞生了视美等具有一定规模的动漫公司，仅视美公司今年电视动画片生产计划配额就占西南地区的 70%。此外，有若干各具特色的动漫企业和工作室，初步形成创意、设计、生产、营销产业链条，为重庆动漫产业的发展奠定了良好的基础。

3. 深厚的巴渝文化底蕴

创意产业发展，除了要具备一定的产业基础外，还与一个城市的文化沉淀息息相关。重庆人文历史资源丰富，传统文化底蕴深厚。从商朝末年的巴师伐纣、巴蔓子将军的刎颈存城，再到 20 世纪三四十年代的重庆成为远东二战指挥中心，三千年悠久历史创造了众多杰出文化。同时重庆还是一座移民城市，从秦灭巴蜀的中原诸夏移民、元末明玉珍的"军垦"移民、清初的"湖广填四川"的百万移民、到"深挖洞广积粮"时期的三线移民，造就了重庆这座城市人文精神的大碰撞、大交融，从而形成了重庆兼容并蓄、融会贯通，多样性、开放性的人文精神，为创意产业的成长提供了肥沃的土壤。

4. 教育和人才资源优势突出

重庆目前有各类大中专院校 72 所，全市普通高校在校生 35.8 万人。其中，四川美术学院是全国 3 大美术学院之一，四川外语学院是我国西部地区最知名的外文学府，重庆大学有专门的影视学院，重庆邮电学院是西部地区重要的信息产业科技创新基地。全市共有高新技术企业 628 家，城镇经济单位共有各类专业技术人员 61.75 万人。丰富的教育资源和雄厚的人才储备，为重庆市创意产业的发展提供了充裕的人才保障。

三 重庆创意产业发展的指导思想、发展目标和发展重点

（一）指导思想

全面贯彻落实科学发展观，引导经济增长方式转变，调整优化产业结构，促进传统产业上档升级；按照建设"学习型社会""创新型城市"的要求，突出创意、创新、创造的功能定位，引领原创时尚，打造时尚之都；营造良好的社会环境，充分发挥个人创意、技巧及才华，通过知识产权的开发和运用，创造财富、增加就业，构建和谐社会；突出产学研相结合的互动机制，推动创意、创新和创造联动，园区、校区联动，市级、区级联动和二、三产业联动；突出政府引导、市场运作的推进模式，扶优扶强扶特，形成一批创意产业集聚区、重点骨干企业和公共服务平台。让创意产业成为重庆经济发展的重要推动力量。

（二）发展目标

到"十一五"期末，力争实现"66503"的发展目标。即：

——产业规模。到2010年，全市创意产业增加值约占全市GDP的6%（达到300亿元）；形成6万人左右的就业规模，培育若干家具有自主知识产权的创意产业龙头企业。

——产业布局。到2010年，全市建成50个以上创意产业基地（包括仓库形态创意集群、工作室、创意工业园区、文化创意体验区等），并形成产业特色。吸引各种创意产业相关企业集聚，引进一批国内外创意设计大师在重庆设立工作室，初步具备集聚和辐射功能。

——产业水平。到2010年，形成视美动漫基地、天健（平面媒体）动漫基地、软件设计创意园3个在全国有影响力的创意产业基地；培育一批在国内外有影响力的知名设计师和设计大师；创造一批具有重庆特色、在国内外有影响力的创意品牌；具备举办国内外创意产业大型活动的能力，扩大重庆城市业态和优势产品在境外的影响，通过会展等形式，演绎重庆城市综合实力，推进

在 CEPA 框架下重庆与港澳地区创意企业的合作与交流。

预计到 2020 年，重庆"城镇化率将达到 65%，进入全国先进行列"，随着经济社会的发展，人们对精神生活和文化消费的需求越来越大，时尚化、人性化、个性化的追求为创意产业拓展出更大的发展空间。预计到 2020 年年末，创意产业将占全市 GDP 的 10% 左右，形成一大批著名的创意产业基地，集聚 30 ~ 50 名顶尖级创意设计大师，建成在国内外具有辐射、带动和影响力的创意产业中心，步入"文化长入经济，经济体现文化"的相融互动高级发展阶段。

（三）发展重点

重点产业的确定，主要是由工业化、城市化进程决定的，各个国家和地区在创意产业分类上的差异主要表现在经济发展的不同阶段上，即经济发展的不同水平决定创意产业的内涵。英国等发达国家的创意产业是在工业化和城市化完成之后，进入后工业时期发展起来的，欧美等地的创意产业是以文化为主体；日韩等亚太国家已进入工业化的高级阶段，创意产业发展兼顾了产业和文化两个方面；我国上海虽然是中国的经济中心之一，但是还未完成工业化和城市化进程，所以上海发展创意产业是为"优先发展现代服务业"和"优先发展先进制造业"的产业发展方针服务，为产业结构升级服务。

重庆目前处于工业化的中期，工业兴市是重庆市经济发展的重要战略，创意产业发展应该走与日韩相似的路径，注重产业和文化的结合，但现阶段更应注重产业发展。根据目前的产业基础和优势，"十一五"期间，重庆市将围绕做大做强四大支柱产业，提升现代服务业和文化产业水平，突出以研发设计创意为核心的产业特色，实施"611"工程，即重点推进 6 大产业发展和 11 个载体建设，使之成为经济增长与自主创新的重要推动力量，并形成产业集聚、布局合理、开放度高、带动性强、富有特色、充满活力的发展格局。

1. 重点扶持发展 6 大类创意产业

研发设计创意。主要指与工业生产相关的研发与设计活动。包括工业设计、服装设计、产品设计、工艺美术品设计、包装设计、广告设计、研究与试验发展等行业。

——重点支持工业设计类创意产业。加强汽车摩托车、印刷包装、工艺美术、服装鞋业等产品的外观设计，在适应功能设计的前提下，力求在造型、色彩、材质、功能搭配和装饰物等的选择上突出时尚化特征，提升产品的附加值。同时，重点扶持一批工业创意设计基地，形成较强的工业产品外观造型设计能力，实现特色创意产业的集聚发展。

——加快旅游商品研发。鼓励引导和积极构建美术院校、商品协会、生产企业密切合作的旅游商品研发体系，逐步建立起集特色化、系列化、品牌化、规模化于一体的旅游商品研发、设计、创意、制作架构。重点扶持一批具有地方特色、有发展潜力和一定生产规模的旅游纪念品、工艺品、食品和日用工艺品生产企业，重点培育建设一批旅游商品生产基地。

——拓展广告设计发展空间。广告设计是重庆具有一定优势的产业，2005年经营额排全国第十二位，在中西部排第二位。广告业发展，要积极适应产业变革给广告业带来新的市场需求的要求，拓展移动电视广告、手机短信广告、网络游戏广告等新业务，拓展广告业乃至传媒业的发展空间。

软件设计创意。主要指与计算机及软件服务领域相关的设计活动。包括动漫产业服务、基础软件服务、应用软件服务、互联网信息服务、国际软件外包服务等行业。

——推进北部新区软件产业园区及西永微电子产业园建设，重点开发蓝牙信息、移动通信增值软件和信息化软件集成系统等应用软件；大力开发应用于汽车电子、智能化仪器仪表、数字医疗设备等产品的嵌入式、实时操作软件；开发游戏软件、财务软件、企业管理软件、财税管理软件、网络管理软件等各种应用软件；支持中兴通讯西南研发生产基地、金算盘、西南信息公司、惠普重庆等软件企业的发展。

——动漫产业是重庆市发展创意产业的突破口，要充分利用四川美术学院、重庆大学、重庆邮电大学、工商大学、西南大学、重庆师范大学等相关力量，集聚人才，鼓励开发原创产品，积极承接外包业务。重点推进视美动漫基地、天健（平面媒体）动漫基地发展和建设。

——把握世界软件外包市场不断扩大的契机，建立全球合作伙伴关系，培育具有国际竞争力的软件企业，搭建公共服务平台，扩大软件外包业务，积极参与国际分工。

建筑设计创意。主要指与建筑、环境等有关的设计活动。包括工程勘察设计、建筑装饰、室内设计、城市绿化设计等行业。

——重庆市将在5年内建成穿山越岭的"二环八射"高速公路网，其中包括近千座桥梁和隧道，有39座特大桥和33座特长隧道。依托重大和交通大学的科研和人才资源，进一步提高桥梁和隧道的工程设计和外观设计水平，使桥梁和隧道成为时尚重庆的独特景观。

——不断规范建筑装饰和室内设计装饰行业，加快培育一批建筑装饰和室内设计装饰龙头企业。室内设计，要充分关注人的内心需求，体现个性色彩，融入多元化风格，提高设计的文化和艺术内涵。

——积极发展景区规划设计、园林规划设计和城市规划设计。根据重庆独有的山水风貌特征，继续推进"平改坡"工程，对重庆主城楼宇屋顶的造型和色彩搭配进行规划设计和改造，充分体现重庆城市性格和历史文脉，塑造既有浓郁传统文化又充满现代时尚感的都市形象。

文化传媒创意。主要指文化艺术领域中的创作和传播活动。包括文艺创作表演、广播、电视、电影制作、出版、音像制作等行业。

——着力发展互联网、手机短信及动画等新媒体产业，拓展传媒业发展空间，提高时尚性。

——加大扶持《重庆电脑报》（全国最大的计算机报）、天极网（全国信息科技网站第一名）、华龙网，带动产业规模做大。

——充分利用重大影视学院、重师、西南大学、邮电学院等影视相关院系的人才和专业力量，整合现有资源形成完整的产业供应链，发展电影制作行业。

——大力发展车载移动电视、楼宇电视、手机电视、数字电视等新媒体。进一步巩固发展新闻出版、广播电视及音像制作、文艺创作及表演等传统文化传媒。

咨询策划创意。主要指为企业和个人提供各类商务、投资、教育、生活消费及其他咨询和策划服务的活动。包括市场调研、证券咨询、会展服务、市场调查等行业。

——依托科研院所、民间商务策划人才资源，发展品牌战略管理和无形资产经营等策划顾问咨询类创意产业。

——会展服务作为商业和文化有机结合、连带效应明显的边缘性产业，是21世纪最有前途的创意产业之一。会展业提供给城市的，是高度密集的人流、物流、信息流、资金流，这种物质和精神财富的流动，既能刺激消费、增加利税、提供就业，又可提升城市形象。以南坪重庆会展中心为龙头，加强对会展业的培育和调控，改善环境、增强吸引力，积极举办和引进各种展览会、会议，打造西部会展中心。

——大力发展各类商业、投资、教育、生活消费及其他咨询策划服务的创意活动，包括市场调查、商务策划、会展策划等重点行业。

时尚消费创意。主要指在人们日常消费、生活娱乐中体现创造性及其价值的行业，包括珠宝服饰、休闲娱乐、美发美容、美食文化、婚庆策划、摄影创作、娱乐游戏、旅游等行业。

——围绕渝中区"十字金街"，做大美食文化、美容美发、形象设计包装、艺术摄影、婚庆服务、旅游服务等行业，形成都市时尚消费的核心区域。

——把江北嘴现代文化体验区、国泰大戏院、三峡博物馆、磁器口民俗文化创意产业园、洪崖洞民俗风貌区、巴国创意城、湖广会馆、解放碑商业街、观音桥商业街打造成为知名旅游品牌，纳入旅游公司旅游景点。依托这些载体，发展特色旅游，做大体验经济，弘扬巴渝文化。

——依托高新区电脑市场、通信产品市场、通信运营商（重庆电信、重庆移动、重庆联通、重庆网通、重庆网通宽带信息港），拓展重庆数码产品消费市场，打造重庆科技时尚消费核心区域。

——以美食文化创意为灵魂，重庆特色餐饮为基础，南滨路、直港大道、加州花园、科园美食街为支撑，以重庆名菜、重庆火锅、名小吃为主体，荟萃全国及世界餐饮特色菜品之精华，打造重庆美食之都。

——整合旅游资源，突出新、特、奇的开发模式，创新思维，加快旅游观光、休闲、度假、专项旅游等多种旅游产品创意和设计，塑造重庆旅游品牌。积极开发工业旅游，在国家已经确定的工业旅游示范点（长安集团、涪陵太极、万州诗仙太白）的基础上，扶持一批符合条件的企业申报工业旅游示范点，扩大和发展重庆市工业旅游规模，展示重庆工业新形象。

2. 重点扶持 11 个创意产业载体

重庆市创意产业发展在普遍号召的基础上，工作中要突出重点，集中力量扶优扶强，并在突出重点的基础上进一步突出特点，彰显重庆特色。要注重培育产业链和促进产业集群发展，形成系统的产业链和块状经济。"十一五"期间，全市要建成 50 个创意产业基地，近期重点推进 11 个基地建设。

视美动漫基地。四川美术学院与重庆广电集团（总台）创建的视美动画艺术有限公司，已形成了产学研发展模式，并具备产业规模化发展的条件。视美动漫产业及教学基地项目规划占地 200 亩，预计建设总投资 5 亿元，规划 2009 年项目建成，投产后实现年营业收入 12 亿元。项目主要建设内容包括动漫教育、动漫及衍生产品生产经营两大板块：动漫教育板块由动漫学院和艺术家村落构成；动漫及衍生产品生产经营板块由技术研发中心、产业研发中心、创意孵化中心、企业集聚区、作品展示交易中心、公共服务平台（信息、技术、产权、运营、人才、设备）、动漫艺术活动中心和动漫游戏娱乐中心等构成。通过该项目实施，培育和集聚大量动漫设计、制作与经营人才，吸引市内外相关企业和资金进入基地，实施产学研一体化模式，完善"教学科研—创意设计—加工制作—市场营销—衍生产品开发"产业链和价值链，形成基于动漫产业链的企业集群，打造以视美动画为龙头的全国一流的动漫企业和品牌，建成全国规模最大、原创力最强、最具影响力的国家级动漫生产及教学基地。

天健（平面媒体）动漫基地。基地位于重庆大学城，占地 280 亩，计划总投资 5 亿元，投资期 5 年，于 2009 年前完成孵化楼、动漫主题公园及相关基础设施建设，2010 年投入商业运营，拟吸纳 30 余家国内外动漫企业进驻，聚合 1000 名专业人才，年销售收入 10 亿元，2010 年孵化出 10 余家成熟的动漫企业，助推 1 到 2 家企业实现上市。卡通动漫基地主营动漫书籍、期刊、动漫影视及衍生产品的策划、设计、制作、生产及销售，以动漫产品的纸质媒体为突破口，突出平面动漫的特色，发挥图书出版、电子音像和网络联动优势，加大原创动漫用书的出版力度，增强文字图书改编成动漫图书的能力，抢占动漫市场份额，在此基础上，向影视、电视过渡，并开发出延伸产品。与此同时，把已有的影视、电视、动画片作品改编成图书，做到双向互动，良性循环。2011年前，力争成为国家级动漫产业基地。

软件设计创意园。分为高新区软件园和西永微电子产业园两大板块。高新软件园目前已集聚了全市80%以上的重点软件企业，如金算盘、博恩科技、亚德科技、瑞笛恩科技、汉光电子、新世纪电气、慧尔科技、三峰软件、南华中天、长安信息、结行移动商务、正大软件、中联信息、沃尔德科技、金瓯科技、宏声新思维等一批软件企业，加上中兴通讯西南信息研发中心、西南信息产业园聚集在重庆高新区内，已形成一批软件企业集群和开发规模，具有发展软件产业的良好基础。西永微电子产业园项目规划用地2250亩，重点发展软件设计、IC设计、数字娱乐、应用软件等产业，目前，惠普全球软件中心、美国EDS离岸服务中心已进驻园区。"十一五"期间，加快高新区和西永软件园的发展，打造重庆市一北一西两大国家级软件产业基地，提高全市软件研发设计能力。

文化（传媒）创意产业园。该项目是重庆广电集团（总台）"十一五"期间，以重视传媒公司为主体实施的骨干项目，规划占地500亩，预计建设总投资15亿元，投产后预计实现营业收入60亿元。项目规划建设"一个平台、一个基地、一个市场"，即面向国际市场的开放性传媒内容产业集聚平台（包括创意孵化功能区、节目制作功能区、外景摄制功能区、产业集聚功能区、影视产品投资交易功能区、动漫节目创意制作功能区、管理服务功能区）；与国际接轨的现代时尚演艺娱乐产业基地（包括多功能演艺大厅和露天演出广场）；国内外知名的休闲娱乐与生产服务消费市场（包括时尚文化休闲街和生产服务专业市场）。项目以引领重庆原创时尚文化发展为主题，打造面向国际国内市场、面向多种媒体、面向全社会人才资源，以创意策划、设计制作、展示交易、文化消费为主体的创意产业发展平台，带动市内外上百家相关企业入驻园区，推动重庆传媒产业跨越式发展，创建一个特色鲜明、规模宏大、在西部地区独树一帜的产业高地和文化新城。

大足石刻影视旅游文化区。项目位于重庆市大足县，规划面积115平方公里，预计总投资100亿元以上，8年内基本完成项目规划建设，定位为"石刻王国、影视基地、温泉故里、万国风情"的大型复合型项目。大足石刻影视旅游文化区以影视基地建设为形，以旅游休闲度假为实，以文化内涵为魂，充分利用大足石刻这一世界文化遗产品牌和龙水湖优美的自然山水风光，在保持其原生态的基础上加以人工整理、优化，注入丰富的中华民族传统文化内涵，以多种经营元素作为影视拍摄的辅助，形成复式的、立体的发展格局，集拍摄、建筑、旅游、娱乐、观光、休闲、度假、影视教育等多种功能于一体的富有创造性、开放性的独树一帜的复合型文化产业项目，成为中国西部规模最大、档次最高的文化创意产业园区。

出版传媒创意中心。中心计划总投资6亿元，占地150亩，除完全覆盖重庆出版集团本部及其20家下属公司外，还将大力吸引国内外文化企业入驻，中心计划在2009年正式投入运营，到2010年，产值将达20亿元，年吸纳1000名专业人才。中心以网络出版、电子音像出版、图书网络发行销售、卡通动漫创作和衍生产品开发为重点，突出选题策划创意的特色，让出版传媒创意中心真正成为一个名副其实的创意基地。同时，通过资源整合，把重庆出版传媒创意中心打造成为中国出版业在西部的人才、资金、物流、管理、信息集聚高地，提升重庆市文化产业的知名度、美誉度，促进文化产业发展。

铠恩国际家居名都。选址巴南区八公里，占地面积500亩，建筑面积40万平方米。项目以现有重庆铠恩国际家居名都为载体，以现代和经典家居、家具创意设计，现代家居生活创意展示，名优家居、家具系列产品展销为主，引入1200～1500户国内外知名家具、家装、家居艺术设计和制造企业，形成中国西部规模最大，品牌创意设计最为集中，物流、包装、技术、信息服务等配套功能最趋完善，引领西部地区时尚家居生活潮流的家居、家具创意设计和展示基地。并由此带动重庆品牌家具、家居系列产品生产制造基地建设，塑造重庆家具、家居知名品牌，提升整个重庆家具、家居产业的设计和制造水平。并争取用五年的时间，同时建成西部最具影响的、时尚与经典相结合的家具生产制造基地。

黄桷坪艺术街。以美院现院址为基础，整合黄桷坪地区工厂、仓库及闲置楼宇资源，并进行合理规划和改造，布局1个基地、两个仓库、3条街、4个厂、10个艺术中心、60个艺术工房，构成强大的创意产业阵容，形成拥有影视动漫、绘画雕塑、建筑艺术、工艺美术、服饰装饰等设计、制作、展示和交易的黄桷坪艺术街区，使黄桷坪街道成为国内知名的创意人才的摇篮和创意产业观光区域。

时尚文化消费圈。分为解放碑、北城天街两个区域。解放碑时尚文化消费圈以"十字金街"为核心，北城天街时尚文化消费圈以观音桥步行街为核心。两大时尚文化消费圈以流行服饰、时尚家居、名表珠宝、美食文化、美容美发、形象设计、艺术摄影、婚庆服务、旅游服务等时尚文化消费行业发展为主体，向周边集聚和辐射。依托"重庆时尚嘉年华"等大型系列活动，整合众多领域和行业的时尚资源，开展不同内容和形式的展览、走秀、比赛、评选、发布、推广活动，以品牌效应引领潮流，以时尚消费聚集人气，传播时尚消费文化，推动市场繁荣。

江北嘴现代文化体验区。是"十一五"期间重点文化旅游设施建设项目。项目围绕政府在江北嘴建设"记忆之城""未来之城"规划，将文化事业、文化产业、文化服务、观光服务、会展服务结合起来；以重庆大剧院为主要载体，以舞台艺术为主要内容，建设重庆的"百老汇"，具有国际水准的"音乐岛"，巴渝文化大观园以及独步世界的"合唱之都"。把江北嘴打造成为具有重庆特色的综合性现代文化体验区。

磁器口、洪崖洞、巴国城民俗文化体验区。磁器口民俗文化创意产业园利用磁器口古镇的地理优势和文化底蕴，依托磁器口重庆工艺品中心和磁器口旅游一条街，形成工艺品和旅游商品开发、传统节庆活动及会展、民俗文化图书音像产品开发、民俗风情演出、民俗主体风情艺术馆等民俗创意产业集聚地。洪崖洞传统民俗风貌区北临解放碑沧白路，南接江滨路，以典型的"吊脚楼"建筑为特色，将独特的巴渝民俗文化、山居建筑文化、码头文化汇聚于一体，并且把餐饮、娱乐、休闲、保健和特色文化购物五大业态有机聚合在一起，使消费者在物质消费的同时，享受到浓郁的巴渝民俗文化的熏陶。巴国城以中国传统建筑风格为载体，布局巴人博物馆、巴渝歌剧院、庭院式酒店和文化产品交流会所，充分挖掘巴文化深厚的内涵，打造创意文化产品展示、交易平台。

三大民俗文化体验区将在现有的基础上，依托独有的巴渝文化资源，进一步突出文化创意特色，打造国内外知名的民俗文化品牌，成为发展体验经济的重要载体。

四 重庆创意产业发展的功能布局

按照产业集聚原则，以现有创意产业集聚区为基础，结合产业结构调整、旧区改造和历史建筑保护，从完善上下游产业链和优化资源配置出发，根据各区的区位优势和产业基础，形成功能定位合理、区域特色明显的创意产业空间布局。

（一）提升主城功能

重庆是一个被两江激流冲来的城市，长江、嘉陵江穿城环绕，两江汇合之处，形成了以朝天门、弹子石、江北城为标志的主城 CBD 核心区域。创意产业空间布局首先要考虑提升主城核心功能，构建以 CBD 为重点的"金三角"创意核心区和以"两江四岸"为重点布局的创意产业带，打造时尚之都。依托区位优势和长江、嘉陵江两江沿岸老厂房及闲置楼宇资源，围绕繁荣发展现代服务业，改造提升传统制造业，重点发展 6 大类创意产业。同时要结合时尚之都建设，培育知名品牌，推出时尚原创，引领时尚潮流。促进二、三产业协调发展，增强城市综合功能，提升重庆形象，彰显文化名城和现代工业城市的生机与活力。

（二）形成区域特色

渝中、江北、南岸区。强化区域商贸流通、休闲娱乐、旅游文化和时尚消费等功能特色，重点发展文化传媒、表演艺术、会展设计、休闲娱乐、形象设计包装、摄影创作、旅行观光等创意产业。同时，充分挖掘和利用巴渝文化、陪都文化和区域名人故居资源，通过形态重塑和注入新的创意元素等手段，加快建设一批有历史沉淀和文化底蕴的创意产业集聚区。以"创意"引领时尚产业、新型服务业向高端发展，打造"时尚消费"和"体验经济"特色区域。

沙坪坝、北碚区、大渡口区、高新区、经开区。依托区域内高校的人才、教育、科研资源，依托高新区、经开区和西永微电子产业园丰富的研发科技资源，高技术产业优势及先进制造业与现代服务业高度发达的产业基

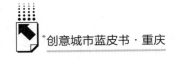

础，重点推进工业设计、软件设计、电脑动画设计、研究与试验发展、工艺美术品设计、建筑设计等创意产业发展。形成以研发和设计为主体的创意产业集聚区。

九龙坡区。九龙坡区的黄桷坪街道是艺术人才集中的区域，数十年积淀起来的文化艺术氛围非常深厚，具有不可取代性；四川美术学院与创意产业相关的院系有设计艺术系、工业设计系、影视动画学院、油画系、国画系、版画系、建筑艺术系、雕塑系等院系，这些学科为创意产业提供了智力支持和人才储备，是九龙坡区发展创意产业的中坚力量；占地300亩的巴国城为创意产业提供了展示交易平台。这些区域优势资源的聚合，使九龙坡区成为全市发展创意产业的前沿。

渝北、巴南区。以渝北两路服装工业园和巴南区麒龙工业园为重点，引进服装设计、品牌策划、包装设计、展示设计等创意人才和企业，形成一批以时尚设计为特色的创意产业集聚区，引领服装产业创新发展模式，拓展发展空间，向内涵式、品牌化方向发展。依托两路工业园和空港工业园，布局以汽车外观设计、数码模具设计为重点的工业设计创意产业基地。

主城以外其他区县，具有独占性资源、特色鲜明、条件基本成熟的创意产业项目，也宜加强引导和扶持，使之成为主城区创意产业的补充，成为主城以外创意产业的带动力量。

五 重庆创意产业发展的推进措施

（一）建立组织机构

成立全市创意产业领导小组，领导小组成员由市级相关部门组成，组长由市领导担任，领导小组下设办公室，办公室设在市经委。负责起草产业规划、制定产业政策和发布产业指南，引导规范全市创意产业健康发展。

（二）完善工作机制

进一步明确各有关部门的职责，合理分工，发挥"两级政府、两级管理"的作用，完善市区政府的引导机制，形成市区共同推进创意产业的工作网络。

（三）强化政策支撑

通过建立创意产业专项发展资金，返还税收、土地出让金、城市配套费等政策，支持创意产业加快发展。

（四）搭建完善平台

积极组办各种类型的创意产业活动，积极引进国内外各类创意产业机构在重庆落户或建立分支机构，并为这些活动和机构做好综合性服务；鼓励和支持各种创意产业中介机构发展，积极构建网络、技术和交易等公共服务平台。

（五）培育市场环境

促进创意产品的消费和销售，要创造环境，鼓励设立发展各类专业设计公司，积极培育发展专业性强的营销策划、销售代理等中介公司，要鼓励创新、时尚、超前的构思，形成宽容包容的社会氛围，要引导公众接受新生事物，喜爱并消费创意产品，形成创意引领消费、消费促发创意的良性循环。

（六）加强产权保护

加强知识产权制度建设，大力提高创意产业知识产权创造、管理、运用、保护能力，进一步加大对创意产业知识产权的保护力度，增强全社会知识产权意识，在全社会形成保护和尊重创新和创意及其成果的氛围，为创新和创意成果推广应用创造良好的法制环境。

（七）建立统计指标体系

客观评估重庆市创意产业发展规模和水平非常重要，统计部门会同有关部门，在国家现行统计指标体系框架下，形成能够客观反映重庆创意产业现状和发展的统计指标体系和统计成果。

（八）加快人才培养和引进

加快培养本土优秀创意人才，营造推崇创新和个人创造力的社会氛围，大力引进国内外创意高端人才，建立人才引进、选聘、使用、培训及待遇机制，培育创意产业领军人物。创新职业教育模式，优化专业结构，加强高水平师资队伍建设，完善实习实训条件，造就大批"艺术助理"和"创意工匠"型高技能人才，形成创意产业人才资源高地。

（九）注重宣传引导

积极发挥媒体宣传和舆论导向作用，加强创意产业的宣传推广力度，形成强烈的发展声势，推动创意产业的形态和内涵同步发展，在全社会营造良好的创意氛围。

《重庆市创意产业发展工作计划（2008～2012）》

创意产业，最初源于英国，又称为创意工业、创意经济、创造性产业等。目前对创意产业概念的一般理解是"源自个人创意、技巧及才华，通过知识产权的开发和运用，具有创造财富和就业潜力的行业"。创意产业主要包括广告、建筑、艺术和文物交易、工艺品设计、时装设计、电影、互动休息软件、音乐、表演艺术、出版、软件、电视广播13个行业。创意产业推崇个人创造和技术创新，强调设计、文化、艺术等为产品或服务提供实用价值之外的文化附加值，从而提升其经济价值，是国际公认的21世纪最有发展前途、最具增长潜力的朝阳产业。

目前，全世界创意产业每天创造的产值高达220亿美元，并正以5%左右的速度增长。创意产业正在走向全球，成为以知识经济为基础的新经济的一大支柱，是许多城市经济增长与自主创新的重要动力。重庆直辖十年以来，在社会、文化、经济等各个领域均取得巨大成就，经济结构不断优化，经济总量、质量、效益同步提高，工业化、城镇化进程加快，全市人均地区生产总值跨进基本小康门槛。在这样一个新的历史条件下，积极扶持发展创意产业，必将为重庆市转变经济增长方式，实现经济结构优化升级，全面提升城市综合竞争能力注入新的动力。

一 重庆市创意产业发展现状与基础条件

（一）重庆市创意产业发展现状

20世纪90年代初期，重庆市第一个动漫企业正式诞生，标志着重庆市创意产业的萌芽。经过十多年的稳步发展，目前以研发设计、软件设计、建筑设计、咨询策划、文化传媒和时尚消费等为支撑，以创意设计工作室、创意产业园区和文化创意体验区为载体的创意产业已初具规模，且具有良好的发展势头。

1. 创意产业实体众多

重庆是一个老工业城市，从洋务运动、抗日战争到三线建设，布局了大量的工矿企业（军工企业），这些老厂房、老仓库是近代工业文明的摇篮，蕴涵着丰富的历史文化，容易激发创作者的灵感，成为创意设计类企业十分乐意进驻的场所。如：坦克库·重庆当代艺术中心、501 艺术创意仓库、东和地产创意产业园等，都是利用闲置厂房和楼宇建设起来的。同时，洪崖洞、磁器口、巴国城、洋人街等一批以展示巴渝建筑风貌、传播巴渝文化内涵为特色的民俗文化体验区也逐步发展起来。到目前为止，主城九区拟建、在建和已建成的创意产业基地达 30 多个，为重庆市创意产业实体的生存发展提供了良好的基础条件。2006 年重庆市从事创意产业的企业已达 6181 家，并且以每年 600 家左右的速度增加，产业门类涉及研发设计、软件设计、建筑设计、咨询策划、文化传媒和时尚消费等创意产业全部六大类领域。如表 1 所示。

表 1　重庆市 2006 年创意产业发展基本情况

实体数量（个）	产业基地（个）	总资产（亿元）	增加值（亿元）	营业收入（亿元）	增长率（％）	从业人数（万人）	占 GDP 比重（％）
6181	30	444.30	144.75	294.36	26.5	11.33	4.1

资料来源：重庆市统计局。

2. 创意产业门类齐全

重庆市创意产业不仅实体众多，门类也非常齐全。截至 2006 年，全市已有的 6181 家创意产业企业，其经营范围涉及从动漫研发设计与制作、营销策划与咨询、广告创意与设计、工业设计、软件设计、建筑规划与景观设计、文化传媒设计与制作、时尚消费策划与设计等众多领域，基本涵盖了创意产业的所有门类，并且每一类都有相当数量的知名企业。比如，动漫研发与制作方面颇具代表性的有重庆视美动画艺术公司、重庆易动影像公司、重庆享弘电视艺术公司等；软件研发与设计领域有重庆金算盘软件有限公司、重庆正大软件有限公司、西永微电子产业园区开发有限公司等颇具实力的企业；文化传媒领域，坦克库、501 仓库等实体在重庆乃至西南地区都很有影响力；而建筑规划与景观设计行业，重庆市更是拥有以重庆市设计院、机械工业第三设计院等为代表的实力非凡的实体；在时尚消费方面，巴国城、巴渝世家、磁器口古镇、洪崖洞、火凤凰礼品 MALL 等近年来影响力日甚。

3. 创意产业发展迅速

社会经济的快速发展，为创意产业的发展奠定了坚实的市场基础，重庆市创意产业近年来发展势头喜人。创意实体从无到有，从少到多，截至 2006 年，全市创意产业共有企业实体 6181 家，从业人数达 11.3 万，年增加值达 144.75 亿元，占重庆市当年 GDP 的 4.7%，比上一年增长了 26.5%，大大超过重庆市 GDP 的增长速度。

4. 动漫产业起步早、规模大、成果丰、增速快

重庆市动漫产业诞生于 20 世纪 90 年代初，属于重庆市最早出现的创意产业，经过十多年的发展，已形较大规模，获得了较为丰厚的成果，且发展势头喜人。

第一，实体多，门类齐。无论是动漫研发设计、影视动画片生产、动漫平面媒体制作，还是动漫营销、广告、宣传和动漫游戏生产与销售，重庆市动漫产业都已全面涵盖。比如，重庆视美动画艺术公司是一家综合性的动漫研发企业；重庆易动影像公司主要从事以广告、营销、宣传为主的商业动漫开发；重庆享弘电视艺术公司主要生产电视动画片；重庆渔夫影视动画工作室主要生产电影动画片；重庆漫天下科技公司主要从事动漫平面媒体；重庆宏信软件公司以开发动漫游戏为主。

第二，初具规模效应，取得丰厚成果。重庆市动漫产业经过十多年的快速发展，已形成一批实力强劲的实体企业，取得了丰硕的创作成果。2005 年四川美术学院与重庆广电集团非常成功地共同创建了重庆视美动画公司，当年即向国家广电总局成功申报了两年 10000 多分钟的生产计划，可占全市市场份额的 80%，西南地区的 70%，在全国居 6~8 位；公司动画片的制作能力在 2006 年就已超过 3000 分钟每年，占全市的 80%。现正在积极准备申报国家级动漫生产和教学基地，具有很大的发展潜力。易动影像公司完全靠自身滚动发展，原创卡通形象达 15000 多个，在国内市场已小有名气，目前公司正在制定积极措施，力争走向国际市场。渔夫影视动画工作室已成为西部唯一获得影视动画资质的企

业。享弘电视艺术公司的"乐乐熊"通过中央电视台播出后，在全国已有一定的知名度，《魔盒与歌声》更是获 2006 年第二批推荐播出的国产优秀动画片。

5. 横向比较整体数量偏少，平均实力偏小

经过直辖以来十多年的发展，重庆市在城市的整体建设中确实取得了令人瞩目的巨大成就，为重庆市进一步的发展奠定了坚实的基础。但也应该清醒地认识到，重庆市创意产业的现状与创意产业发展先进国家、与我国创意产业发展较好的地区如北京、上海相比，还有不少差距，其具体表现为创意产业实体偏少，平均实力偏小。比如，到 2006 年，重庆市主城九区拟建、在建和已建的创意产业载体约为 30 个，而同期上海已建的创意产业园区已突破 70 个。就创意产业产值占 GDP 百分比来说，重庆市仅占 4.1％，上海已达到 7％，而北京更是超过 14％。就创意产业实体平均实力来讲，重庆市 2006 年创意产业企业共计 6181 户，营业总收入为 294.35 亿元，平均每户营业收入不足 500 万元一年。整体实力偏弱，加上力量的分散，使得重庆市创意产业很难创造出有全国性乃至世界性影响的成果来。

（二）重庆市创意产业发展的基础条件

1. 具有一定的产业基础

通过十多年的探索和努力，目前重庆市创意产业在总体上已积累了一定的基础条件，形成了研发设计、软件设计、建筑设计、咨询策划、文化传媒和时尚消费等为支撑，以创意设计工作室、创意产业园区和文化创意体验区为载体的创意产业雏形，并且发展势头良好。尤其是动漫产业，通过近几年的发展已经具备了较强的基础。产生了以视美动画公司为代表的一批具有一定规模的动漫公司和若干各具特色的动漫企业和工作室，已经初步形成创意、设计、生产、营销产业链条，为重庆动漫产业发展奠定了良好的基础。

2. 拥有深厚的巴渝文化底蕴

创意产业的发展，除了具备一定的产业基础外，还与一个城市的文化沉淀息息相关。重庆人文历史资源丰富，传统文化底蕴深厚：商朝末年巴师伐纣、巴蔓子将军刎颈存城，体现禅宗文化的世界文化遗产——大足石刻，世界历史喻为"上帝折鞭处"的钓鱼城之战，20 世纪三四十年代重庆成为远东二战指挥中心，三千年悠久历史创造了众多杰出文化，为创意产业成长提供了肥沃的土壤。

3. 富有开放、创新的人文精神

创意产业重在创意，追求创新，讲究发挥个人或集体聪明才智，通过注入文化、艺术品位或者技术革新等方式为产品或服务增加实用价值之外的文化附加值，从而提升其经济价值。重庆是一座移民城市，包括从秦灭巴蜀的中原诸夏移民，元末明玉珍的"军垦"移民，清初的"湖广填四川"的百万移民，到"深挖洞""备战"时期的三线移民；对外交流方面，早在1891年3月，重庆就成为中国最早对外开埠的内陆通商口岸。众多的移民和对外通商造就了重庆这座城市人文精神的大碰撞、大交融，形成了重庆市兼容并蓄、融会贯通、开放创新的人文精神，这为重庆市创意产业的发展提供了充足的灵感源泉。

4. 教育和人才资源优势突出

重庆市目前有各类大中专院校72所，全市普通高校在校生近40万人。许多高校相继设立与创意产业相关的专业，四川美术学院是全国三大美术学院之一，新增设了动画学院及环境艺术设计系；重庆大学有专门的影视学院和艺术学院；西南大学有独立的设计艺术学院；重庆工商大学除了成立了设计艺术学院外，还成立了全国第一家"策划学院"，专业培养策划方面的高级复合型人才；重庆邮电学院是西部地区重要的信息产业科技创新基地；重庆交通大学、重庆师范大学、西南大学等学校均有广告设计等方面的专业或学科教育；众多的民营高校更是纷纷开设与创意产业相关的艺术设计、动漫设计与制作、新闻传媒、软件设计等专业。丰富的教育资源和雄厚的人才储备，为重庆发展创意产业奠定了人才基础，提供了有力的人才保障。

二 重庆市发展创意产业的战略意义与历史机遇

（一）重庆市发展创意产业的战略意义

1. 增强城市功能，提升重庆形象

创意产业集信息、技术和文化多种要素于一体，广泛渗透于工业制造、金融、商贸物流、科技文化、传媒出版等产业当中。从某种意义上讲，创意产业

的发展与繁荣，体现了一个城市的素质和层次。重庆市正在努力打造"三中心两枢纽一基地"，成为长江上游的经济中心。要实现这一宏伟目标，就必须推动重庆由单一的制造业中心向综合服务型城市转化，而这种转化，又有赖于一批以研发设计、文化传媒、咨询策划等为代表的现代新型创意产业门类的直接参与和推动。因此，创意产业的持续发展，对提升重庆城市综合竞争力，增加重庆产品和服务在世界性市场的认同度，塑造时尚、创新和开放的重庆城市新形象将提供有力的支撑。

2. 落实科学发展观，推进科技创新

要落实和推进"科教兴渝"战略，必须大力推进科技创新和科技成果在实际生产中的转化运用。创意产业是高度知识密集型、知识产权型产业，创新和创造是它的核心内涵。大力发展重庆创意产业，让创新理念、创新思维和创新活动贯穿于城市生产与生活的全过程，推动城市科技创新集成度和科技成果有效转化，为重庆经济社会可持续发展提供源源不断的创造力，是落实科学发展观、推进科技创新的重要内容和具体表现，也是重庆建设创新型城市的必由之路。

3. 转变经济增长方式，实现产业结构优化

随着重庆工业化和城市化进程的加速和高级化，在全面建设小康社会和建设节约型社会的前提约束条件下，产业结构必然要由低附加值的资源型工业（环境污染）向高附加值的文化产业和现代服务业转化。目前，重庆市第三产业中，传统的商业和低附加值的服务业还占据了相当大的份额。重庆市大力发展创意产业，必将充实现代服务业内容，丰富现代服务业内涵，为经济增长直接贡献巨大财富。并且，通过创意产业对重庆传统产业的渗透和改造，进一步轻化重庆的产业结构，降低单位产出的能耗，增加产业的技术含量，大幅度提高产业的劳动生产率，推动传统产业向高级化、技术密集型方向更新升级，实现重庆向经济集约型增长方式转变。

（二）重庆市发展创意产业的历史机遇

1. 社会经济快速发展，创意产业市场需求强劲

创意产业是产业高级化和经济高速发展的产物，反过来，创意产业的崛起又会促进经济社会更快更好地发展。根据国际经验，当人均 GDP 超过 3000 美元时，第三产业特别是知识型、智能型现代服务业会得到蓬勃发展。2005 年，重庆市主城九区实现 GDP1294.73 亿元，人均 GDP2480 美元，由此可见，重庆主城区的经济发展正由投资驱动型向创新驱动型过渡。因此，依托重庆都市发达经济圈大力发展以研发设计类、动漫软件设计类、文化传媒及会展类等为主体的创意产业正当其时。重庆市是传统的重工业城市，二、三产业占全市GDP 的 84.9%，特别是重庆以汽车、摩托车、装备制造业等为代表的现代制造业，基础雄厚、产业配套能力强，在全国都占有极重要的地位。重庆这些支柱性产业正面临着高新技术改造和工艺革新，而金融、商贸、物流等生产性服务业为了更好地服务于重庆制造业发展，也迫切需要进行工作流程创新，切实提高工作服务效率。这些任务的完成，必须有研发设计等数字化、智能化、网络化创意产业的深度参与和配合。这一过程蕴涵着大量的创意产业商机，给创意产业带来了巨大的市场成长空间，可以说，重庆发展创意产业潜力巨大、天地广阔。

2. 有较多的先行经验可供借鉴

首先，发达国家创意产业发展为重庆市发展创意产业提供了宝贵经验。进入知识经济时代后，创意产业的迅速成长已经成为发达国家和地区产业发展的一个突出趋势，全球不少发达国家和地区的政府都把创意产业列为本国或本地区重要的战略性产业，不遗余力地积极推动其发展。重庆凭借良好的产业基础和区位优势，完全有可能发挥后发优势，承接全球创意产业的转移和辐射，培育出一批特色创意产业集群，迅速做大做强重庆创意产业。其次，沿海发达地区创意产业的先期发展为我们营造了良好的发展氛围。重庆地处中西部地区的交叉地带，是西部大开发战略的桥头堡，与沿海等发达城市经济社会交往联系紧密。上海、深圳等沿海城市创意产业的迅速发展壮大，为重庆市发展创意产业提供了很好的参照、借鉴、交流的平台和机会。重庆可以近距离地吸收国内其他城市发展创意产业的有益经验，降低发展中的学习成本和创业风险，低成本地吸纳一批创意产业项目和创意人才来渝发展，缩短重庆市与先进城市的发展差距。

3. 目前国内各地创意产业发展起点差距不大，中西部地区发展不够充分

作为一个新兴产业，目前国内各地创意产业发展起点差距不大。除北京

2005年创意产业年增加值达960亿元，占北京市GDP总量的14%，上海创意产业年增加值630亿元，占地区GDP的7%左右，深圳2006年382亿元增加值，占当年GDP比重超过7%外，其余各地创意产业年增加值占地区GDP的比重均在5%以下。尤其是整个中西部地区，创意产业普遍发展起步较晚，起点较低，具有很大的上升空间。重庆市2006年创意产业增加值达144.75亿元，占当年GDP总量的4.7%，处于中西部地区领先地位，通过努力，有机会发展成为中西部的创意产业高地。

4. 各级政府高度重视，社会各界踊跃参与

在重庆市政府提出加快发展全市创意产业、改变经济增长方式、提升全市形象的号召下，各级政府高度重视，并已经成立了全市创意产业领导小组。领导小组成员涵盖了市级相关部门，组长由市领导担任，领导小组下设办公室，办公室设在市经委。而各区县同样也纷纷成立了创意产业领导小组，形成了纵向的管理体系，为重庆市发展创意产业打下了良好的基础。

为加快重庆市创意产业的发展，由政府牵线搭桥，各界踊跃参与，境外资本纷纷涌入。重庆视美动画艺术公司由重庆广电集团和四川美术学院合资，同时吸收了宏信软件等民营企业参与，是以国资为主的股份制公司；漫天下公司是由中科普公司与四川外语学院组建的股份制公司；易动影像公司、神马卡通动画公司等是纯粹的民营企业；渔夫影视动画工作室通过电影动画片的制作实力实现了与港资的合作；洪崖洞、洋人街则属于典型的民营资本投资。全市共有高新技术企业628家，城镇经济单位共有各类专业技术人员61.75万人。

三 重庆市发展创意产业的指导思想和基本原则

（一）指导思想

全面贯彻落实科学发展观，引导经济增长方式转变，调整优化产业结构，促进传统产业升级；按照建设"学习型社会""创新型城市"的要求，突出创意、创新、创造的功能定位，引领原创时尚，打造时尚之都；营造良好的社会环境，充分发挥个人创意、技巧及才华，通过知识产权的开发和运用，创造财富、增加就业，构建和谐社会；突出产学研结合的互动机制，推动创意、创新和创造联动，园区、校区联动，市级、区级联动和二、三产业联动；突出政府引导、市场运作的推进模式，形成一批创意产业集聚区和公共服务平台；最终目标是让创意产业成为推动重庆城乡经济发展、丰富重庆市民物质文化生活、构建城乡统筹发展的和谐社会的重要力量。

（二）基本原则

1. 突出重点与全面发展相结合的原则

结合重庆市现有资源与基础条件，整合各方力量，在全面发展的基础上，集中优势资源，重点发展基础厚、条件好、准备充分的一些现有项目，力争在五年之内建成 3～5 个具有国内影响的国家级创意产业基地。

2. 科学布局与城乡统筹发展相结合的原则

创意产业的发展要根据现实基础条件和市场需求进行科学布局，以城市为主，兼顾农村，城乡联动，协调好全市城乡统筹发展，为创建和谐重庆做出努力。

3. 政府引导与市场运作相结合的原则

创意产业的发展需要社会方方面面的广泛参与，重庆市政府作为组织和管理机构，主要制定创意产业发展规划、大政方针，做好引导、推动与服务的工作，而具体基地建设、创意项目的设计与实施，主要是在政府的引导下由市场来运作。

4. 开放交流与文化传承相结合的原则

巴渝文化源远流长，这是发展重庆创意产业的优势，是我们重要的出发点之一，也是重庆市发展创意产业取之不尽的源泉。重庆市发展创意产业需要充分发掘巴渝文化中的闪光点，传承文化，生生不息，同时加强国内外交流合作，发挥重庆开放创新的人文精神优势，让重庆走向世界，让世界了解重庆。

5. 经济效益与社会效益兼顾发展的原则

创意产业追求以思想文化为内涵，以艺术设计为形式，将产品或服务注入实用价值之外的文化附加值，进而大幅度提升其经济价值，投入少，回报高，属于极具发展潜力的朝阳产业。发展创意产业首先要追求较高附加值，让投资者和创意设计者有相应的价值回报，其次，创意产业最终的发展目标是为社会服务，不断丰富人民的物质文化生活，创意产业发展要在重庆市社会经济发展中发挥巨大的助推作用。

四　重庆市发展创意产业的工作目标

（一）重庆创意产业的发展定位

通过五年的发展，为把重庆市建设成为长江上游（西南地区）的创意产业发展高地与集聚中心奠基。在"十二五"末期（2015年）初步建成长江上游（西南地区）创意产业发展高地。

（二）重庆创意产业的发展目标与步骤

1. 整体目标

到2012年，重庆市创意产业力争实现"818606"的发展目标。即创意产业增加值占全市GDP的8%；达到18万人左右的就业规模；建成60个以上的创意产业发展基地；形成6个在西部地区及全国有影响的创意产业集聚发展基地。

——产业规模。到2012年，全市创意产业资产总计从2006年的444.30亿元，突破800亿元，增加值占全市GDP比重从2006年的不足5%上升到8%左右，就业人数从2006年的11.33万人增加到18万人左右。

——产业布局。到2012年，初步完成全市创意产业功能布局，对这些产业进行分级规划与管理，形成分布在主城区与区县的国家级重点创意产业基地、市级重点创意产业基地和区县创意产业基地三个层次相互支撑的布局体系。

——基地建设。到2012年，建成包括仓库楼宇形态创意集群、工作室与设计公司、创意工业园区、文化创意体验区等不同形态的创意产业基地60个。建成市级创意产业基地12家，其中，在全国具有影响的国家级重点创意基地6家。大力吸引各种创意企业与相关企业集聚发展，引进一批国内外创意设计大师在重庆设立工作室与设计公司，培育 20 家具有自主知识产权的创意产业龙头企业，带动创意产业企业集群快速发展，形成服务重庆、波及西南、影响全国的发展态势。

——产业水平。到 2012 年，形成一大批有影响的创意产业基地，重庆创意产业形成集聚化、规模化发展格局，建成适应发展需要的创意产业链；建成创意产业高水平、国际化的产品生产基地；发展培育 30～50 名在国内外有影响力设计大师和一批知名设计师；创造一批具有重庆特色、在国内外有影响力的创意品牌；具备举办国内外创意产业大型活动的能力，对外合作与交流活动频繁，不断扩大重庆在国内外的影响。

重庆市创意产业发展主要指标预测如表 2 所示。

表 2　重庆市创意产业发展主要指标预测

年份＼指标	实体数量（个）	产业基地（个）	总资产（亿元）	增加值（亿元）	增长率（%）	从业人数（万人）	总利税（亿元）	占 GDP 比重（%）
2006	6181	30	444.30	144.75	26.5	11.33		4.7
2007	6900	35	480	180	22.3	12.5		5.1
2008	7500	40	530	225	25	13.6		5.6
2009	8200	45	590	285	26.7	14.8		6
2010	8800	50	650	365	28	15.9		6.6
2011	9400	55	720	470	28.8	17		7.3
2012	10000	60	800	600	27.7	18		8

2. 发展步骤

未来五年内，重庆市创意产业发展按照"两年打基础，三年提速度"的"2＋3"两大步骤阶段发展。

——2008～2009 年：前两年作为第一阶段，以夯实重庆创意产业发展基础为主要任务。

（1）调整、完善重庆市创意产业领导组织体系，全面加强对创意产业的领导与协调。

（2）修订创意产业发展规划，衔接"十一五"规划与"工作计划"，逐级分解、落实工作计划。

（3）开展创意产业调查、研究，制定重庆市创意产业发展统计指标体系、

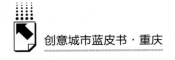

产业发展标准与规范。

（4）优化创意产业发展布局，使创意产业发展布局与重庆市整体社会经济发展相协调。

（5）大力建设创意产业示范基地，建立创意产业发展三级重点基地。

（6）完善创意产业政策法规体系，落实产业发展政策。

（7）建设西部创意产业公共信息中心、中国创意产业网站，筹划出版《重庆市创意产业发展年度报告》等。

（8）理顺创意产业人才培养、培训体系，积极开展多层次的创意产业人才培训活动。创办全国第一所"创意产业学院"，在全市高校广泛开展培养和发掘创意人才的各项活动，努力使重庆市成为西部地区创意产业发展人才培养中心。

（9）积极发展和扶持创意产业中介组织，加强对重庆市创意产业商会的领导，成立重庆市创意产业人才教育研究会，内引与外联相结合，加强国内外交流与合作。

（10）设立"西部创意产业发展论坛"，创办《创意世界》期刊开展创意产业理论研讨与各种相关活动。

（11）加大创意产业宣传力度，培育创意产业发展市场氛围。

——2010～2012年：后三年重点是提高发展速度，使产业步入良性发展轨道。

（1）全面规范创意产业园区与基地建设管理工作，完善三级（国家级、市级、区县级）创意产业园区管理体系。

（2）优化基地与园区的结构，按照规划要求保持一定的规模和数量，进行基地与园区的升级发展。

（3）重点加强创意产业链建设，在大力发展创意企业及其能力建设的同时，加速发展创意产品产权保护组织、创意成果的市场转化组织、创意产品推广组织、创意产品批量生产企业、创意人才交流市场等。

（4）配合重庆市社会经济与产业发展规划，努力推动以创意经济改造和升级传统产业的工作，把创意产业发展引向深入。

（5）重点培育国家级高端精品创意产业园区（基地），力争尽快打入国际市场。

（6）发展本土特色文化创意园区。

（7）开展创意产业企业年度评奖活动，努力推出一批品牌基地、品牌企业。

（8）积极培养和引进大师级创意人才，全面提升创意人才素质。

（9）完善创意产业服务配套体系，建立创意产业融资平台。

（10）把创意产业会展活动纳入全市会展发展规划，举办一年一度的中国西部创意产业成果展。

五　重庆市创意产业的布局与发展重点

（一）发展布局

按照产业集聚原则，以现有创意产业集聚区为基础，结合产业结构调整、旧区改造和历史建筑保护，从完善上下游产业链和优化资源配置出发，根据各区的区位优势和产业基础，形成功能定位合理、区域特色明显的创意产业空间布局。

1. 提升主城功能

重庆是一个被两江激流冲来的城市，长江、嘉陵江穿城环绕，两江汇合之处，形成了以朝天门、弹子石、江北城为标志的主城 CBD 核心区域。创意产业空间布局首先要考虑提升主城核心功能，构建以 CBD 为重点的"金三角"创意核心区，把 CBD 建设成重庆乃至西南的创意产业信息基地和人才中心；在此基础上，以"两江四岸"为布局重点，建立创意产业带，打造时尚之都；依托区位优势和长江、嘉陵江两江沿岸老厂房及闲置楼宇资源，结合大学城、北部新区、高新技术产业区、临港工业区、临空工业区、二环十射交通网络、一小时经济圈等区位，发展现代服务业，改造提升传统制造业，重点发展 6 大类创意产业，培育知名品牌，推出时尚原创，引领时尚潮流。以此为契机，促进二、三产业协调发展，增强城市综合功能，提升重庆形象，彰显文化名城和现代工业城市的生机与活力。

2. 形成区域特色

渝中、江北、南岸区。强化区域商贸流通、休闲娱乐、旅游文化和时尚消费等功能特色，重点发展文化传媒、表演艺术、会展设计、休闲娱乐、形象设计包装、摄影创作、旅游观光等创意产业。同时，充分挖掘和利用巴渝文化、陪都文化和区域名人故居资源，通过形态重塑和注入新的创意元素等手段，加快建设一批有历史沉淀和文化底蕴的创意产业集聚区。以"创意"引领时尚产业、新型服务业向高端发展，打造"时尚消费"和"体验经济"特色区域。

沙坪坝区、北碚区、大渡口区、高新区、经开区。依托区域内高校的人才、教育、科研资源，依托高新区经开区和西永微电子产业园丰富的研发科技资源、高技术产业优势及先进制造业与现代服务业高度发达的产业基础，重点推进工业设计、软件设计、电脑动画设计、研究与试验发展、工艺美术品设计、建筑设计等创意产业发展门类，形成以研发和设计为主体的创意产业集聚区。

九龙坡区。九龙坡区的黄桷坪街道是艺术人才集中的区域，数十年积淀起来的文化艺术氛围非常深厚，具有不可取代性；四川美术学院与创意产业相关的院系有设计艺术系、工业设计系、影视动画学院、油画系、国画系、版画系、建筑艺术系、雕塑系等院系，这些学科为创意产业提供了智力支持和人才储备，是九龙坡区发展创意产业的中坚力量；占地300亩的巴国城为创意产业提供了展示交易平台。这些区域优势资源的聚合，使九龙坡区成为全市发展创意产业的前沿。

渝北、巴南区。以渝北两路服装工业园和巴南区麒龙工业园为重点，引进服装设计、品牌策划、包装设计、展示设计等创意人才和企业，形成一批以时尚设计为特色的创意产业集聚区，引领服装产业创新发展模式，拓展发展空间，向内涵式、品牌化方向发展。依托两路工业园和空港工业园，布局以汽车外观设计、数码模具设计为重点的工业设计创意产业基地。

主城以外其他区县，具有独占性资源、特色鲜明、条件基本成熟的创意产业项目，也宜加强引导和扶持，使之成为主城区创意产业的补充，成为主城以外创意产业的联动力量。

（二）发展重点

创意产业的内涵取决于各国或地区经济发展水平。重庆目前处于工业化的中期，工业兴市是重庆市经济发展的重要战略，因此重庆市创意产业发展应该在重点加强产业发展的前提下，注重产业和文化的结合。根据目前产业基础和优势，在2008～2012年，重庆市将围绕做大做强四大支柱产业，提升现代服务业和文化产业水平，突出以研发设计创意为核心的产业特色，实施"612"工程，即重点推进6大产业发展和12个载体建设，使之成为经济增长与自主创新的重要推动力量，并形成产业集聚、布局合理、开放度高、带动性强、富有特色、充满活力的发展格局。

1. 重点扶持发展 6 大类创意产业

（1）研发设计创意。主要指与工业生产相关的研发与设计活动。包括工业设计、服装设计、产品设计、工艺美术品设计、包装设计、广告设计、研究与试验发展等行业。

——重点支持工业设计类创意产业。加强汽车、摩托车、印刷包装、工艺美术、服装鞋业等产品的外观设计，在适应功能设计的前提下，力求在造型、色彩、材质、功能搭配和装饰物等的选择上突出时尚化特征，提升产品的附加值。同时，重点扶持一批工业创意设计基地，形成较强的工业产品外观造型设计能力，实现特色创意产业的集聚发展。

——加快旅游商品研发。鼓励引导和积极构建美术院校、商品协会、生产企业密切合作的旅游商品研发体系，逐步建立起集特色化、系列化、品牌化、规模化于一体的旅游商品研发、设计、创意、制作架构。重点扶持一批具有地方特色、有发展潜力和一定生产规模的旅游纪念品、工艺品、食品和日用工艺品生产企业，重点培育建设一批旅游商品生产基地。

——拓展广告设计发展空间。广告设计是重庆具有一定优势的产业，2005年经营额排全国第十二位，在中西部排第二位。广告业发展，要积极适应产业变革给广告业带来新的市场需求的要求，拓展移动电视广告、手机短信广告、网络游戏广告等新业务，拓展广告业乃至传媒业的发展空间。

（2）软件设计创意。主要指与计算机及软件服务领域相关的设计活动。

包括动漫产业服务、基础软件服务、应用软件服务、互联网信息服务、国际软件外包服务等行业。

——推进北部新区软件产业园区及西永微电子产业园建设，重点开发蓝牙信息、移动通信增值软件和信息化软件集成系统等应用软件；大力开发应用于汽车电子、智能化仪器仪表、数字医疗设备等产品的嵌入式、实时操作软件；开发游戏软件、财务软件、企业管理软件、财税管理软件、网络管理软件等各种应用软件；支持中兴通讯西南研发生产基地、金算盘、西南信息公司、惠普重庆等软件企业的发展。

——动漫产业是重庆市发展创意产业的突破口，要充分利用四川美术学院、重庆大学、重庆邮电大学、工商大学、西南大学、重庆师范大学等相关力量，聚集人才，鼓励开发原创产品，积极承接外包业务。重点推进视美动漫基地、天健（平面媒体）动漫基地发展和建设。

——把握世界软件外包市场不断扩大的契机，建立全球合作伙伴关系，培育具有国际竞争力的软件企业，搭建公共服务平台，扩大软件外包业务，积极参与国际分工。

（3）建筑设计创意。主要指与建筑、环境等有关的设计活动。包括工程勘察设计、建筑装饰、室内设计、城市绿化设计等行业。

——重庆市将在5年内建成穿山越岭的"二环八射"高速公路网，其中包括近千座桥梁和隧道，有39座特大桥和33座特长隧道。依托重大和交通大学的科研和人才资源，进一步提高桥梁和隧道的工程设计和外观设计水平，使桥梁和隧道成为时尚重庆的独特景观。

——不断规范建筑装饰和室内设计装饰行业，加快培育一批建筑装饰和室内设计装饰龙头企业。室内设计，要充分关注人的内心需求，体现个性色彩，融入多元化风格，提高设计的文化和艺术内涵。

——积极发展景区规划设计、园林规划设计和城市规划设计。根据重庆独有的山水风貌特征，继续推进"平改坡"工程，对重庆主城楼宇屋顶的造型和色彩搭配进行规划设计和改造，充分体现重庆城市性格和历史文脉，塑造既有浓郁传统文化又充满现代时尚感的都市形象。

（4）文化传媒创意。主要指文化艺术领域中的创作和传播活动。包括文艺创作表演、广播、电视、电影制作、出版、音像制作等行业。

——着力发展互联网、手机短信及动画等新媒体产业，拓展传媒业发展空间，提高时尚性。

——加大扶持《重庆电脑报》（全国最大的计算机报）、天极网（全国信息科技网站第一名）、华龙网，带动产业规模做大。

——充分利用重大影视学院、重师、西南大学、邮电学院等影视相关院系的人才和专业力量，整合现有资源形成完整的产业供应链，发展电影制作行业。

——大力发展车载移动电视、楼宇电视、手机电视、数字电视等新媒体。进一步巩固发展新闻出版、广播电视及音像制作、文艺创作及表演等传统文化传媒。

（5）咨询策划创意。主要指为企业和个人提供各类商务、投资、教育、生活消费及其他咨询和策划服务的活动。包括市场调研、证券咨询、会展服务、市场调查等行业。

——依托科研院所、民间商务策划人才资源，发展品牌战略管理和无形资产经营等策划顾问咨询类创意产业。

——会展服务作为商业和文化有机结合、连带效应明显的边缘性产业，是21世纪最有前途的创意产业之一。会展业提供给城市的，是高度密集的人流、物流、信息流、资金流，这种物质和精神财富的流动，既能刺激消费、增加利税、提供就业，又可提升城市形象。以南坪重庆会展中心为龙头，加强对会展业的培育和调控，改善环境、增强吸引力，积极举办和引进各种展览会、会议，打造西部会展中心。

——大力发展各类商业、投资、教育、生活消费及其他咨询策划服务的创意活动，包括市场调查、商务策划、会展策划等重点行业。

（6）时尚消费创意。主要指在人们日常消费、生活娱乐中体现创造性及其价值的行业，包括珠宝服饰、休闲娱乐、美发美容、美食文化、婚庆策划、摄影创作、娱乐游戏、旅游等行业。

——围绕渝中区"十字金街"，做大美食文化、美容美发、形象设计包装、艺术摄影、婚庆服务、旅游服务等行业，形成都市时尚消费的核心区域。

——把江北嘴现代文化体验区、国泰大戏院、三峡博物馆、磁器口民俗文化创意产业园、洪崖洞民俗风貌区、巴国创意城、湖广会馆、解放碑商业街、观音桥商业街打造成为知名旅游品牌，纳入旅游公司旅游景点，依托这些载体，发展特色旅游，做大体验经济，弘扬巴渝文化。

——依托高新区电脑市场、通信产品市场、通信运营商（重庆电信、重庆移动、重庆联通、重庆网通、重庆网通宽带信息港），拓展重庆数码产品消费市场，打造重庆科技时尚消费核心区域。

——以美食文化创意为灵魂、重庆特色餐饮为基础，南滨路、直港大道、加州花园、科园美食街为支撑，以重庆名菜、重庆火锅、名小吃为主体，荟萃全国及世界餐饮特色菜品之精华，打造重庆美食之都。

——整合旅游资源，突出新、特、奇的开发模式，创新思维，加快旅游观光、休闲、度假、专项旅游等多种旅游产品创意和设计，塑造重庆旅游品牌。积极开发工业旅游，在国家已经确定的工业旅游示范点（长安集团、涪陵太极、万州诗仙太白）的基础上，扶持一批符合条件的企业申报工业旅游示范点，扩大和发展重庆市工业旅游规模，展示重庆工业新形象。

2. 重点扶持 12 个创意产业载体

加快创意产业载体建设，重点是引导创意企业集群发展，提高协作配套能力，形成完整的产业链，增强集聚和辐射能力，带动相关产业发展。到 2012 年，全市要建成 50 个创意产业基地，近期重点推进 12 个基地建设。

（1）视美动漫基地。四川美术学院与重庆广电集团（总台）创建的视美动画艺术有限公司，已形成了产学研发展模式，并具备产业规模化发展的条件。视美动漫产业及教学基地项目规划占地 200 亩，预计建设总投资 5 亿元，规划 2009 年项目建成，投产后实现年营业收入 12 亿元。项目主要建设内容包括动漫教育、动漫及衍生产品生产经营两大板块：动漫教育板块由动漫学院和艺术家村落构成；动漫及衍生产品生产经营板块由技术研发中心、产业研发中心、创意孵化中心、企业集聚区、作品展示交易中心、公共服务平台（信息、技术、产权、运营、人才、设备）、动漫艺术活动中心和动漫游戏娱乐中心等构成。通过该项目实施，培育和集聚大量动漫设计、制作与经营人才，吸引市内外相关企业和资金进入基地，实施产学研一体化模式，完善"教学科研——创意设计——加工制作——市场营销——衍生产品开发"产业链和价值链，形成基于动漫产业链的企业集群，打造以视美动画为龙头的全国一流的动漫企业和品牌，建成全国规模最大、原创力最强、最具影响力的国家级动漫生产及教学基地。

（2）天健（平面媒体）动漫基地。基地位于重庆大学城，占地280亩，计划总投资5亿元，投资期5年，于2009年前完成孵化楼、动漫主题公园及相关基础设施建设，2010年投入商业运营，拟吸纳30余家国内外动漫企业进驻，聚合1000名专业人才，年销售收入10亿元，2010年孵化出10余家成熟的动漫企业，助推一到两家企业实现上市。卡通动漫基地主营动漫书籍、期刊、动漫影视及衍生产品的策划、设计、制作、生产及销售，以动漫产品的纸质媒体为突破口，突出平面动漫的特色，发挥图书出版、电子音像和网络联动优势，加大原创动漫用书的出版力度，增强文字图书改编成动漫图书的能力，抢占动漫市场份额，在此基础上，向影视、电视过渡，并开发出延伸产品。与此同时，把已有的影视、电视、动画片作品改编成图书，做到双向互动、良性循环。于2011年前，力争成为国家级动漫产业基地。

（3）软件设计创意园。分为高新区软件园和西永软件园两大板块。高新软件园目前已集聚了全市80%以上的重点软件企业，如金算盘、博恩科技、亚德科技、瑞笛恩科技、汉光电子、新世纪电气、慧尔科技、三峰软件、南华中天、长安信息、结行移动商务、正大软件、中联信息、沃尔德科技、金瓯科技、宏声新思维等一批软件企业，加上中兴通讯西南信息研发中心、西南信息产业园集聚在重庆高新区内，已形成一批软件企业集群和开发规模，具有发展软件产业的良好基础。西永微电子产业园项目规划用地2250亩，重点发展软件设计、IC设计、数字娱乐、应用软件等产业，目前，惠普全球软件中心、美国EDS离岸服务中心已进驻园区。"十一五"期间，加快高新区和西永微电子产业园的发展，打造重庆市一北一西两大国家级软件产业基地，提高全市软件研发设计能力。

（4）文化（传媒）创意产业园。该项目是重庆广电集团（总台）"十一五"期间,以重视传媒公司为主体实施的骨干项目,规划占地 500 亩,预计建设总投资 15 亿元,投产后预计实现营业收入 60 亿元。项目规划建设"一个平台、一个基地、一个市场",即面向国际市场的开放性传媒内容产业集聚平台(包括创意孵化功能区、节目制作功能区、外景摄制功能区、产业集聚功能区、影视产品投资交易功能区、动漫节目创意制作功能区、管理服务功能区);与国际接轨的现代时尚演艺娱乐产业基地(包括多功能演艺大厅和露天演出广场);国内外知名的休闲娱乐与生产服务消费市场(包括时尚文化休闲街和生产服务专业市场)。项目以引领重庆原创时尚文化发展为主题,打造面向国际国内市场、多种媒体、全社会人才资源,以创意策划、设计制作、展示交易、文化消费为主体的创意产业发展平台,带动市内外上百家相关企业入驻园区,推动重庆传媒产业跨越式发展,创建一个特色鲜明、规模宏大、在西部地区独树一帜的产业高地和文化新城。

(5)大足石刻影视旅游文化区。项目位于重庆市大足县,规划面积 115 平方公里,预计总投资 100 亿元以上,8 年内基本完成项目规划建设,定位为"石刻王国、影视基地、温泉故里、万国风情"的大型复合型项目。大足石刻影视旅游文化区以影视基地建设为形,以旅游休闲度假为实,以文化内涵为魂,充分利用大足石刻这一世界文化遗产品牌和龙水湖优美的自然山水风光,在保持其原生态的基础上加以人工整理、优化,注入丰富的中华民族传统文化内涵,以多种经营元素作为影视拍摄的辅助,形成复式的、立体的发展格局,集拍摄、建筑、旅游、娱乐、观光、休闲、度假、影视教育等多种功能于一体的富于创造性的、开放性的、独树一帜的复合型文化产业项目,成为中国西部规模最大、档次最高的文化创意产业园区。

(6)出版传媒创意中心。中心计划总投资 6 亿元,占地 150 亩,除完全覆盖重庆出版集团本部及其 20 家下属公司外,还将大力吸引国内外文化企业入驻,中心计划 2009 年正式投入运营,到 2010 年,产值将达 20 亿元,年吸纳 1000 名专业人才。中心以网络出版、电子音像出版、图书网络发行销售、卡通动漫创作和衍生产品开发为重点,突出选题策划创意的特色,让出版传媒创意中心真正成为一个名副其实的创意基地。同时,通过资源整合,把重庆出版传媒创意中心打造成为中国出版业在西部的人才、资金、物流、管理、信息集聚高地，提升重庆市文化产业的知名度、美誉度，促进文化产业发展。

（7）铠恩国际家居名都。选址巴南区八公里，占地面积500亩，建筑面积40万平方米。项目以现有重庆铠恩国际家居名都为载体，以现代和经典家居、家具创意设计，现代家居生活创意展示，名优家居、家具系列产品展销为主，引入1200～1500户国内外知名家具、家装、家居艺术设计和制造企业，形成中国西部规模最大，品牌创意设计最为集中，物流、包装、技术、信息服务等配套功能最趋完善，引领西部地区时尚家居生活潮流的家居、家具创意设计和展示基地。并由此带动重庆品牌家具、家居系列产品生产制造基地建设，塑造重庆家具、家居知名品牌，提升整个重庆家具、家居产业的设计和制造水平。并争取用五年的时间，同时建成西部最具影响的、时尚与经典相结合的家具生产制造基地。

（8）黄桷坪艺术街。以美院现院址为基础，整合黄桷坪地区工厂、仓库及闲置楼宇资源，并进行合理规划和改造，布局1个基地、2个仓库、3条街、4个厂、10个艺术中心、60个艺术工房，构成创意产业强大的阵容，形成拥有影视动漫、绘画雕塑、建筑艺术、工艺美术、服饰装饰等设计、制作、展示和交易的黄桷坪艺术街区，使黄桷坪街道成为国内知名的创意人才的摇篮和创意产业观光区。

（9）时尚文化消费圈。分为解放碑、北城天街两个区域。解放碑时尚文化消费圈以"十字金街"为核心，北城天街时尚文化消费圈以观音桥步行街为核心。两大时尚文化消费圈以流行服饰、时尚家居、名表珠宝、美食文化、美容美发、形象设计、艺术摄影、婚庆服务、旅游服务等时尚文化消费行业发展为主体，向周边集聚和辐射。依托"重庆时尚嘉年华"等大型系列活动，整合众多领域和行业的时尚资源，开展不同内容和形式的展览、走秀、比赛、评选、发布、推广活动，以品牌效应引领潮流，以时尚消费聚集人气，传播时尚消费文化，推动市场繁荣。

（10）江北嘴现代文化体验区。是2008～2012年重点文化旅游设施建设项目。项目围绕政府在江北嘴建设"记忆之城""未来之城"的规划，将文化事业、文化产业、文化服务、观光服务、会展服务结合起来；以重庆大剧院为主要载体，以舞台艺术为主要内容，建设重庆的"百老汇"、具有国际水准的"音乐岛"、巴渝文化大观园以及独步世界的"合唱之都"。把江北嘴打造成为具有重庆特色的综合性现代文化体验区。

（11）磁器口、洪崖洞、巴国城民俗文化体验区。磁器口民俗文化创意产业园利用磁器口古镇的地理优势和文化底蕴，依托磁器口重庆工艺品中心和磁器口旅游一条街，形成工艺品和旅游商品开发、传统节庆活动及会展、民俗文化图书音像产品开发、民俗风情演出、民俗主体风情艺术馆等民俗创意产业集聚地。洪崖洞传统民俗风貌区北临解放碑沧白路，南接江滨路，以典型的"吊脚楼"建筑为特色，将独特的巴渝民俗文化、山居建筑文化、码头文化汇聚于一体，并且把餐饮、娱乐、休闲、保健和特色文化购物五大业态有机聚合在一起，使消费者在物质消费的同时，享受到浓郁的巴渝民俗文化的熏陶。巴国城以中国传统建筑风格为载体，布局巴人博物馆、巴渝歌剧院、庭院式酒店和文化产品交流会所，充分挖掘巴文化深厚的内涵，打造创意文化产品展示、交易平台。三大民俗文化体验区将在现有的基础上，依托独有的巴渝文化资源，进一步突出文化创意特色，打造国内外知名的民俗文化品牌，成为发展体验经济的重要载体。

（12）海王星创意产业基地。海王星创意产业基地（园区）位于北部新区高新园生态科技商务区（EBD）核心区，由法国 FAI 国际建筑与规划设计公司设计，集科研、开发、生产、办公、交流展览于一体，拥有鲜明现代化信息社会特点的综合大楼，占地面积 4.2 万平方米，总建筑面积 14.2 万平方米，投资总额 2 亿元。2006 年 12 月，被国家科技部评为国家火炬计划软件产业基地。海王星科技大厦自 2004 年 4 月投入使用以来，已入驻 118 家科技型企业，技术领域主要是软件开发、动漫、建筑设计、微电子技术、光电子技术、信息技术、新材料、环保节能等。目前，大厦内商务写字楼出租率为 100%，集中了金算盘、华为等一批优秀的软件研发企业和享弘、宏信等一批知名的动漫企业。为响应市委、市政府的号召，重庆市高新区管委会出台了鼓励和扶持创意产业发展的诸多优惠政策，高科集团作为海王星的业主单位，为园区创意企业提供了低租金（5 元/月·平方米）或免租金（二年）的办公孵化场所，对高新区创意企业的孵化培育起到了的有效的促进作用。

六　重庆市发展创意产业的保障措施

（一）健全领导机构，完善组织机制

组成全市创意产业领导小组、多体系的服务与管理机构，分工合作，共同引导规范全市创意产业健康发展。

（1）建立创意产业发展决策体系。成立重庆市创意产业领导小组：领导小组成员由市级相关部门组成，组长由市领导担任，领导小组下设办公室，办公室设在市经委。负责起草产业规划、制定产业政策和发布产业指南。

（2）建立创意产业发展调控体系。加强以计划、金融和财政相结合的宏观经济调控体系建设，优化和细化"银企政"互动联谊会、"政产研"互动联谊会等工作联席会议制度和经济信息共享机制等为主要内容的工作机制，提高宏观经济调控对于创意产业的效能。

（3）建立创意产业服务体系。以建立健全创意企业服务中心为突破口，加快组建创意企业联合会，为全市的创意类企业提供"保姆式"和"园丁式"服务。此外，成立重庆创意产业专家指导委员会，根据国际国内创意产业发展趋势，对整个重庆创意产业发展方向、大体布局、重点基地建设和发展的战略思路、技术选择发展重点、市场开拓、运作模式和发展政策等提出决策咨询建议；帮助规划重庆创意产业园区建设方案和项目可行性研究报告等。

（4）强化劳动就业和社会保障体系。消除阻碍劳动力合理流动的制度障碍，鼓励企事业单位专业人才兼职或停薪留职创办创意企业，健全完善各项保障制度。

（5）重庆市创意产业基地管理办公室作为创意产业领导小组的日常办事机构，具体负责实施基地建设方案和产业化项目前期准备的服务联络工作，协调处理各区县创意产业基地建设和项目实施中的有关问题。

（二）加强产权保护

加强知识产权制度建设，大力提高创意产业知识产权创造、管理、运用、保护能力，进一步加大对创意产业知识产权保护力度，增强全社会知识产权意识，在全社会形成保护和尊重创新和创意及其成果的氛围，为创新和创意成果推广应用创造良好的法制环境。

（三）建立完整的统计指标体系

客观评估重庆市创意产业发展规模和水平非常重要，统计部门会同有关部门，在国家现行统计指标体系框架下，形成能够客观反映重庆创意产业现状和发展的统计指标体系和统计成果。

（四）制定比较完备的扶持政策

1. 创业优惠政策

创意产业的发展，既需要政府部门的引导，又需要加以大力扶持。重庆市应着手出台鼓励发展创意产业的特殊优惠政策。根据国家的相关政策，结合全市创意产业发展的实际，出台鼓励和扶持重庆市创意产业发展的相关政策，对符合条件的潜力企业进行有力的资助。首先，通过政策推动对原创的支持和市场的建设，培育具有较强竞争力的市场主体；其次，在用地、资金、技术、人才引进和培养、税收等方面实行扶持政策，打造创意产业生态圈和产业集群；最后，通过减免税收优惠，低息、无息贷款等方式吸引更多社会经济力量主动参与创意产业的发展。

2. 设立创意产业专项发展基金

创意产业是高风险、低投入、高回报的投资，因此，建立多主体投资、多渠道开发的市场投融资体系是非常必要的。建议建立由重庆市、各区县二级财政拨款的创意产业发展专项基金，用于创意产业企业创业扶持资金、创意产业公共服务（技术）平台建设与维护、重大项目研发资金、资助具有自主知识产权的产业作品、对重点企业发展和获奖作品的奖励、创意人才的培养和引进等财政扶持。

3. 建立务实高效的融资平台

建立务实高效的融资平台，提倡和鼓励民间资本的进入；鼓励引进外资，除了激活国内资金进入产业之外，合理引进外资。

（五）注重宣传引导

积极发挥媒体宣传和舆论导向作用，加强创意产业的宣传推广力度，推动创意产业的形态和内涵同步发展，在全社会营造良好的创意氛围。

（六）加快人才培养和引进

创意产业的建设离不开人才资源，具有原始创新能力、集成创新能力和引进消化吸纳创新能力的三类人才是发展创意产业的关键。

（1）以《重庆市引进软件中高级人才优惠政策的规定》为基础，制定针对创意产业高端人才的引进政策，在个人所得税返还、购房、子女就学等方面给予特殊优惠政策，使高端人才能够扎根重庆，为其创业提供最为优良的环境。

（2）推出"重庆市创意人才培训工程"，学历教育与职业教育并举；利用现有高校的资源，大力开展学历教育和继续教育，培养中高级创意人才。

（3）引进知名培训机构，联合创办创意学院，发展职业教育，培养创意产业类蓝领工人；同时，开展短期设计方法和高级技术培训。对进入重庆各创意园区（基地）的培训机构给予税收返还、房租减免、贷款贴息等优惠政策，形成长期稳定的培训机制，源源不断地为创意产业企业提供合适的人才。

（七）加快创意产业公共技术、服务和信息平台及专业市场建设

（1）组建重庆创意产业行业协会，建立科学、民主的决策程序和行之有效的自我管理、共同发展模式，开展同业交流、跨行业协作和市场开拓活动，为行业发展提供国家政策咨询、市场调研和预测、项目引进、国际合作和交流、人才培训、行业自律等方面的服务，建立政府、中小企业、科研单位联系的重要渠道，为创意产业的发展提供政策上和制度上的保障。

（2）成立重庆市创意产业服务中心，为入驻企业提供 MPW 服务、人力资源服务、法律咨询、技术产权交易、知识产权服务、创业策划、产品策划、市场营销策划、企业宣传策划、政策咨询、管理咨询、质量体系咨询及相关顾问服务，投资服务、融资咨询和投资管理等，以及会议中心、通信网络中心、产

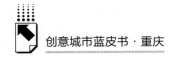

品展示中心、餐饮服务中心等服务。

（3）构建信息服务平台、软件开发平台、集成电路设计平台、数字媒体公共平台四个公共技术平台。

信息服务公共平台。为入驻企业提供网络接入资源、服务器系统资源、数据处理资源、IP地址资源和企业网站资源、公共呼叫中心等。通过建立信息服务平台，使技术研发与产业需求紧密结合，规避重庆市远离沿海电子产业制造基地而给企业创业带来的风险。

数字媒体公共平台。包括数字媒体软件工具平台、仿真与测试平台、综合展示及体验平台和公用资源库与工具库等。其中数字媒体软件工具平台是重庆研发公共服务平台数字媒体领域的专业服务平台；仿真与公共测试平台的建设，满足创意产业企业的仿真与测试需求，同时面向全国对外承接仿真与测试任务；公用资源库与工具库，包括将构建的知识产权库、软件工具库、投资资源库、数字媒体素材库和数字媒体人才库等公用资源库和工具库，以实现资源共享。

软件开发公共平台。该平台是软件设计开发的专业技术平台，旨在实现各产业基地的服务功能，降低数字媒体及软件产业中、小企业的投入成本和运营成本，形成产业集聚效应，推动产业的发展，发挥市场配置资源的基础作用来开展运营工作，为企业提供优质的特色服务。

集成电路设计公共平台。由硬件环境和EDA软件环境两部分组成，是面向设计企业的集成电路设计软硬件环境。在硬件方面配备企业级服务器和若干工作站，在EDA软件方面提供完整的IC设计流程工具，特别是大型EDA工具。

《重庆市创意产业调查公报》

重庆市统计局　重庆市经济与信息化委员会

（2007 年 8 月）

为准确反映重庆市创意产业发展状况，客观把握重庆市创意产业未来发展方向，根据市委、市政府要求，市统计局与市经济委员会于 2007 年联合开展了首次创意产业调查。经过有关人员的艰苦努力，完成了统计数据搜集、汇总及审核评估工作，现将统计结果公报如下。

一　创意产业总体状况

根据《国民经济行业分类》标准，在借鉴发达国家和国内发达地区经验的基础上，结合重庆现有的产业发展方向和趋势，全市创意产业分为研发设计创意、软件设计创意、建筑设计创意、文化传媒创意、咨询策划创意和时尚消费创意六大类。

调查结果显示：2006 年年末，全市从事创意产业单位数为 6181 户，年末从业人员 11.33 万人，拥有资产 444.30 亿元，全年完成营业收入 294.36 亿元。2006 年创意产业实现增加值 144.75 亿元，同比增长了 26.5%，占 GDP 的比重为 4.1%；其中，创意产业非公有制经济实现增加值 88.35 亿元，占比为 61.0%。从总体看，重庆市创意产业有一定的基础，发展态势良好。

二　创意产业分行业机构数

2006 年年末，全市研发设计创意业单位为 2073 户，占比为 33.5%；文化传媒创意业单位为 1882 户，占比为 30.4%；建筑设计创意业单位为 1315 户，占比

为 21. 3%；时尚消费创意业单位为 482 户，占比为 7. 9%；咨询策划创意业单位
为 305 户，占比为 4. 9%；软件设计创意业 124 户，占比为 2. 0%（见图 1）。

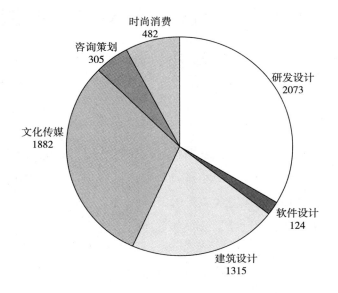

图 1　创意产业单位数

三　创意产业从业人员

研发设计创意业从业人员数为 3. 62 万人，占比 32. 0%；文化传媒创意业
为 2. 26 万人，占比 19. 9%；建筑设计创意业为 2. 14 万人，占比 18. 9%；时
尚消费创意业为 1. 49 万人，占比 13. 1%；软件设计创意业为 1. 46 万人，占比
12. 9%；咨询策划创意业为 0. 36 万人，占比 3. 2%。（见图 2）。

从学历构成看：2006 年创意产业从业人员中大专以上学历的有 4. 63 万
人，占全部从业人数的 40. 9%。中大专以上学历从业人员的比重高于全市第
二、第三产业平均水平 14. 8 个百分点（2004 年经济普查结果）。

从性别构成看：女性从业人员为 5. 37 万人，占全部从业人数的 47. 4%。
女性从业人员的比重高于全市第二、第三产业平均水平 17. 3 个百分点（2004
年经济普查结果）。

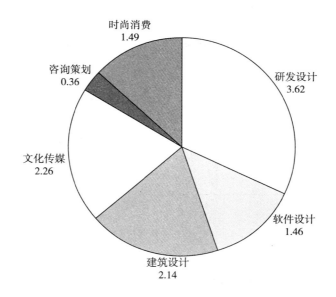

图 2　创意产业从业人员数

四　创意产业分行业增加值

2006 年文化传媒创意业实现增加值 48.06 亿元，占比为 33.2%，同比增长为 18.0%；研发设计创意业实现增加值 30.74 亿元，占比为 21.2%，同比增长 33.6%；软件设计创意业实现增加值 28.82 亿元，占比为 19.9%，同比增长 38.3%；建筑设计创意业实现增加值 18.85 亿元，占比为 13.0%，同比增长 23.7%；时尚消费创意业实现增加值 11.00 亿元，占比为 7.7%，同比增长 24.0%；咨询策划创意业实现增加值 7.28 亿元，占比为 5.0%，同比增长 28.8%。（见图 3）

五　创意产业分所有制增加值

2006 年全市创意产业非公有制经济实现增加值 88.35 亿元，占比为 61.0%。其中，时尚消费创意业非公有制经济实现增加值 10.72 亿元，占该行

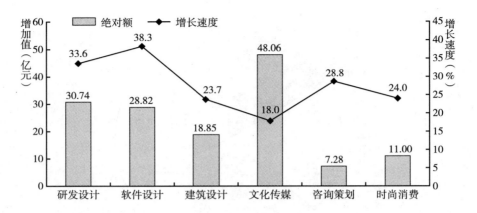

图3 2006年重庆市创意产业增加值

业增加值的97.5%,；软件设计创意业为20.74亿元，占比为72.0%；研发设计创意业为20.69亿元，占比为67.3%；文化传媒创意业为25.63亿元，占比为53.3%；咨询策划创意业为3.36亿元，占比为46.2%；建筑设计创意业为7.21亿元，占比为38.2%。（见图4）

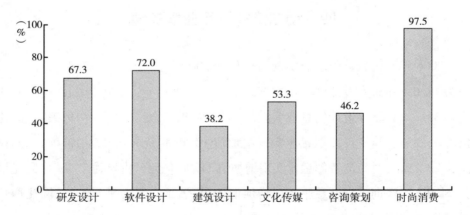

图4 2006年重庆市创意产业分行业非公有制经济增加值比重

六 创意产业劳动生产率

2006年创意产业劳动生产率为12.78万元，是当年全市第二、第三产业劳动生产率的3.4倍。其中,文化传媒创意业劳动生产率为21.27万元,咨询策划创意业为20.22万元,软件设计创意业为19.74万元,建筑设计创意业为8.81亿元,研发设计创意业为8.49亿元,时尚消费创意业为7.38万元。(见图5)

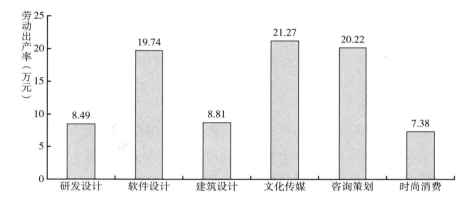

图5 2006年重庆市创意产业劳动生产率

B.35

《重庆市第五次创意产业调查统计公报》

重庆市经济与信息化委员会 重庆市统计局

（2011 年 11 月）

为了准确反映重庆市创意产业发展状况，客观把握重庆市创意产业未来发展方向，市经济与信息化委员会和市统计局于 2011 年联合开展了重庆市第五次创意产业调查，现将主要统计数据公布如下。

一 创意产业总体状况

重庆市创意产业分为研发设计创意、软件设计创意、建筑设计创意、文化传媒创意、咨询策划创意和时尚消费创意六大类。

调查结果显示：2010 年年末，全市从事创意产业单位数为 18878 户，比上年增长 24.7%；从业人员 30.31 万人，比上年增长 10.4%；拥有资产 892.80 亿元，比上年增长 17.6%；全年完成营业收入 727.71 亿元，比上年增长 25.4%。2010 年创意产业实现增加值 351.44 亿元，比上年增长 23.0%，占 GDP 的比重为 4.4%，比上年增加 0.2 个百分点。从总体来看，重庆市创意产业在 2010 年保持了稳健发展的良好势头。

二 创意产业机构数

2010 年年末，全市研发设计创意业单位数为 4639 户，占全市创意产业单位数的 24.6%；文化传媒创意业 4044 户，占 21.4%；建筑设计创意业 3087

户，占 16.4%；时尚消费创意业 2465 户，占 13.1%；咨询策划创意业 2406 户，占 12.7%；软件设计创意业 2237 户，占 11.8%。（见图 1）

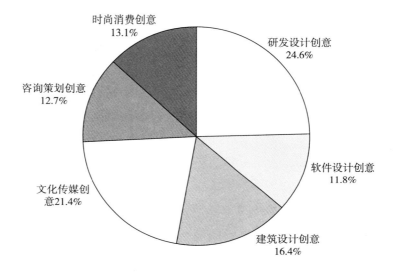

图 1　2010 年重庆市创意产业单位数

三　创意产业从业人员情况

2010 年年末，全市文化传媒创意业的从业人员为 9.40 万人，占全市创意产业单位人数的 31.0%；研发设计创意业 6.51 万人，占 21.5%；建筑设计创意业 5.56 万人，占 18.3%；时尚消费创意业 4.43 万人，占 14.6%；软件设计创意业 2.38 万人，占 7.9%；咨询策划创意业 2.03 万人，占 6.7%。（见图 2）

四　创意产业分行业增加值

2010 年文化传媒创意业实现增加值 100.37 亿元，占全市创意产业增加值的 28.6%，比上年增长 18.8%；建筑设计创意业实现增加值 81.88 亿元，占 23.3%，比上年增长 27.4%；软件设计创意业实现增加值 65.34 亿元，占 18.6%，比上年增长 30.0%；研发设计创意业实现增加值 58.17 亿元，占

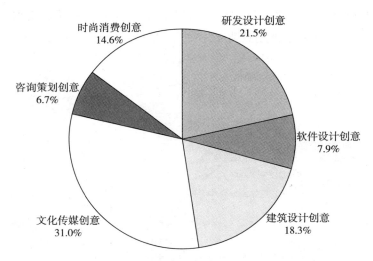

图 2　2010 年重庆市创意产业从业人员数

16.6%，比上年增长 19.9%；时尚消费创意业实现增加值 30.57 亿元，占 8.7%，比上年增长 26.5%；咨询策划创意业实现增加值 15.12 亿元，占 4.3%，比上年增长 7.6%。（见图 3）

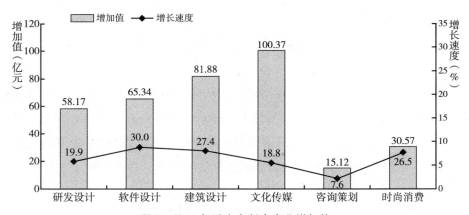

图 3　2010 年重庆市创意产业增加值

五　创意产业劳动生产率

2010 年创意产业劳动生产率为 11.59 万元，比上年增加 1.52 万元。其中，软件设计创意业劳动生产率为 27.44 万元，建筑设计创意业为 14.73 万元，文化传媒创意业为 10.67 万元，研发设计创意业为 8.94 万元，咨询策划创意业为 7.45 万元，时尚消费创意业为 6.90 万元。（见图 4）

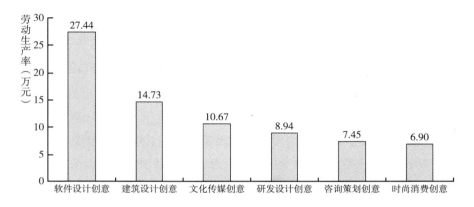

图 4　2010 年创意产业劳动生产率

注：

（1）研发设计创意业：主要指与工业生产相关的研发与设计活动。包括工业设计、工艺美术品设计、广告设计、服装设计、产品设计、包装设计、研究与试验发展等行业。

（2）软件设计创意业：主要指与计算机及软件服务领域相关的设计活动。包括动漫产业服务、基础软件服务、应用软件服务、互联网信息服务、国际软件外包服务等行业。

（3）建筑设计创意业：主要指与建筑、环境等有关的设计活动。包括工程管理服务、工程勘察设计、桥隧工程设计、建筑装饰设计等行业。

（4）文化传媒创意业：主要指在文化艺术领域中的创作和传播活动。包括文艺创作表演、广播电视、新闻出版、电影制作、音像制作等行业。

（5）咨询策划创意业：主要指为企业和个人提供各类商务、投资及其他咨询和策划服务活动。包括会展及活动、商务服务、科技中介服务等行业。

（6）时尚消费创意业：主要指在人们日常消费、生活娱乐中体现创造性及其价值的行业。包括休闲娱乐、摄影创作、娱乐游戏等行业。

B.36
重庆市创意产业基地 （49 个）

发展创意产业是重庆加快产业结构调整，促进经济增长方式转变的有效途径。2006 年，市政府出台了《重庆市人民政府关于加快创意产业发展的意见》（渝府发〔2006〕128 号）和《重庆市创意产业"十一五"发展规划》（渝办发〔2006〕254 号），成立了创意产业发展领导小组，明确了发展目标、发展任务和工作措施，建立了财政专项资金，为加快发展创意产业提供了组织保证和政策支持。按照重庆市总体规划，要加快创意产业基地建设，培育一批市级和国家级创意产业基地。

截至 2012 年，重庆市共有创意产业基地 49 个，如下表所示。

重庆市创意产业基地 （49 个）

2007 年(9 个)	
序号	创意产业基地名称
1	视美动漫产业基地
2	海王星科技大厦
3	水星科技大厦
4	坦克库·重庆当代艺术中心
5	501 当代艺术基地
6	大足石刻影视文化创意产业基地
7	巴国城文化创意产业园区
8	磁器口古镇
9	洪崖洞
2008 年(8 个)	
序号	创意产业基地名称
10	西永软件外包基地
11	重庆市创意产业实训基地
12	美丽乡村嘉年华
13	綦江农民版画创意产业基地

续表

2008 年（8 个）	
序号	创意产业基地名称
14	五里店工业设计中心
15	重庆市规划展览馆
16	102 艺术基地
17	西部奥特莱斯购物广场

2009 年（8 个）	
序号	创意产业基地名称
18	渝中区大溪沟国际建筑与环境艺术设计创意产业园区
19	渝中区重庆科普传媒创意产业基地
20	渝北区龙兴古镇文化旅游产业基地
21	涪陵区金渠软件及动漫创业基地
22	九龙坡区西部当代艺术原创产业基地
23	江北区重庆工业设计服务港
24	南岸区重庆港鑫创意产业园
25	合川区钓鱼城创意产业基地

2010 年（7 个）	
序号	创意产业基地名称
26	濯水古镇民族风情创意产业基地
27	重庆茶竹文化创意产业园
28	美心洋人街创意产业园
29	亚太商谷重庆会展创意产业园
30	旭阳·朗晴婚庆广场创意产业园
31	九龙·视觉传达实践教学创意产业基地
32	上丁企业公园信息研发创意产业园

2011 年（8 个）	
序号	创意产业基地名称
33	虎溪公社创意设计基地
34	重庆渝澳国际艺术中心
35	重庆北滨文化创意产业体验园区
36	东溪古镇创意产业基地
37	金色蛋糕梦幻王国创意产业基地
38	重庆花木世界
39	重庆博耐特电机工业设计中心
40	永川区松溉古镇创意产业基地

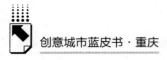
续表

2012 年(9 个)	
序号	创意产业基地名称
41	N18 LOFT 小院创意产业园
42	国际创意设计城
43	重庆高科创意产业基地
44	天安创意产业园
45	大西洋电子信息创意产业基地
46	正大软件创意产业基地
47	铁山坪创意生态区
48	民国街文化创意产业基地
49	合川区双槐创意产业基地

B.37 后　记

本书立项时间为 2011 年 10 月，原设想是将重庆市"十一五"期间在创意产业发展领域所取得的成绩和存在的问题做一个总结，并通过总结，梳理出重庆市创意产业发展与国内其他主要城市相比有哪些优势和劣势，这对于今后重庆市制定创意产业发展规划、发展目标和发展策略等无疑具有重要的价值。但是，由于种种原因，此书的出版一拖再拖。而此书各篇文章的作者也不断对文章的内容进行修改，尤其是对相关数据进行了及时的更新和完善。

2013 年 11 月，笔者有幸获邀代表重庆创意产业发展研究所出席由中国创意产业研究中心和社会科学文献出版社联合主办的"创意城市蓝皮书"发布暨"创意城市网络联盟"战略合作签约仪式。期间，笔者将准备出版《重庆创意产业发展报告》的想法与中国创意产业发展中心主任张京成先生和社会科学文献出版社的高雁女士做了沟通，获得他们的大力支持，并一致建议将此书纳入"创意城市蓝皮书系列"。

之后，本书很快就进入出版社立项、重复率检查、编审和校对程序。此阶段的工作十分枯燥、烦琐和细致。借此机会，笔者要感谢本书的编辑陈凤玲女士，正是由于她的严格把关和一丝不苟、字字推敲的严谨工作作风，才使得本书的质量有了保证。

另外，需要在此说明的是，我所承担教学任务的市场营销专业是 2013 年重庆市本科高校"三特行动计划"特色专业，本书也有幸获得重庆市高校"三特行动计划"重庆工商大学市场营销特色专业建设项目资助，并列入该特色专业建设的研究成果之一。在此，笔者也向学院领导及所有对本书在出版过

345

程中提供过支持和鼓励的同仁表示由衷的谢意!

重庆工商大学教授

重庆创意产业发展研究所所长

程宇宁

2014 年 3 月 25 日

权威报告　热点资讯　海量资源

当代中国与世界发展的高端智库平台

皮书数据库　www.pishu.com.cn

　　皮书数据库是专业的人文社会科学综合学术资源总库，以大型连续性图书——皮书系列为基础，整合国内外相关资讯构建而成。该数据库包含七大子库，涵盖两百多个主题，囊括了近十几年间中国与世界经济社会发展报告，覆盖经济、社会、政治、文化、教育、国际问题等多个领域。

　　皮书数据库以篇章为基本单位，方便用户对皮书内容的阅读需求。用户可进行全文检索，也可对文献题目、内容提要、作者名称、作者单位、关键字等基本信息进行检索，还可对检索到的篇章再作二次筛选，进行在线阅读或下载阅读。智能多维度导航，可使用户根据自己熟知的分类标准进行分类导航筛选，使查找和检索更高效、便捷。

　　权威的研究报告、独特的调研数据、前沿的热点资讯，皮书数据库已发展成为国内最具影响力的关于中国与世界现实问题研究的成果库和资讯库。

皮书俱乐部会员服务指南

1. 谁能成为皮书俱乐部成员?

- 皮书作者自动成为俱乐部会员
- 购买了皮书产品（纸质皮书、电子书）的个人用户

2. 会员可以享受的增值服务

- 加入皮书俱乐部，免费获赠该纸质图书的电子书
- 免费获赠皮书数据库100元充值卡
- 免费定期获赠皮书电子期刊
- 优先参与各类皮书学术活动
- 优先享受皮书产品的最新优惠

社会科学文献出版社 皮书系列
SOCIAL SCIENCES ACADEMIC PRESS (CHINA)

卡号: 9301117049049262
密码:

3. 如何享受增值服务?

（1）加入皮书俱乐部，获赠该书的电子书

　　第1步 登录我社官网（www.ssap.com.cn），注册账号;

　　第2步 登录并进入"会员中心"—"皮书俱乐部"，提交加入皮书俱乐部申请;

　　第3步 审核通过后，自动进入俱乐部服务环节，填写相关购书信息即可自动兑换相应电子书。

（2）免费获赠皮书数据库100元充值卡

　　100元充值卡只能在皮书数据库中充值和使用

　　第1步 刮开附赠充值的涂层（左下）;

　　第2步 登录皮书数据库网站（www.pishu.com.cn），注册账号;

　　第3步 登录并进入"会员中心"—"在线充值"—"充值卡充值"，充值成功后即可使用。

4. 声明

　　解释权归社会科学文献出版社所有

皮书俱乐部会员可享受社会科学文献出版社其他相关免费增值服务，有任何疑问，均可与我们联系

联系电话: 010-59367227　企业QQ: 800045692　邮箱: pishuclub@ssap.cn

欢迎登录社会科学文献出版社官网（www.ssap.com.cn）和中国皮书网（www.pishu.cn）了解更多信息

法 律 声 明

　　"皮书系列"（含蓝皮书、绿皮书、黄皮书）由社会科学文献出版社最早使用并对外推广，现已成为中国图书市场上流行的品牌，是社会科学文献出版社的品牌图书。社会科学文献出版社拥有该系列图书的专有出版权和网络传播权，其 LOGO（▨）与"经济蓝皮书"、"社会蓝皮书"等皮书名称已在中华人民共和国工商行政管理总局商标局登记注册，社会科学文献出版社合法拥有其商标专用权。

　　未经社会科学文献出版社的授权和许可，任何复制、模仿或以其他方式侵害"皮书系列"和 LOGO（▨）、"经济蓝皮书"、"社会蓝皮书"等皮书名称商标专用权的行为均属于侵权行为，社会科学文献出版社将采取法律手段追究其法律责任，维护合法权益。

　　欢迎社会各界人士对侵犯社会科学文献出版社上述权利的违法行为进行举报。电话：010－59367121，电子邮箱：fawubu@ ssap. cn。

社会科学文献出版社